中华人民共和国
社会保险法
注解与配套

第六版

中国法制出版社
CHINA LEGAL PUBLISHING HOUSE

图书在版编目（CIP）数据

中华人民共和国社会保险法注解与配套／中国法制出版社编．—北京：中国法制出版社，2023.7
（法律注解与配套丛书）
ISBN 978-7-5216-3696-3

Ⅰ.①中… Ⅱ.①中… Ⅲ.①社会保险法-法律解释-中国 Ⅳ.①D922.555

中国国家版本馆 CIP 数据核字（2023）第 118592 号

| 策划编辑 袁笋冰 | 责任编辑 卜范杰 | 封面设计 杨泽江 |

中华人民共和国社会保险法注解与配套
ZHONGHUA RENMIN GONGHEGUO SHEHUI BAOXIANFA ZHUJIE YU PEITAO

经销/新华书店
印刷/三河市国英印务有限公司
开本/850 毫米×1168 毫米　32 开　　　　　　　印张/9　字数/198 千
版次/2023 年 7 月第 1 版　　　　　　　　　　2023 年 7 月第 1 次印刷

中国法制出版社出版
书号 ISBN 978-7-5216-3696-3　　　　　　　　　　定价：25.00 元

北京市西城区西便门西里甲 16 号西便门办公区
邮政编码 100053　　　　　　　　　　　传真：010-63141852
网址：http：//www.zgfzs.com　　　　　编辑部电话：010-63141673
市场营销部电话：010-63141612　　　　印务部电话：010-63141606
（如有印装质量问题，请与本社印务部联系调换。电话：010-66032926）

出版说明

中国法制出版社一直致力于出版适合大众需求的法律图书。为了帮助读者准确理解与适用法律，我社于 2008 年 9 月推出"法律注解与配套丛书"，深受广大读者的认同与喜爱，此后推出的第二、三、四、五版也持续热销。为了更好地服务读者，及时反映国家最新立法动态及法律文件的多次清理结果，我社决定推出"法律注解与配套丛书"（第六版）。

本丛书具有以下特点：

1. 由相关领域的具有丰富实践经验和学术素养的法律专业人士撰写适用导引，对相关法律领域作提纲挈领的说明，重点提示立法动态及适用重点、难点。

2. 对主体法中的重点法条及专业术语进行注解，帮助读者把握立法精神，理解条文含义。

3. 根据司法实践提炼疑难问题，由相关专家运用法律规定及原理进行权威解答。

4. 在主体法律文件之后择要收录与其实施相关的配套规定，便于读者查找、应用。

此外，为了凸显丛书简约、实用的特色，分册根据需要附上实用图表、办事流程等，方便读者查阅使用。

真诚希望本丛书的出版能给您在法律的应用上带来帮助和便利，同时也恳请广大读者对书中存在的不足之处提出批评和建议。

中国法制出版社
2023 年 7 月

适 用 导 引

社会保险是一种为丧失劳动能力、暂时失去劳动岗位或因健康原因造成损失的人员提供收入或补偿的一种制度。我国《宪法》规定，公民在年老、疾病或者丧失劳动能力的情况下，有从国家和社会获得物质帮助的权利。国家发展为公民享受这些权利所需要的社会保险、社会救济和医疗卫生事业。社会保险是社会保障体系的重要组成部分，在整个社会保障体系中居于核心地位。制定《社会保险法》，对于规范社会保险关系，促进社会保险事业的发展，保障公民共享发展成果，维护社会和谐稳定，具有十分重要的意义。

一、《社会保险法》的适用范围

为了建立覆盖城乡的社会保障体系，《社会保险法》规定："社会保险制度坚持广覆盖、保基本、多层次、可持续的方针，社会保险水平应当与经济社会发展水平相适应。"（第3条）"国家建立基本养老保险、基本医疗保险、工伤保险、失业保险、生育保险等社会保险制度，保障公民在年老、疾病、工伤、失业、生育等情况下依法从国家和社会获得物质帮助的权利。"（第2条）同时，考虑到城镇居民、农村居民的社会保险正处于试点阶段的实际情况，《社会保险法》规定："国家建立和完善新型农村社会养老保险制度"；"国家建立和完善新型农村合作医疗制度。"（第20、24条）

此外，还对进城务工的农村居民、被征地农民以及在中国境内就业的外国人的社会保险制度适用作了规定。（第95、96、97条）

二、社会保险费的缴纳

《社会保险法》对基本养老保险、基本医疗保险、工伤保险、失业保险、生育保险等险种的缴费对象作了明确规定：

1. 职工应当参加基本养老保险，由用人单位和职工共同缴纳基本养老保险费。

2. 职工应当参加职工基本医疗保险，由用人单位和职工按照国家规定共同缴纳基本医疗保险费。

3. 职工应当参加工伤保险，由用人单位缴纳工伤保险费，职工不缴纳工伤保险费。

4. 职工应当参加失业保险，由用人单位和职工按照国家规定共同缴纳失业保险费。

5. 职工应当参加生育保险，由用人单位按照国家规定缴纳生育保险费，职工不缴纳生育保险费。

三、关于社会保险待遇

为了保障参加社会保险的个人及时足额领取社会保险待遇，《社会保险法》主要作了以下规定：

1. 规定了参加基本养老保险、基本医疗保险、工伤保险、失业保险、生育保险的个人享受各项社会保险待遇的基本条件、待遇内容。

2. 规定个人死亡同时符合领取基本养老保险丧葬补助金、工伤保险丧葬补助金和失业保险丧葬补助金条件的，其遗属只能选择领取其中的一项。

3. 对个人跨地区流动或者发生职业转换需要转移接续社会保险关系的事项作出相应规定。比如《社会保险法》第32条，个人跨统筹地区就业的，其基本医疗保险关系随本人转移，缴费年限累计计算。

四、关于社会保险争议的解决

主要规定在《社会保险法》第83条，用人单位或者个人认为社会保险费征收机构的行为侵害自己合法权益的，可以依法申请行政复议或者提起行政诉讼。

用人单位或者个人对社会保险经办机构不依法办理社会保险登记、核定社会保险费、支付社会保险待遇、办理社会保险转移接续手续或者侵害其他社会保险权益的行为，可以依法申请行政复议或者提起行政诉讼。

个人与所在用人单位发生社会保险争议的，可以依法申请调解、仲裁，提起诉讼。用人单位侵害个人社会保险权益的，个人也可以要求社会保险行政部门或者社会保险费征收机构依法处理。

目　录

适用导引 ·· *1*

中华人民共和国社会保险法

第一章　总　　则

第 一 条　【立法宗旨】 ··· 2
第 二 条　【建立社会保险制度】 ································· 2
　　1. 企业年金 ··· 3
　　2. 个人养老金 ·· 4
第 三 条　【社会保险制度的方针和社会保险水平】 ········· 4
　　3. 社会保险水平该如何确定 ··································· 5
第 四 条　【用人单位和个人的权利义务】 ····················· 6
　　4. 社会保险关系中用人单位如何行使权利和义务 ········ 6
　　5. 社会保险关系中个人享有哪些权利和义务 ·············· 6
　　6. 参保人员如何查询个人权益记录 ·························· 7
　　7. 如何申领实体社保卡 ·· 7
第 五 条　【社会保险财政保障】 ································· 8
第 六 条　【社会保险基金监督】 ································· 8
第 七 条　【社会保险行政管理职责分工】 ····················· 8
第 八 条　【社会保险经办机构职责】 ··························· 8
第 九 条　【工会的职责】 ·· 8

1

第二章 基本养老保险

第 十 条 【覆盖范围】 ·· 9
第 十 一 条 【制度模式和基金筹资方式】 ············· 9
第 十 二 条 【缴费基数和缴费比例】 ····················· 9
第 十 三 条 【政府财政补贴】 ································· 10
第 十 四 条 【个人账户养老金】 ····························· 10
   8. 个人账户养老金是否可以提前支取 ············· 10
   9. 个人账户养老金余额是否可以继承 ············· 10
第 十 五 条 【基本养老金构成】 ····························· 11
   10. 如何查询养老保险缴费状态和待遇领取信息 ········· 11
第 十 六 条 【享受基本养老保险待遇的条件】 ····· 11
   11. 享受基本养老保险待遇的缴费年限是多少年 ········ 12
第 十 七 条 【参保个人因病或非因工致残、死亡待遇】 ··· 12
第 十 八 条 【基本养老金调整机制】 ····················· 13
   12. 基本养老保险待遇水平的调整取决于哪些因素 ····· 13
第 十 九 条 【基本养老保险关系转移接续制度】 ··· 13
   13. 基本养老金如何分段计算 ··························· 14
第 二 十 条 【新型农村社会养老保险及其筹资方式】 ····· 14
第二十一条 【新型农村社会养老保险待遇】 ········· 14
第二十二条 【城镇居民社会养老保险】 ················· 14

第三章 基本医疗保险

第二十三条 【职工基本医疗保险覆盖范围和缴费】 ···· 15
   14. 灵活就业人员如何参加职工基本医疗保险 ·········· 15
第二十四条 【新型农村合作医疗制度】 ················· 16
第二十五条 【城镇居民基本医疗保险制度】 ········· 16
第二十六条 【医疗保险待遇标准】 ························· 16

第二十七条　【退休时享受基本医疗保险待遇】 …………… 16

第二十八条　【基本医疗保险基金支付制度】 …………… 17

第二十九条　【基本医疗保险费用结算制度】 …………… 17

15. 跨省异地就医直接结算 ………………………………… 17

第 三 十 条　【不纳入基本医疗保险基金支付范围的
医疗费用】 ………………………………… 17

第三十一条　【服务协议】 ………………………………… 18

16. 取得药品经营许可证的零售药店如何申请为医
疗保障定点 ………………………………………… 18

第三十二条　【基本医疗保险关系转移接续制度】 ………… 19

第四章　工伤保险

第三十三条　【参保范围和缴费】 ………………………… 20

17. 哪些人可以参加工伤保险 ……………………………… 20

18. 用人单位为职工购买商业性人身意外伤害保险
的，是否因此免除其为职工购买工伤保险的法
定义务 ……………………………………………… 20

19. 无营业执照或者未经依法登记、备案的单位以
及被依法吊销营业执照或者撤销登记、备案的
单位等，如何向受到事故伤害或者患职业病的
职工进行赔偿 ……………………………………… 21

第三十四条　【工伤保险费率】 …………………………… 21

第三十五条　【工伤保险费缴费基数和费率】 …………… 22

第三十六条　【享受工伤保险待遇的条件】 ……………… 22

20. 工伤认定申请 …………………………………………… 23

21. 劳动能力鉴定 …………………………………………… 23

22. 劳动过程中，用人单位应当采取哪些职业病防
治管理措施 ………………………………………… 24

3

23. 如何认定停工留薪期 ·················· 24
第三十七条 【不认定为工伤的情形】 ·················· 25
第三十八条 【工伤保险基金负担的工伤保险待遇】 ·················· 25
24. 因工死亡职工供养亲属的范围及可以申请供养亲属抚恤金的情形 ·················· 26
第三十九条 【用人单位负担的工伤保险待遇】 ·················· 27
第 四 十 条 【伤残津贴和基本养老保险待遇的衔接】 ·················· 27
第四十一条 【未参保单位职工发生工伤时的待遇】 ·················· 27
25. 用人单位应当参加而未参加工伤保险的应该如何处理 ·················· 28
26. 认定工伤是否以用人单位缴纳工伤保险费为前提 ·················· 28
第四十二条 【民事侵权责任和工伤保险责任竞合】 ·················· 28
第四十三条 【停止享受工伤保险待遇的情形】 ·················· 29

第五章 失业保险

第四十四条 【参保范围和失业保险费负担】 ·················· 29
第四十五条 【领取失业保险金的条件】 ·················· 29
第四十六条 【领取失业保险金的期限】 ·················· 30
第四十七条 【失业保险金标准】 ·················· 31
第四十八条 【享受基本医疗保险待遇】 ·················· 31
第四十九条 【在领取失业保险金期间死亡时的待遇】 ·················· 31
第 五 十 条 【领取失业保险金的程序】 ·················· 32
27. 如何申请失业保险金 ·················· 32
第五十一条 【停止领取失业保险待遇的情形】 ·················· 33
第五十二条 【失业保险关系的转移接续】 ·················· 34

第六章 生育保险

第五十三条 【参保范围和缴费】……………… 35
第五十四条 【生育保险待遇】………………… 35
第五十五条 【生育医疗费的项目】…………… 35
第五十六条 【享受生育津贴的情形】………… 35

第七章 社会保险费征缴

第五十七条 【用人单位社会保险登记】……… 36
第五十八条 【个人社会保险登记】…………… 36
第五十九条 【社会保险费征收】……………… 37
第 六 十 条 【社会保险费的缴纳】…………… 37
第六十一条 【社会保险费征收机构的义务】… 37
第六十二条 【用人单位未按规定申报应缴数额】… 38
第六十三条 【用人单位未按时足额缴费】…… 38

第八章 社会保险基金

第六十四条 【社会保险基金类别、管理原则和统筹层次】……………………………… 39
28. 社会保险基金是否可以认定为"特定款物"……… 40
第六十五条 【社会保险基金的收支平衡和政府补贴责任】……………………………… 40
第六十六条 【社会保险基金按照统筹层次设立预算】… 40
第六十七条 【社会保险基金预算制定程序】… 41
第六十八条 【社会保险基金财政专户】……… 41
第六十九条 【社会保险基金的保值增值】…… 41
29. 挪用失业保险基金和下岗职工基本生活保障资金的法律责任……………………………… 41

第 七 十 条　【社会保险基金信息公开】 …………… 41

第七十一条　【全国社会保障基金】 ……………… 42

  30. 国务院各部门如何对全国社会保障基金进行监督 …… 43

第九章　社会保险经办

第七十二条　【社会保险经办机构的设置及经费保障】 …… 43

第七十三条　【管理制度和支付社会保险待遇职责】 …… 44

第七十四条　【获取社会保险数据、建档、权益记录
      等服务】 ………………………………… 44

第七十五条　【社会保险信息系统的建设】 ……… 44

第十章　社会保险监督

第七十六条　【人大监督】 ………………………… 44

第七十七条　【行政部门监督】 …………………… 44

第七十八条　【财政监督、审计监督】 …………… 45

第七十九条　【社会保险行政部门对基金的监督】 …… 45

  31. 人力资源社会保障行政部门依法履行的社会保
    险基金行政监督职责 …………………………… 45

  32. 人力资源社会保障行政部门对社会保险经办机
    构实施的监督 …………………………………… 46

  33. 人力资源社会保障行政部门对社会保险服务机
    构实施的监督 …………………………………… 46

  34. 人力资源社会保障行政部门对与社会保险基金
    收支、管理直接相关单位实施的监督 ………… 46

第 八 十 条　【社会保险监督委员会】 …………… 46

第八十一条　【为用人单位和个人信息保密】 …… 47

第八十二条　【违法行为的举报、投诉】 ………… 47

第八十三条　【社会保险权利救济途径】 ………… 49

35. 公民、法人或者其他组织可以就社会保险经办机构的哪些行为申请行政复议 ················ 50
36. 个人与所在用人单位发生社会保险争议的，如何救济 ··· 50

第十一章　法律责任

第八十四条　【不办理社会保险登记的法律责任】 ········ 51
第八十五条　【拒不出具终止或者解除劳动关系证明的处理】 ··· 51
第八十六条　【未按时足额缴费的责任】 ················ 51
第八十七条　【骗取社保基金支出的责任】 ··············· 51
37. 医保领域，定点医疗机构的重点违法违规行为 ······ 52
38. 医保领域，定点药店的重点违法违规行为 ··········· 52
39. 医保领域，参保人员的重点违法违规行为 ··········· 53
40. 医保领域，职业骗保团伙的重点违法违规行为 ······ 53
41. 医保领域，异地就医过程中容易发生的违法违规行为 ··· 53
第八十八条　【骗取社会保险待遇的责任】 ··············· 54
第八十九条　【经办机构及其工作人员违法行为责任】 ······ 54
第 九 十 条　【擅自更改缴费基数、费率的责任】 ········ 55
第九十一条　【隐匿、转移、侵占、挪用社会保险基金等的责任】 ··· 55
第九十二条　【泄露用人单位和个人信息的行政责任】 ······ 55
第九十三条　【国家工作人员的相关责任】 ··············· 56
第九十四条　【相关刑事责任】 ······························· 56
42. 各级医疗保障行政部门在医保基金监管执法过程中，发现参保个人骗取医保基金行为，涉嫌构成犯罪的，应依法向同级公安机关移送的情形 ········ 56

7

43. 各级医疗保障行政部门在医保基金监管执法过程中，发现定点医药机构骗取医保基金行为，涉嫌构成犯罪的，应依法向同级公安机关移送的情形 ………………………………………… 56

第十二章　附　　则

第九十五条　【进城务工农村居民参加社会保险】 ……… 57
第九十六条　【被征地农民的社会保险】 ………………… 57
第九十七条　【外国人参加我国社会保险】 ……………… 57
第九十八条　【施行日期】 ………………………………… 57

配 套 法 规

一、综合

实施《中华人民共和国社会保险法》若干规定 …………… 58
　（2011年6月29日）
人力资源社会保障行政复议办法 …………………………… 65
　（2010年3月16日）
社会保险行政争议处理办法 ………………………………… 82
　（2001年5月27日）

二、养老保险

中华人民共和国老年人权益保障法（节录） ……………… 89
　（2018年12月29日）

国务院办公厅关于转发人力资源社会保障部、财政部
　　城镇企业职工基本养老保险关系转移接续暂行办法
　　的通知 …………………………………………… 92
　　（2009年12月28日）
人力资源社会保障部关于城镇企业职工基本养老保险
　　关系转移接续若干问题的通知 ………………… 96
　　（2016年11月28日）
人力资源社会保障部办公厅关于职工基本养老保险关
　　系转移接续有关问题的补充通知 ……………… 98
　　（2019年9月29日）

三、医疗保险

医疗保障基金使用监督管理条例 …………………… 102
　　（2021年1月15日）
国家医保局办公室、财政部办公厅关于印发《基本医
　　疗保险关系转移接续暂行办法》的通知 ……… 113
　　（2021年11月1日）
国家医保局、财政部关于进一步做好基本医疗保险跨
　　省异地就医直接结算工作的通知 ……………… 117
　　（2022年6月30日）
国家医保局、公安部关于加强查处骗取医保基金案件
　　行刑衔接工作的通知 …………………………… 139
　　（2021年11月26日）
零售药店医疗保障定点管理暂行办法 ……………… 143
　　（2020年12月30日）
医疗机构医疗保障定点管理暂行办法 ……………… 155
　　（2020年12月30日）

9

基本医疗保险用药管理暂行办法 ·················· 167
　　（2020年7月30日）

四、工伤保险

工伤保险条例 ······································ 175
　　（2010年12月20日）
工伤认定办法 ······································ 192
　　（2010年12月31日）
工伤职工劳动能力鉴定管理办法 ·················· 196
　　（2018年12月14日）
社会保险基金先行支付暂行办法 ·················· 202
　　（2018年12月14日）
人力资源和社会保障部关于执行《工伤保险条例》若
　　干问题的意见 ································ 206
　　（2013年4月25日）
人力资源社会保障部关于执行《工伤保险条例》若干
　　问题的意见（二） ···························· 209
　　（2016年3月28日）
最高人民法院关于审理工伤保险行政案件若干问题的
　　规定 ·· 211
　　（2014年6月18日）

五、失业保险

失业保险条例 ······································ 215
　　（1999年1月22日）
失业保险金申领发放办法 ·························· 221
　　（2019年12月9日）

人力资源社会保障部办公厅、财政部办公厅关于畅通
　　失业保险关系跨省转移接续的通知 …………… 226
　　（2021 年 11 月 9 日）

六、社会保险费征缴

社会保险费征缴暂行条例 ………………………… 229
　　（2019 年 3 月 24 日）

七、社会保险基金

全国社会保障基金条例 ……………………………… 235
　　（2016 年 3 月 10 日）
社会保险基金行政监督办法 ………………………… 240
　　（2022 年 2 月 9 日）
社会保险基金监督举报奖励暂行办法 ……………… 249
　　（2022 年 7 月 11 日）
社会保险基金监督举报工作管理办法 ……………… 253
　　（2023 年 1 月 17 日）

实用附录

1. 工伤纠纷处理流程图 …………………………… 263
2. 参保人员或用人单位申请基本医疗保险关系转移接
　　续流程图 ………………………………………… 264
3. 工伤保险待遇一览表 …………………………… 265

中华人民共和国社会保险法

（2010年10月28日第十一届全国人民代表大会常务委员会第十七次会议通过 根据2018年12月29日第十三届全国人民代表大会常务委员会第七次会议《关于修改〈中华人民共和国社会保险法〉的决定》修正）

目 录

第一章 总 则
第二章 基本养老保险
第三章 基本医疗保险
第四章 工伤保险
第五章 失业保险
第六章 生育保险
第七章 社会保险费征缴
第八章 社会保险基金
第九章 社会保险经办
第十章 社会保险监督
第十一章 法律责任
第十二章 附 则

第一章 总　　则

第一条　【立法宗旨】* 为了规范社会保险关系，维护公民参加社会保险和享受社会保险待遇的合法权益，使公民共享发展成果，促进社会和谐稳定，根据宪法，制定本法。

> **注 解**

制定和实施社会保险法的作用：

1. 规范社会保险关系。社会保险关系是指社会保险主体在社会保险活动中所形成的权利义务关系。社会保险关系比较复杂，包括政府与公民之间、社会保险费征收机构与用人单位和个人之间、用人单位与职工之间、社会保险经办机构与参保人员之间等多重关系。《社会保险法》的立法目的之一，就是要规范它们之间的关系，明确相互的权利和义务。

2. 维护公民参加社会保险和享受社会保险待遇的合法权益。公民参加社会保险，主要权利就是享受社会保险待遇，此外还有参与社会保险监督。《社会保险法》主要是一部权利法，确定参保人员应当有哪些权利、享受什么待遇，这些权利和待遇如何保障、如何救济，这是社会保险立法的主要目的。公民依法参加社会保险并享受社会保险待遇，是宪法规定的获得物质帮助权利的具体体现。本法分别对公民参加基本养老保险、基本医疗保险、工伤保险、失业保险和生育保险作了规定，并对享受社会保险待遇作了原则性规定。

3. 使公民共享发展成果，促进社会和谐稳定。社会保险具有社会财富再次分配的功能，包括年轻人向年老人、收入高的人向收入低的人、健康的人向患有疾病的人的再分配，体现了发展成果共享的价值观。建立强制性的社会保险制度，使所有人老有所养、病有所医，实现社会再次分配的公平性，为社会提供"安全网"，解决人们的后顾之忧，有利于实现社会和谐稳定。

第二条　【建立社会保险制度】国家建立基本养老保险、基

---

* 条文主旨为编者所加，全书同。

本医疗保险、工伤保险、失业保险、生育保险等社会保险制度，保障公民在年老、疾病、工伤、失业、生育等情况下依法从国家和社会获得物质帮助的权利。

注解

社会保险的功能：

(1) 防范风险功能。风险主要分为两大类：人身风险与工作风险。人身风险包括：年老、疾病、工伤、生育风险。工作风险包括失业风险。这些风险具有不可避免的特性，当风险来临时，个人往往难以凭自力救济的方式应对，以致对生活造成重大损失。社会保险制度的最基本作用，是在风险发生时对个人提供收入损失补偿，保证个人在暂时或者永久失去劳动能力以及暂时失去工作岗位从而造成收入中断或者减少时，仍然能够继续享有基本生活保障，将个人风险转化为社会风险。

(2) 社会稳定功能。社会保险是社会稳定的"调节器"。一方面，能使社会成员产生安全感，对未来生活有良好的心理预期，安居乐业；另一方面，能缓解社会矛盾，构建和谐的社会环境来实现整个社会的稳定。

(3) 有利于实现社会公平。人们在文化水平、劳动能力、资本积累等方面的差异，导致收入上的差距，差距加大，就会造成贫富悬殊的社会问题。社会保险可以通过强制征收保险费，聚集成保险基金，对收入较低或失去收入来源的个人给予补助，提高其生活水平，在一定程度上实现社会的公平分配。

(4) 有利于保证社会劳动力再生产顺利进行。市场经济需要劳动力的正常再生产，而市场竞争所形成的优胜劣汰，必然造成部分劳动者暂时退出劳动岗位，这就使部分劳动者及其家庭失去收入而陷入生存危机。社会保险确保了这部分成员的基本生活需要，使劳动力的供给和正常再生产成为可能，为维持市场经济正常运行提供劳动力后备军。

(5) 实行收入再分配，适当调节劳动分配，保障低收入者的基本生活。

应用

1. 企业年金

根据《企业年金办法》，企业年金，是指企业及其职工在依法参加基本养老保险的基础上，自主建立的补充养老保险制度。企业年金所需费用由企业和职工个人共同缴纳。企业年金基金实行完全积累，为每个参加企业年金的职工建立个人账户，按照国家有关规定投资运营。企业年金基金投资运营收益并入企业年金基金。

2. 个人养老金

根据《个人养老金实施办法》，个人养老金是指政府政策支持、个人自愿参加、市场化运营、实现养老保险补充功能的制度。个人养老金实行个人账户制，缴费完全由参加人个人承担，自主选择购买符合规定的储蓄存款、理财产品、商业养老保险、公募基金等金融产品，实行完全积累，按照国家有关规定享受税收优惠政策。个人养老金的参加人应当是在中国境内参加城镇职工基本养老保险或者城乡居民基本养老保险的劳动者。

配套

《劳动法》第70条；《个人养老金实施办法》；《企业年金办法》

第三条 【社会保险制度的方针和社会保险水平】 社会保险制度坚持广覆盖、保基本、多层次、可持续的方针，社会保险水平应当与经济社会发展水平相适应。

注解

社会保险制度必须坚持"广覆盖、保基本、多层次、可持续"的十二字方针。

（1）广覆盖。就是要扩大社会保险的覆盖面，将尽可能多的人纳入社会保险制度中来。公民在年老、疾病、失业、生育等情形下，享有从国家和社会获得物质帮助的权利，这是宪法赋予公民的权利。社会保险是社会保障的重要组成部分，坚持广覆盖的方针，是为了维护公民参加社会保险和享受社会保险待遇的合法权益，也是构建社会主义和谐社会的内在要求。从我国保险制度的建立和发展看，社会保险范围是逐渐扩大的：从城镇人口到农村人口，从国有单位到非国有单位，从就业相关人员到非从业人员。基本养老保险和基本医疗保险的覆盖范围最广，其目标是做到"老有所养，病有所医"。工伤保险、失业保险、生育保险是与就业相关的保险制度，其覆盖范围限于职工和与职工相关的其他人员。

（2）保基本。我国社会保险待遇以保障公民基本生活和需要为主。"保基本"的两个功能：一方面可以防止高标准的社会保险造成国家财政、用人单位和个人的负担过重；另一方面就某些保险而言，如失业保险，可以避免有劳动能力的人过分依赖社会保险，而放弃以劳动为本的生存方式。

（3）多层次。社会保险的多层次表现在除基本养老保险、基本医疗保险外，还有补充养老保险、补充医疗保险，以及补充性的商业保险。

（4）可持续。就是建立社会保险可持续发展的长效机制，实现社会保险制度稳定运行。主要是实现社会保险基金收支够平衡，自身能够良性运行。在人口老龄化来临时基本养老保险制度能够不给财政造成过大的压力，也不给企业和个人造成太大缴费压力。

应用

3. 社会保险水平该如何确定

社会保险水平应当与经济社会发展水平相适应。《宪法》第14条第4款规定，国家建立健全同经济发展水平相适应的社会保障制度。经济社会发展是社会保险赖以存在的基础，社会保险不可能超越经济社会发展阶段。经济社会发展水平制约着社会保险发展水平。这两者的关系是只有经济社会持续发展，社会保险才能有发展的基础，社会保险水平必须与经济社会发展水平相适应；反之，社会保险能够为经济社会发展创造稳定的环境，减少个人的后顾之忧，提高消费预期，从而扩大内需，促进经济社会发展。

必须把握适当的社会保险发展水平。一方面有利于劳动保护并推进经济社会持续发展；另一方面如果保障水平超过适度上限，就会导致政府、用人单位负担加重，制约经济社会健康发展。就目前来看，我国社会保险水平还比较低，社会保险事业滞后于经济社会发展水平，并成为制约经济发展的瓶颈。要真正建立和谐社会，必须在发展经济的同时，不断促进社会保险事业的发展。

总之，社会保险事业的发展和经济社会发展之间是相互依存、相互协调、相互补充、相互促进的关系。社会保险水平应当与经济社会发展水平相适应。

配套

《劳动法》第71条

第四条 【用人单位和个人的权利义务】中华人民共和国境内的用人单位和个人依法缴纳社会保险费,有权查询缴费记录、个人权益记录,要求社会保险经办机构提供社会保险咨询等相关服务。

个人依法享受社会保险待遇,有权监督本单位为其缴费情况。

应用

4. 社会保险关系中用人单位如何行使权利和义务

(1) 用人单位的权利。用人单位可以向社会保险经办机构查询、核对其缴费记录,要求社会保险经办机构提供社会保险咨询等相关服务。

(2) 用人单位主要有以下义务:一是缴费义务。职工基本养老保险、职工基本医疗保险、失业保险的缴费义务由用人单位与职工共同承担;工伤保险、生育保险的缴费义务全部由用人单位承担。二是登记义务。用人单位应当自成立之日起30日内凭营业执照、登记证书或者单位印章,向当地社会保险经办机构申请办理社会保险登记;用人单位应当自用工之日起30日内为其职工向社会保险经办机构申请办理社会保险登记。三是申报和代扣代缴义务。用人单位应当自行申报、按时足额缴纳社会保险费,非因不可抗力等法定事由不得缓缴、减免。职工应当缴纳的社会保险费由用人单位代扣代缴,用人单位应当按月将缴纳社会保险费的明细情况告知本人。

5. 社会保险关系中个人享有哪些权利和义务

(1) 个人主要有以下权利:一是依法享受社会保险待遇。二是有权监督本单位为其缴费情况。三是个人可以向社会保险经办机构查询、核对其缴费和享受社会保险待遇记录,要求社会保险经办机构提供社会保险咨询等相关服务。

(2) 个人主要有以下义务:一是缴费义务。职工要承担职工基本养老保险、职工基本医疗保险、失业保险的缴费义务;无雇工的个体工商户、未在用人单位参加基本养老保险(基本医疗保险)的非全日制从业人员以及其他灵活就业人员可以参加基本养老保险、职工基本医疗保险，由个人缴纳基本养老保险和基本医疗保险费；农村居民参加新型农村社会养老保险、新型农村合作医疗，要承担缴费义务；城镇居民参加城镇居民社会养老保险、城镇居民基本医疗保险，要承担缴费义务。二是登记义务。自愿参加社会保险的无雇工的个体工商户、未在用人单位参加社会保险的非全日制从业人员以及其他灵活就业人员，应当向社会保险经办机构申请办理社会保险登记；失业人员应当持本单位为其出具的终止或者解除劳动关系的证明，及时到指定的公共就业服务机构办理失业登记。

6. 参保人员如何查询个人权益记录

社会保险个人权益记录，是指以纸质材料和电子数据等载体记录的反映参保人员及其用人单位履行社会保险义务、享受社会保险权益状况的信息，包括下列内容：（1）参保人员及其用人单位社会保险登记信息；（2）参保人员及其用人单位缴纳社会保险费、获得相关补贴的信息；（3）参保人员享受社会保险待遇资格及领取待遇的信息；（4）参保人员缴费年限和个人账户信息；（5）其他反映社会保险个人权益的信息。

社会保险经办机构网点应当设立专门窗口向参保人员及其用人单位提供免费查询服务。参保人员向社会保险经办机构查询本人社会保险个人权益记录的，需持本人有效身份证件；参保人员委托他人向社会保险经办机构查询本人社会保险个人权益记录的，被委托人需持书面委托材料和本人有效身份证件。需要书面查询结果或者出具本人参保缴费、待遇享受等书面证明的，社会保险经办机构应当按照规定提供。

7. 如何申领实体社保卡

申领实体社保卡可自行通过社保卡管理服务机构网点、人力资源社会保障部门委托的社保卡服务银行或线上服务平台申领，或者通过参保单位、学校等代办机构代为申领。

通过电子社保卡小程序等渠道，可在线办理社保卡申领、社保功能启用、补换、临时挂失、制卡进度查询等"跨省通办"服务，线上提交申请，卡片邮寄到家。

领取社保卡后应通过"跨省通办"服务或当地人社部门提供的线上、线下渠道启用社会保障功能，并到社保卡服务银行网点激活社保卡银行账户。（来源：人力资源社会保障部官网，https://mp.weixin.qq.com/s/6VMsv-

PkkUlTMazctLLDPBQ。)

> 配套

《社会保险个人权益记录管理办法》

第五条 【社会保险财政保障】县级以上人民政府将社会保险事业纳入国民经济和社会发展规划。

国家多渠道筹集社会保险资金。县级以上人民政府对社会保险事业给予必要的经费支持。

国家通过税收优惠政策支持社会保险事业。

第六条 【社会保险基金监督】国家对社会保险基金实行严格监管。

国务院和省、自治区、直辖市人民政府建立健全社会保险基金监督管理制度,保障社会保险基金安全、有效运行。

县级以上人民政府采取措施,鼓励和支持社会各方面参与社会保险基金的监督。

第七条 【社会保险行政管理职责分工】国务院社会保险行政部门负责全国的社会保险管理工作,国务院其他有关部门在各自的职责范围内负责有关的社会保险工作。

县级以上地方人民政府社会保险行政部门负责本行政区域的社会保险管理工作,县级以上地方人民政府其他有关部门在各自的职责范围内负责有关的社会保险工作。

第八条 【社会保险经办机构职责】社会保险经办机构提供社会保险服务,负责社会保险登记、个人权益记录、社会保险待遇支付等工作。

第九条 【工会的职责】工会依法维护职工的合法权益,有权参与社会保险重大事项的研究,参加社会保险监督委员会,对与职工社会保险权益有关的事项进行监督。

注解

工会协助用人单位办好职工集体福利事业，做好工资、劳动安全卫生和社会保险工作。县级以上各级人民政府及其有关部门研究制定劳动就业、工资、劳动安全卫生、社会保险等涉及职工切身利益的政策、措施时，应当吸收同级工会参加研究，听取工会意见。企业、事业单位、社会组织研究经营管理和发展的重大问题应当听取工会的意见；召开会议讨论有关工资、福利、劳动安全卫生、工作时间、休息休假、女职工保护和社会保险等涉及职工切身利益的问题，必须有工会代表参加。

配套

《工会法》

第二章 基本养老保险

第十条 【覆盖范围】职工应当参加基本养老保险，由用人单位和职工共同缴纳基本养老保险费。

无雇工的个体工商户、未在用人单位参加基本养老保险的非全日制从业人员以及其他灵活就业人员可以参加基本养老保险，由个人缴纳基本养老保险费。

公务员和参照公务员法管理的工作人员养老保险的办法由国务院规定。

第十一条 【制度模式和基金筹资方式】基本养老保险实行社会统筹与个人账户相结合。

基本养老保险基金由用人单位和个人缴费以及政府补贴等组成。

第十二条 【缴费基数和缴费比例】用人单位应当按照国家规定的本单位职工工资总额的比例缴纳基本养老保险费，记入基本养老保险统筹基金。

职工应当按照国家规定的本人工资的比例缴纳基本养老保险

费,记入个人账户。

无雇工的个体工商户、未在用人单位参加基本养老保险的非全日制从业人员以及其他灵活就业人员参加基本养老保险的,应当按照国家规定缴纳基本养老保险费,分别记入基本养老保险统筹基金和个人账户。

配套

《国务院关于建立统一的企业职工基本养老保险制度的决定》

第十三条 【政府财政补贴】国有企业、事业单位职工参加基本养老保险前,视同缴费年限期间应当缴纳的基本养老保险费由政府承担。

基本养老保险基金出现支付不足时,政府给予补贴。

第十四条 【个人账户养老金】个人账户不得提前支取,记账利率不得低于银行定期存款利率,免征利息税。个人死亡的,个人账户余额可以继承。

应用

8. 个人账户养老金是否可以提前支取

个人账户养老金不得提前支取。根据国家规定,目前职工按照工资收入的8%缴纳养老保险费,记入个人账户。个人账户养老金是个人在工作期间为退休后养老积蓄的资金,是基本养老保险待遇的重要组成部分,是国家强制提取的,退休前个人不得提前支取,尤其在目前名义账户下,这部分资金实际上用于支付当期退休人员的基本养老待遇,如果提前支取,养老保险基金会有很大的资金缺口,基金支出会出现困难。

9. 个人账户养老金余额是否可以继承

个人账户养老金虽具有强制储蓄性质,但属于个人所有,个人死亡的(包括退休前和退休后),个人账户养老金余额可以继承。需要说明的是,2006年1月1日后个人账户资金全部由个人缴纳形成,在此以前,个人账户中一部分资金是个人缴纳,一部分是从单位缴费中划入的。根据国家规定,个人死亡的,其个人账户余额中的个人缴费部分可以继承,单位缴费部分不能继承，应当并入统筹基金。

第十五条 【基本养老金构成】基本养老金由统筹养老金和个人账户养老金组成。

基本养老金根据个人累计缴费年限、缴费工资、当地职工平均工资、个人账户金额、城镇人口平均预期寿命等因素确定。

注解

统筹养老金来自由用人单位缴费和财政补贴等构成的社会统筹基金，根据个人累计缴费年限、缴费工资、当地职工平均工资等因素确定。

个人账户养老金是基本养老金的重要组成部分，是个人为自己养老储蓄的资金，体现养老保险中的个人责任。按照现行的制度规定，个人账户养老金月标准为个人账户储存额除以计发月数，计发月数根据职工退休时个人账户金额、城镇人口平均预期寿命和本人退休年龄等因素确定。

应用

10. 如何查询养老保险缴费状态和待遇领取信息

养老保险缴费状态和待遇领取信息可以通过社会保险个人权益记录单进行查询。个人可以从电脑端登录国家社会保险公共服务平台（http://si.12333.gov.cn）、人力资源社会保障政务服务平台（http://zwfw.mohrss.gov.cn）查询。

此外，参保人还可以通过参保地的社保经办大厅自助服务一体机、人社部门网站、人社部门APP等渠道，查询社会保险个人权益记录单。（来源：人力资源社会保障部官网，https://mp.weixin.qq.com/s/9rwR8MaYD9le-DF-wya5ql9g。）

第十六条 【享受基本养老保险待遇的条件】参加基本养老保险的个人，达到法定退休年龄时累计缴费满十五年的，按月领取基本养老金。

参加基本养老保险的个人，达到法定退休年龄时累计缴费不足十五年的，可以缴费至满十五年，按月领取基本养老金；也可以转入新型农村社会养老保险或者城镇居民社会养老保险，按照国务院规定享受相应的养老保险待遇。

注解

本条是关于基本养老保险待遇的条件的规定。参加基本养老保险的个人，履行了缴费义务，就应当享受相应的养老保险待遇。我国养老保险制度实行的是缴费模式，享受基本养老待遇与缴费年限挂钩。在我国享受养老保险待遇必须符合两个条件：一是必须达到法定退休年龄；二是累计最低缴费满15年。达到退休年龄是享受基本养老保险待遇的基本条件之一。退休年龄根据劳动力资源的状况、人口平均预期寿命、劳动人口的抚养比以及养老保险的承担能力等多重因素确定。

应用

11. 享受基本养老保险待遇的缴费年限是多少年

缴费满15年是享受基本养老保险待遇的基本条件之一。注意，规定最低缴费年限为15年，并不是缴满15年就可以不缴费。对职工来说，缴费是法律规定的强制性义务，只要与用人单位建立劳动关系，就应当按照国家规定缴费。同时，个人享受基本养老保险待遇与个人缴费年限直接相关，缴费年限越长、缴费基数越大，退休后领取的养老金就越多。

第十七条　【参保个人因病或非因工致残、死亡待遇】参加基本养老保险的个人，因病或者非因工死亡的，其遗属可以领取丧葬补助金和抚恤金；在未达到法定退休年龄时因病或者非因工致残完全丧失劳动能力的，可以领取病残津贴。所需资金从基本养老保险基金中支付。

注解

丧葬补助金是职工死亡后安葬和处理后事的补助费用。抚恤金是职工死亡后给予其家属的经济补偿和精神安慰。个人参加基本养老保险，单位和自己缴纳基本养老保险费，主要是为了其退休后能够享受基本养老待遇。个人退休前和退休后因病或者非因工死亡的，其个人账户的余额可以作为遗产由遗属继承，单位缴纳的基本养老保险费并入统筹基金，作为社会互济资金，遗属不能主张继承权。但是，为了体现参保人员对统筹基金的贡献，本法规定，其遗属可以领取丧葬补助金和抚恤金，作为参保人员死亡的丧葬补助费用和遗属抚恤费用。遗属的范围一般包括死者的配偶、子女、依靠死者生前供养的父母，以及依靠死者生活的其他亲属。

病残津贴是基本养老保险基金对未达到法定退休年龄时因病或者非因工致残完全丧失劳动能力的参保人员的经济补偿。参保人员未达到法定退休年龄，不能享受养老保险待遇，如果完全丧失劳动能力，不能工作，生活就失去了经济来源，只能依靠其他家庭成员，如果参保人员同时是家庭的主要经济来源，整个家庭就会陷入困境。因此，参保人员参加了基本养老保险，缴纳了保险费，对养老保险基金作出了贡献，在其失去生活来源时，养老保险基金应当承担一定的责任。

第十八条　【基本养老金调整机制】国家建立基本养老金正常调整机制。根据职工平均工资增长、物价上涨情况，适时提高基本养老保险待遇水平。

应用

12. 基本养老保险待遇水平的调整取决于哪些因素

国家建立基本养老金正常调整机制。根据职工平均工资增长、物价上涨情况，适时提高基本养老保险待遇水平。

工资是劳动者参与社会财富分配的主要形式，职工平均工资增长情况反映了劳动者分配的社会财富增加水平。基本养老保险是养老责任的代际转移，建立基本养老保险的目的，就是让退休人员与在职职工一样能够参与社会财富分配，分享经济发展成果。因此，职工平均工资增长情况是调整基本养老金标准的重要指标。

物价上涨情况是调整基本养老金的另一个重要考虑因素，因为物价上涨尤其是居民生活消费品的价格上涨直接影响养老金的购买力，进而影响退休人员的生活水平。

第十九条　【基本养老保险关系转移接续制度】个人跨统筹地区就业的，其基本养老保险关系随本人转移，缴费年限累计计算。个人达到法定退休年龄时，基本养老金分段计算、统一支付。具体办法由国务院规定。

应用

13. 基本养老金如何分段计算

分段计算是指参保人员以本人各年度缴费工资、缴费年限和待遇取得地对应的各年度在岗职工平均工资计算其基本养老保险金。为了方便参保人员领取基本养老金，本法规定了统一支付的原则，就是无论参保人员在哪里退休，退休地社会保险经办机构都应当将各统筹地区的缴费年限和相应的养老保险待遇分段计算出来，将养老金统一支付给参保人员。

配套

《人力资源社会保障部关于城镇企业职工基本养老保险关系转移接续若干问题的通知》

第二十条 【新型农村社会养老保险及其筹资方式】国家建立和完善新型农村社会养老保险制度。

新型农村社会养老保险实行个人缴费、集体补助和政府补贴相结合。

注解

新型农村社会养老保险是与 20 世纪 90 年代开展的以个人缴费为主、完全个人账户的农村社会养老保险相对而言的，是指在基本模式上实行社会统筹与个人账户相结合，在筹资方式上实行个人缴费、集体补助、政府补贴相结合的社会养老保险制度。

第二十一条 【新型农村社会养老保险待遇】新型农村社会养老保险待遇由基础养老金和个人账户养老金组成。

参加新型农村社会养老保险的农村居民，符合国家规定条件的，按月领取新型农村社会养老保险待遇。

第二十二条 【城镇居民社会养老保险】国家建立和完善城镇居民社会养老保险制度。

省、自治区、直辖市人民政府根据实际情况，可以将城镇居民社会养老保险和新型农村社会养老保险合并实施。

注解

根据《国务院关于建立统一的城乡居民基本养老保险制度的意见》，依据《社会保险法》有关规定，在总结新型农村社会养老保险（以下简称新农保）和城镇居民社会养老保险（以下简称城居保）试点经验的基础上，国务院决定，将新农保和城居保两项制度合并实施，在全国范围内建立统一的城乡居民基本养老保险（以下简称城乡居民养老保险）制度。

城乡居民养老保险基金由个人缴费、集体补助、政府补贴构成。城乡居民养老保险待遇由基础养老金和个人账户养老金构成，支付终身。参加城乡居民养老保险的个人，年满60周岁、累计缴费满15年，且未领取国家规定的基本养老保障待遇的，可以按月领取城乡居民养老保险待遇。参加城乡居民养老保险的人员，在缴费期间户籍迁移，需要跨地区转移城乡居民养老保险关系的，可在迁入地申请转移养老保险关系，一次性转移个人账户全部储存额，并按迁入地规定继续参保缴费，缴费年限累计计算；已经按规定领取城乡居民养老保险待遇的，无论户籍是否迁移，其养老保险关系不转移。

配套

《国务院关于建立统一的城乡居民基本养老保险制度的意见》

第三章 基本医疗保险

第二十三条 【职工基本医疗保险覆盖范围和缴费】职工应当参加职工基本医疗保险，由用人单位和职工按照国家规定共同缴纳基本医疗保险费。

无雇工的个体工商户、未在用人单位参加职工基本医疗保险的非全日制从业人员以及其他灵活就业人员可以参加职工基本医疗保险，由个人按照国家规定缴纳基本医疗保险费。

应用

14. 灵活就业人员如何参加职工基本医疗保险

灵活就业人员参加职工基本医疗保险实行自愿原则。原劳动和社会保障部办公厅于2003年出台的《关于城镇灵活就业人员参加基本医疗保险的指导意见》中指出，灵活就业人员参加基本医疗保险要坚持权利和义务相对应、缴费水平与待遇水平相挂钩的原则。在参保政策和管理办法上既要与城镇职工基本医疗保险制度相衔接，又要适应灵活就业人员的特点。已与用人单位建立明确劳动关系的灵活就业人员，要按照用人单位参加基本医疗保险的方法缴费参保。其他灵活就业人员，要以个人身份缴费参保。灵活就业人员参加基本医疗保险的缴费率原则上按照当地的缴费率确定。从统筹基金起步的地区，可参照当地基本医疗保险建立统筹基金的缴费水平确定。缴费基数可参照当地上一年职工年平均工资核定。灵活就业人员缴纳的医疗保险费纳入统筹地区基本医疗保险基金统一管理。

配 套

《国务院关于建立城镇职工基本医疗保险制度的决定》；《国务院办公厅关于全面推进生育保险和职工基本医疗保险合并实施的意见》；《劳动和社会保障部关于城镇灵活就业人员参加基本医疗保险的指导意见》

第二十四条 【新型农村合作医疗制度】国家建立和完善新型农村合作医疗制度。

新型农村合作医疗的管理办法，由国务院规定。

第二十五条 【城镇居民基本医疗保险制度】国家建立和完善城镇居民基本医疗保险制度。

城镇居民基本医疗保险实行个人缴费和政府补贴相结合。

享受最低生活保障的人、丧失劳动能力的残疾人、低收入家庭六十周岁以上的老年人和未成年人等所需个人缴费部分，由政府给予补贴。

第二十六条 【医疗保险待遇标准】职工基本医疗保险、新型农村合作医疗和城镇居民基本医疗保险的待遇标准按照国家规定执行。

第二十七条 【退休时享受基本医疗保险待遇】参加职工基本医疗保险的个人，达到法定退休年龄时累计缴费达到国家规定年限的，退休后不再缴纳基本医疗保险费，按照国家规定享受基本医疗保险待遇；未达到国家规定年限的，可以缴费至国家规定年限。

第二十八条 【基本医疗保险基金支付制度】符合基本医疗保险药品目录、诊疗项目、医疗服务设施标准以及急诊、抢救的医疗费用，按照国家规定从基本医疗保险基金中支付。

第二十九条 【基本医疗保险费用结算制度】参保人员医疗费用中应当由基本医疗保险基金支付的部分，由社会保险经办机构与医疗机构、药品经营单位直接结算。

社会保险行政部门和卫生行政部门应当建立异地就医医疗费用结算制度，方便参保人员享受基本医疗保险待遇。

应 用

15. 跨省异地就医直接结算

根据《国家医保局、财政部关于进一步做好基本医疗保险跨省异地就医直接结算工作的通知》，跨省异地就医是指基本医疗保险参保人员在参保关系所在省、自治区、直辖市（以下统称省）以外的定点医药机构发生的就医、购药行为。跨省异地就医直接结算是指参保人员跨省异地就医时只需支付按规定由个人负担的医疗费用，其他费用由就医地经办机构与跨省联网定点医药机构按医疗保障服务协议（以下简称医保服务协议）约定审核后支付。

参加基本医疗保险的下列人员，可以申请办理跨省异地就医直接结算：（1）跨省异地长期居住人员，包括异地安置退休人员、异地长期居住人员、常驻异地工作人员等长期在参保省外工作、居住、生活的人员。（2）跨省临时外出就医人员，包括异地转诊就医人员，因工作、旅游等原因异地急诊抢救人员以及其他跨省临时外出就医人员。

配 套

《基本医疗保险跨省异地就医直接结算经办规程》

第三十条 【不纳入基本医疗保险基金支付范围的医疗费

用】下列医疗费用不纳入基本医疗保险基金支付范围：

（一）应当从工伤保险基金中支付的；

（二）应当由第三人负担的；

（三）应当由公共卫生负担的；

（四）在境外就医的。

医疗费用依法应当由第三人负担，第三人不支付或者无法确定第三人的，由基本医疗保险基金先行支付。基本医疗保险基金先行支付后，有权向第三人追偿。

注解

由第三人负担，主要是指由于第三人侵权，导致参保人员的人身受到伤害而产生的医疗费用。如参保人员被第三人打伤而入院治疗，由此产生的医疗费用，按照我国《民法典》等的规定，应由侵权人负担，基本医疗保险基金不予支付。如果在此种情况下，侵权人（第三人）不支付该参保人员的医疗费，或者因侵权人逃逸等无法确定侵权人是谁的，为了保证受害的参保人员能够获得及时的医疗救治，本条规定由基本医疗保险基金先行支付该参保人员的医疗费用。基本医疗保险基金先行支付后，医疗保险经办机构从受害的参保人员那里取得代位追偿权，有权向第三人即侵权人，就其应当支付的医疗费用进行追偿。注意：一是这里规定的"第三人"既包括自然人，也包括法人或者其他组织。二是这里规定的"第三人不支付"既包括第三人有能力支付而拒不支付的情形，也包括第三人没有能力或者暂时没有能力而不能支付或者不能立即支付的情形。

第三十一条 【服务协议】社会保险经办机构根据管理服务的需要，可以与医疗机构、药品经营单位签订服务协议，规范医疗服务行为。

医疗机构应当为参保人员提供合理、必要的医疗服务。

应用

16. 取得药品经营许可证的零售药店如何申请为医疗保障定点

根据《零售药店医疗保障定点管理暂行办法》，取得药品经营许可证，并同时符合以下条件的零售药店均可申请医疗保障定点：（1）在注册地址正式经营至少3个月；（2）至少有1名取得执业药师资格证书或具有药学、临床药学、中药学专业技术资格证书的药师，且注册地在该零售药店所在地，药师须签订1年以上劳动合同且在合同期内；（3）至少有2名熟悉医疗保障法律法规和相关制度规定的专（兼）职医保管理人员负责管理医保费用，并签订1年以上劳动合同且在合同期内；（4）按药品经营质量管理规范要求，开展药品分类分区管理，并对所售药品设立明确的医保用药标识；（5）具有符合医保协议管理要求的医保药品管理制度、财务管理制度、医保人员管理制度、统计信息管理制度和医保费用结算制度；（6）具备符合医保协议管理要求的信息系统技术和接口标准，实现与医保信息系统有效对接，为参保人员提供直接联网结算，建立医保药品等基础数据库，按规定使用国家统一医保编码；（7）符合法律法规和省级及以上医疗保障行政部门规定的其他条件。

配套

《零售药店医疗保障定点管理暂行办法》

第三十二条 【基本医疗保险关系转移接续制度】个人跨统筹地区就业的，其基本医疗保险关系随本人转移，缴费年限累计计算。

注解

参保人员或用人单位提交基本医疗保险关系转移申请，可通过全国统一的医保信息平台直接提交申请，也可通过线下方式在转入地或转出地经办机构窗口申请。

转移接续申请实行统一的校验规则前置，在申请时转入地和转出地校验是否符合转移接续条件，若不符合条件则不予受理转移接续申请并及时告知申请人原因；符合条件则予以受理。

转出地的校验规则主要为是否已中止参保，转入地的校验规则主要为是否已按规定参加转入地基本医保。校验规则涉及事项应逐步实现网上办理、一站式联办。

配套

《国家医保局办公室、财政部办公厅关于印发〈基本医疗保险关系转移接续暂行办法〉的通知》

第四章 工伤保险

第三十三条 【参保范围和缴费】职工应当参加工伤保险,由用人单位缴纳工伤保险费,职工不缴纳工伤保险费。

应用

17. 哪些人可以参加工伤保险

中华人民共和国境内的企业、事业单位、社会团体、民办非企业单位、基金会、律师事务所、会计师事务所等组织和有雇工的个体工商户应当依照《工伤保险条例》规定参加工伤保险,为本单位全部职工或者雇工缴纳工伤保险费。

中华人民共和国境内的企业、事业单位、社会团体、民办非企业单位、基金会、律师事务所、会计师事务所等组织的职工和个体工商户的雇工,均有依照《工伤保险条例》的规定享受工伤保险待遇的权利。

用人单位缴纳工伤保险费的数额

用人单位应当按时缴纳工伤保险费。职工个人不缴纳工伤保险费。用人单位缴纳工伤保险费的数额为本单位职工工资总额乘以单位缴费费率之积。对难以按照工资总额缴纳工伤保险费的行业,其缴纳工伤保险费的具体方式,由国务院社会保险行政部门规定。

18. 用人单位为职工购买商业性人身意外伤害保险的,是否因此免除其为职工购买工伤保险的法定义务

用人单位为职工购买商业性人身意外伤害保险的,不因此免除其为职工购买工伤保险的法定义务。职工获得用人单位为其购买的人身意外伤害保险赔付后,仍然有权向用人单位主张工伤保险待遇。安某重、兰某姣诉深圳市水某远洋渔业有限公司工伤保险待遇纠纷案(《最高人民法院公报》2017年第12期)

19. 无营业执照或者未经依法登记、备案的单位以及被依法吊销营业执照或者撤销登记、备案的单位等,如何向受到事故伤害或者患职业病的职工进行赔偿

根据《非法用工单位伤亡人员一次性赔偿办法》,非法用工单位伤亡人员,是指无营业执照或者未经依法登记、备案的单位以及被依法吊销营业执照或者撤销登记、备案的单位受到事故伤害或者患职业病的职工,或者用人单位使用童工造成的伤残、死亡童工。上述单位必须按照本办法的规定向伤残职工或者死亡职工的近亲属、伤残童工或者死亡童工的近亲属给予一次性赔偿。

一次性赔偿包括受到事故伤害或者患职业病的职工或童工在治疗期间的费用和一次性赔偿金。一次性赔偿金数额应当在受到事故伤害或者患职业病的职工或童工死亡或者经劳动能力鉴定后确定。

一次性赔偿金按照以下标准支付:一级伤残的为赔偿基数的16倍,二级伤残的为赔偿基数的14倍,三级伤残的为赔偿基数的12倍,四级伤残的为赔偿基数的10倍,五级伤残的为赔偿基数的8倍,六级伤残的为赔偿基数的6倍,七级伤残的为赔偿基数的4倍,八级伤残的为赔偿基数的3倍,九级伤残的为赔偿基数的2倍,十级伤残的为赔偿基数的1倍。

受到事故伤害或者患职业病造成死亡的,按照上一年度全国城镇居民人均可支配收入的20倍支付一次性赔偿金,并按照上一年度全国城镇居民人均可支配收入的10倍一次性支付丧葬补助等其他赔偿金。

配 套

《工伤保险条例》第2条、第10条

第三十四条 【工伤保险费率】国家根据不同行业的工伤风险程度确定行业的差别费率,并根据使用工伤保险基金、工伤发生率等情况在每个行业内确定费率档次。行业差别费率和行业内费率档次由国务院社会保险行政部门制定,报国务院批准后公布施行。

社会保险经办机构根据用人单位使用工伤保险基金、工伤发生率和所属行业费率档次等情况,确定用人单位缴费费率。

注解

按照《国民经济行业分类》(GB/T 4754—2017)对行业的划分,根据不同行业的工伤风险程度,由低到高,依次将行业工伤风险类别划分为一类至八类。不同工伤风险类别的行业执行不同的工伤保险行业基准费率。各行业工伤风险类别对应的全国工伤保险行业基准费率为,一类至八类分别控制在该行业用人单位职工工资总额的0.2%、0.4%、0.7%、0.9%、1.1%、1.3%、1.6%、1.9%左右。

配套

《人力资源社会保障部、财政部关于调整工伤保险费率政策的通知》

第三十五条 【工伤保险费缴费基数和费率】用人单位应当按照本单位职工工资总额,根据社会保险经办机构确定的费率缴纳工伤保险费。

注解

缴费基数和缴费费率是工伤保险制度的核心内容,是计算用人单位缴纳工伤保险费数额的依据,缴费基数与缴费费率之积,即为用人单位应当缴纳的工伤保险费数额。

根据《关于工资总额组成的规定》,工资总额是指各单位在一定时期内直接支付给本单位全部职工的劳动报酬总额。工资总额的计算应以直接支付给职工的全部劳动报酬为根据。

第三十六条 【享受工伤保险待遇的条件】职工因工作原因受到事故伤害或者患职业病,且经工伤认定的,享受工伤保险待遇;其中,经劳动能力鉴定丧失劳动能力的,享受伤残待遇。

工伤认定和劳动能力鉴定应当简捷、方便。

注解

本条是关于职工享受工伤保险待遇的规定。工伤保险待遇是工伤保险制度的重要内容,其目的是保障工伤职工的就医和生活。工伤保险待遇的高低,项目的多少,直接关系着工伤职工的利益。

应用

20. **工伤认定申请**

《工伤认定办法》第4条规定："职工发生事故伤害或者按照职业病防治法规定被诊断、鉴定为职业病，所在单位应当自事故伤害发生之日或者被诊断、鉴定为职业病之日起30日内，向统筹地区社会保险行政部门提出工伤认定申请。遇有特殊情况，经报社会保险行政部门同意，申请时限可以适当延长。按照前款规定应当向省级社会保险行政部门提出工伤认定申请的，根据属地原则应当向用人单位所在地设区的市级社会保险行政部门提出。"

《工伤认定办法》第8条规定："社会保险行政部门收到工伤认定申请后，应当在15日内对申请人提交的材料进行审核，材料完整的，作出受理或者不予受理的决定；材料不完整的，应当以书面形式一次性告知申请人需要补正的全部材料。社会保险行政部门收到申请人提交的全部补正材料后，应当在15日内作出受理或者不予受理的决定。社会保险行政部门决定受理的，应当出具《工伤认定申请受理决定书》；决定不予受理的，应当出具《工伤认定申请不予受理决定书》。"

21. **劳动能力鉴定**

劳动能力鉴定是指劳动功能障碍程度和生活自理障碍程度的等级鉴定。劳动功能障碍分为十个伤残等级，最重的为一级，最轻的为十级。生活自理障碍分为三个等级：生活完全不能自理、生活大部分不能自理和生活部分不能自理。劳动能力鉴定标准由国务院社会保险行政部门会同国务院卫生行政部门等部门制定。

根据《工伤职工劳动能力鉴定管理办法》，职工发生工伤，经治疗伤情相对稳定后存在残疾、影响劳动能力的，或者停工留薪期满（含劳动能力鉴定委员会确认的延长期限），工伤职工或者其用人单位应当及时向设区的市级劳动能力鉴定委员会提出劳动能力鉴定申请。

劳动能力鉴定委员会应当视伤情程度等从医疗卫生专家库中随机抽取3名或者5名与工伤职工伤情相关科别的专家组成专家组进行鉴定。

专家组根据工伤职工伤情，结合医疗诊断情况，依据《劳动能力鉴定 职工工伤与职业病致残等级》国家标准提出鉴定意见。参加鉴定的专家都应当签署意见并签名。专家意见不一致时，按照少数服从多数的原则确定专家组的鉴定意见。

劳动能力鉴定委员会根据专家组的鉴定意见作出劳动能力鉴定结论。劳动能力鉴定结论书应当载明下列事项：（1）工伤职工及其用人单位的基本信息；（2）伤情介绍，包括伤残部位、器官功能障碍程度、诊断情况等；（3）作出鉴定的依据；（4）鉴定结论。

劳动能力鉴定委员会应当自作出鉴定结论之日起20日内将劳动能力鉴定结论及时送达工伤职工及其用人单位，并抄送社会保险经办机构。

工伤职工或者其用人单位对初次鉴定结论不服的，可以在收到该鉴定结论之日起15日内向省、自治区、直辖市劳动能力鉴定委员会申请再次鉴定。

自劳动能力鉴定结论作出之日起1年后，工伤职工、用人单位或者社会保险经办机构认为伤残情况发生变化的，可以向设区的市级劳动能力鉴定委员会申请劳动能力复查鉴定。对复查鉴定结论不服的，可以按照本办法的规定申请再次鉴定。

22. 劳动过程中，用人单位应当采取哪些职业病防治管理措施

根据《职业病防治法》，职业病，是指企业、事业单位和个体经济组织等用人单位的劳动者在职业活动中，因接触粉尘、放射性物质和其他有毒、有害因素而引起的疾病。

劳动过程中，用人单位应当采取下列职业病防治管理措施：（1）设置或者指定职业卫生管理机构或者组织，配备专职或者兼职的职业卫生管理人员，负责本单位的职业病防治工作；（2）制定职业病防治计划和实施方案；（3）建立、健全职业卫生管理制度和操作规程；（4）建立、健全职业卫生档案和劳动者健康监护档案；（5）建立、健全工作场所职业病危害因素监测及评价制度；（6）建立、健全职业病危害事故应急救援预案。

23. 如何认定停工留薪期

国务院《工伤保险条例》第33条第2款和《广东省工伤保险条例》第26条第1款规定的停工留薪期最长期限不能超过24个月，应是指工伤职工治疗时单次享受的停工留薪期最长不能超过24个月，而非指累计最长不能超过24个月。职工工伤复发，经确认需治疗的，可重新享受《工伤保险条例》规定的停工留薪期待遇。邓某龙诉某市社会保险基金管理局工伤保险待遇决定案（《最高人民法院公报》2019年第11期）

> 配套

《工伤保险条例》第三章、第四章;《工伤认定办法》;《职业病防治法》;《工伤职工劳动能力鉴定管理办法》;《职业病分类和目录》

第三十七条 【不认定为工伤的情形】职工因下列情形之一导致本人在工作中伤亡的,不认定为工伤:

(一)故意犯罪;

(二)醉酒或者吸毒;

(三)自残或者自杀;

(四)法律、行政法规规定的其他情形。

> 注解

根据《工伤保险条例》,职工有下列情形之一的,应当认定为工伤:(1)在工作时间和工作场所内,因工作原因受到事故伤害的;(2)工作时间前后在工作场所内,从事与工作有关的预备性或者收尾工作受到事故伤害的;(3)在工作时间和工作场所内,因履行工作职责受到暴力等意外伤害的;(4)患职业病的;(5)因工外出期间,由于工作原因受到伤害或者发生事故下落不明的;(6)在上下班途中,受到非本人主要责任的交通事故或者城市轨道交通、客运轮渡、火车事故伤害的;(7)法律、行政法规规定应当认定为工伤的其他情形。

职工有下列情形之一的,视同工伤:(1)在工作时间和工作岗位,突发疾病死亡或者在48小时之内经抢救无效死亡的;(2)在抢险救灾等维护国家利益、公共利益活动中受到伤害的;(3)职工原在军队服役,因战、因公负伤致残,已取得革命伤残军人证,到用人单位后旧伤复发的。

第三十八条 【工伤保险基金负担的工伤保险待遇】因工伤发生的下列费用,按照国家规定从工伤保险基金中支付:

(一)治疗工伤的医疗费用和康复费用;

(二)住院伙食补助费;

(三)到统筹地区以外就医的交通食宿费;

(四)安装配置伤残辅助器具所需费用;

（五）生活不能自理的，经劳动能力鉴定委员会确认的生活护理费；

（六）一次性伤残补助金和一至四级伤残职工按月领取的伤残津贴；

（七）终止或者解除劳动合同时，应当享受的一次性医疗补助金；

（八）因工死亡的，其遗属领取的丧葬补助金、供养亲属抚恤金和因工死亡补助金；

（九）劳动能力鉴定费。

注解

由工伤保险基金负担的工伤保险待遇大体分为四类，即工伤医疗康复类待遇、辅助器具配置待遇、伤残待遇、死亡待遇。

应用

24. 因工死亡职工供养亲属的范围及可以申请供养亲属抚恤金的情形

根据《因工死亡职工供养亲属范围规定》，因工死亡职工供养亲属，是指该职工的配偶、子女、父母、祖父母、外祖父母、孙子女、外孙子女、兄弟姐妹。子女，包括婚生子女、非婚生子女、养子女和有抚养关系的继子女，其中，婚生子女、非婚生子女包括遗腹子女。父母，包括生父母、养父母和有抚养关系的继父母。兄弟姐妹，包括同父母的兄弟姐妹、同父异母或者同母异父的兄弟姐妹、养兄弟姐妹、有抚养关系的继兄弟姐妹。

上述人员，依靠因工死亡职工生前提供主要生活来源，并有下列情形之一的，可按规定申请供养亲属抚恤金：（1）完全丧失劳动能力的；（2）工亡职工配偶男年满60周岁、女年满55周岁的；（3）工亡职工父母男年满60周岁、女年满55周岁的；（4）工亡职工子女未满18周岁的；（5）工亡职工父母均已死亡，其祖父、外祖父年满60周岁，祖母、外祖母年满55周岁的；（6）工亡职工子女已经死亡或完全丧失劳动能力，其孙子女、外孙子女未满18周岁的；（7）工亡职工父母均已死亡或完全丧失劳动能力，其兄弟姐妹未满18周岁的。

> 配套

《工伤保险条例》第30-40条；《因工死亡职工供养亲属范围规定》

第三十九条 【用人单位负担的工伤保险待遇】因工伤发生的下列费用，按照国家规定由用人单位支付：

（一）治疗工伤期间的工资福利；

（二）五级、六级伤残职工按月领取的伤残津贴；

（三）终止或者解除劳动合同时，应当享受的一次性伤残就业补助金。

> 注解

治疗工伤期间的工资福利，即职工享受停工留薪待遇。根据《工伤保险条例》的规定，职工因工作遭受事故伤害或者患职业病需要暂停工作接受工伤医疗的，在停工留薪期内，原工资福利待遇不变，由所在单位按月支付。

职工因工致残被鉴定为五级、六级伤残的，经工伤职工本人提出，该职工可以与用人单位解除或者终止劳动关系，由用人单位支付一次性伤残就业补助金；职工因工致残被鉴定为七级至十级伤残的，劳动合同期满终止，或者职工本人提出解除劳动合同的，由用人单位支付一次性伤残就业补助金。

第四十条 【伤残津贴和基本养老保险待遇的衔接】工伤职工符合领取基本养老金条件的，停发伤残津贴，享受基本养老保险待遇。基本养老保险待遇低于伤残津贴的，从工伤保险基金中补足差额。

第四十一条 【未参保单位职工发生工伤时的待遇】职工所在用人单位未依法缴纳工伤保险费，发生工伤事故的，由用人单位支付工伤保险待遇。用人单位不支付的，从工伤保险基金中先行支付。

从工伤保险基金中先行支付的工伤保险待遇应当由用人单位偿还。用人单位不偿还的，社会保险经办机构可以依照本法第六十三条的规定追偿。

注解

本条在明确用人单位不缴纳工伤保险费应承担工伤保险待遇责任的同时，对用人单位不支付或者无力支付职工工伤待遇的，规定由工伤保险基金先行支付，保证工伤职工能够及时得到医疗救治，享受工伤保险待遇。

应用

25. 用人单位应当参加而未参加工伤保险的应该如何处理

根据《工伤保险条例》第62条的规定，用人单位应当参加工伤保险而未参加的，由社会保险行政部门责令限期参加，补缴应当缴纳的工伤保险费，并自欠缴之日起，按日加收万分之五的滞纳金；逾期仍不缴纳的，处欠缴数额1倍以上3倍以下的罚款。应当参加工伤保险而未参加工伤保险的用人单位职工发生工伤的，由该用人单位按照本条例规定的工伤保险待遇项目和标准支付费用。用人单位参加工伤保险并补缴应当缴纳的工伤保险费、滞纳金后，由工伤保险基金和用人单位依照本条例的规定支付新发生的费用。

26. 认定工伤是否以用人单位缴纳工伤保险费为前提

职工应当参加工伤保险，缴纳工伤保险费是用人单位的法定义务，不能由职工和用人单位协商排除用人单位的法定缴纳义务。认定工伤并不以用人单位是否缴纳工伤保险费为前提。用人单位未依法缴纳工伤保险费的，职工在被认定为工伤后可以依法请求用人单位承担相应的工伤保险待遇。北京某德清洁服务有限公司上海分公司诉上海市某宁区人力资源和社会保障局工伤认定案（《最高人民法院公报》2020年第1期）

第四十二条 【民事侵权责任和工伤保险责任竞合】由于第三人的原因造成工伤，第三人不支付工伤医疗费用或者无法确定第三人的，由工伤保险基金先行支付。工伤保险基金先行支付后，有权向第三人追偿。

注解

由于第三人侵权导致职工工伤的，同时违反了《民法典》和《社会保险法》，根据两个法律的规定，职工可以向侵权的第三人要求民事侵权赔偿，也可以向工伤保险基金要求享受工伤保险待遇，出现民事侵权责任和工伤保险责任的竞合。

《社会保险法》对这一问题仅规定由于第三人的原因造成工伤的，应当由第三人承担医疗费用，第三人不支付工伤医疗费用或者无法确定第三人的，由工伤保险基金先行支付。工伤保险基金先行支付后，有权向第三人追偿。其中，"第三人不支付"既包括拒不支付的情形，也包括不能支付的情形。

第四十三条　【停止享受工伤保险待遇的情形】工伤职工有下列情形之一的，停止享受工伤保险待遇：

（一）丧失享受待遇条件的；

（二）拒不接受劳动能力鉴定的；

（三）拒绝治疗的。

第五章　失业保险

第四十四条　【参保范围和失业保险费负担】职工应当参加失业保险，由用人单位和职工按照国家规定共同缴纳失业保险费。

> 注解

失业保险是指国家通过立法强制缴费建立基金，对因失业而暂时中断生活来源的劳动者提供物质帮助的制度。目前，根据《失业保险条例》第6条规定，城镇企业事业单位按照本单位工资总额的2%缴纳失业保险费。城镇企业事业单位职工按照本人工资的1%缴纳失业保险费。

> 配套

《失业保险条例》第6条

第四十五条　【领取失业保险金的条件】失业人员符合下列条件的，从失业保险基金中领取失业保险金：

（一）失业前用人单位和本人已经缴纳失业保险费满一年的；

（二）非因本人意愿中断就业的；

（三）已经进行失业登记，并有求职要求的。

> **注解**

根据《失业保险条例》，失业保险基金由下列各项构成：（1）城镇企业事业单位、城镇企业事业单位职工缴纳的失业保险费；（2）失业保险基金的利息；（3）财政补贴；（4）依法纳入失业保障基金的其他资金。

根据《失业保险条例》，失业保险基金用于下列支出：（1）失业保险金；（2）领取失业保险金期间的医疗补助金；（3）领取失业保险金期间死亡的失业人员的丧葬补助金和其供养的配偶、直系亲属的抚恤金；（4）领取失业保险金期间接受职业培训、职业介绍的补贴，补贴的办法和标准由省、自治区、直辖市人民政府规定；（5）国务院规定或者批准的与失业保险有关的其他费用。

根据《失业保险金申领发放办法》，非因本人意愿中断就业的是指下列人员：（1）终止劳动合同的；（2）被用人单位解除劳动合同的；（3）被用人单位开除、除名和辞退的；（4）根据《劳动法》第32条第2、3项与用人单位解除劳动合同的；（5）法律行政法规另有规定的。

> **配套**

《失业保险条例》；《失业保险金申领发放办法》

第四十六条　【领取失业保险金的期限】 失业人员失业前用人单位和本人累计缴费满一年不足五年的，领取失业保险金的期限最长为十二个月；累计缴费满五年不足十年的，领取失业保险金的期限最长为十八个月；累计缴费十年以上的，领取失业保险金的期限最长为二十四个月。重新就业后，再次失业的，缴费时间重新计算，领取失业保险金的期限与前次失业应当领取而尚未领取的失业保险金的期限合并计算，最长不超过二十四个月。

> **注解**

失业保险金是社会保险经办机构按规定支付给符合条件的失业人员的基本生活费用，是最主要的失业保险待遇，领取失业保险金是参加失业保险的职工的权利。

根据失业人员失业前用人单位和本人累计缴费期限，本条规定了三档领取失业保险金的期限，分别为12个月、18个月和24个月。这三档期限为最长期限，不是实际领取期限，实际领取期限根据失业人员的重新就业情况确定，可以少于或等于最长期限。例如，本条规定累计缴费满一年不足五年的，领取失业保险金的期限最长为12个月，如果在6个月内重新就业，就只能领6个月。不能理解为累计缴费时间满1年不足5年的失业人员不论其是否存在重新就业等情况，都能领取12个月的失业保险金。

配套

《失业保险条例》第17条

第四十七条　【失业保险金标准】失业保险金的标准，由省、自治区、直辖市人民政府确定，不得低于城市居民最低生活保障标准。

注解

《失业保险条例》规定："失业保险金的标准，按照低于当地最低工资标准、高于城市居民最低生活保障标准的水平，由省、自治区、直辖市人民政府确定。"确定失业保险金具体标准，要统筹考虑失业人员及其家庭基本生活需要和失业保险基金运行安全，坚持"保生活"和"促就业"相统一，既要保障失业人员基本生活需要，又要防止待遇水平过高影响其就业积极性。

第四十八条　【享受基本医疗保险待遇】失业人员在领取失业保险金期间，参加职工基本医疗保险，享受基本医疗保险待遇。

失业人员应当缴纳的基本医疗保险费从失业保险基金中支付，个人不缴纳基本医疗保险费。

第四十九条　【在领取失业保险金期间死亡时的待遇】失业人员在领取失业保险金期间死亡的，参照当地对在职职工死亡的规定，向其遗属发给一次性丧葬补助金和抚恤金。所需资金从失业保险基金中支付。

个人死亡同时符合领取基本养老保险丧葬补助金、工伤保险丧葬补助金和失业保险丧葬补助金条件的，其遗属只能选择领取其中的一项。

> 注解

关于丧葬补助金待遇竞合的处理。除了失业保险规定了丧葬补助金外，基本养老保险、工伤保险也规定了丧葬补助金：即本法第17条和第38条。在此情况下，就可能发生失业人员死亡同时符合领取基本养老保险丧葬补助金和失业保险丧葬补助金，或者同时符合领取工伤保险丧葬补助金和失业保险丧葬补助金，或者同时符合领取基本养老保险丧葬补助金、工伤保险丧葬补助金、失业保险丧葬补助金三种情形。如果死亡失业人员的遗属同时符合领取多个险种的丧葬补助金的条件，根据本条规定，可以通过比较，自主选择一项社会保险基金的丧葬补助金。

第五十条 【领取失业保险金的程序】用人单位应当及时为失业人员出具终止或者解除劳动关系的证明，并将失业人员的名单自终止或者解除劳动关系之日起十五日内告知社会保险经办机构。

失业人员应当持本单位为其出具的终止或者解除劳动关系的证明，及时到指定的公共就业服务机构办理失业登记。

失业人员凭失业登记证明和个人身份证明，到社会保险经办机构办理领取失业保险金的手续。失业保险金领取期限自办理失业登记之日起计算。

> 应用

27. 如何申请失业保险金

失业人员失业前所在单位，应将失业人员的名单自终止或者解除劳动合同之日起7日内报受理其失业保险业务的经办机构备案，并按要求提供终止或解除劳动合同证明等有关材料。

失业人员应在终止或者解除劳动合同之日起60日内到受理其单位失业

保险业务的经办机构申领失业保险金。

失业人员申领失业保险金应填写《失业保险金申领表》，并出示下列证明材料：（1）本人身份证明；（2）所在单位出具的终止或者解除劳动合同的证明；（3）失业登记；（4）省级劳动保障行政部门规定的其他材料。

失业人员领取失业保险金，应由本人按月到经办机构领取，同时应向经办机构如实说明求职和接受职业指导、职业培训情况。

配套

《失业保险条例》；《失业保险金申领发放办法》

第五十一条 【停止领取失业保险待遇的情形】失业人员在领取失业保险金期间有下列情形之一的，停止领取失业保险金，并同时停止享受其他失业保险待遇：

（一）重新就业的；

（二）应征服兵役的；

（三）移居境外的；

（四）享受基本养老保险待遇的；

（五）无正当理由，拒不接受当地人民政府指定部门或者机构介绍的适当工作或者提供的培训的。

注解

重新就业。职工失业享受失业保险待遇的一个重要条件就是要有求职要求而找不到工作。失业期间，通过加强学习、接受就业培训、接受就业服务机构的职业介绍等，失业人员大多会重新就业。对个人而言，重新就业后，其身份便转变为从业人员，不再属于失业保险的保障范围，不能再继续享受失业保险待遇。

应征服兵役。在我国，公民不分民族、种族、职业、家庭出身、宗教信仰和教育程度，都有服兵役义务。失业人员在享受失业保险待遇期间，符合条件的，可以应征服兵役，根据有关军事法律、法规、条令享受服役和生活保障。

移居境外。随着全球化时代的到来和国际交往日益密切，我国公民移居

33

其他国家的数量逐年增多。失业人员移居境外,表明其在国内没有就业意愿,不符合领取失业保险待遇条件,而且其在国外是否就业不好证明。

享受基本养老保险待遇。根据本法规定,基本养老保险实行累计缴费,失业人员失业前参加基本养老保险并按规定缴费的,在其享受失业保险待遇期间,基本养老保险关系暂时中断,其缴费年限和个人账户可以存续,待重新就业后,应当接续基本养老保险关系。失业人员达到退休年龄时缴费满15年可以从享受失业保险直接过渡到享受基本养老保险,按其缴费年限享受养老保险待遇,基本生活由基本养老保险金予以保障,在这种情况下,应当停止其享受失业保险待遇。

无正当理由,拒不接受当地人民政府指定部门或者机构介绍的适当工作或者提供的培训。建立失业保险制度的目的是保障失业人员的基本生活,促进失业人员再就业。在保障失业人员基本生活的同时,政府和社会还应根据失业人员自身特点、求职意愿和市场需求,为其提供就业服务、创造就业条件。在这种情况下,失业人员应主动接受政府和社会提供的就业岗位和培训,尽快实现再就业。这不仅可以从根本上解决失业人员的基本生活问题,也可以减轻失业保险基金的支出。为了鼓励失业人员尽快实现再就业,对无正当理由,拒不接受当地人民政府指定部门或者机构介绍的适当的工作或者提供的培训的,停止其享受失业保险待遇。另外,把握此项规定,关键要明确什么情况属于无正当理由。一般来讲,无正当理由拒绝介绍的工作应为与失业人员的年龄、身体状况、受教育程度、工作经历、工作能力及求职意愿基本相符的工作。

配套

《失业保险条例》第15条

第五十二条 【失业保险关系的转移接续】职工跨统筹地区就业的,其失业保险关系随本人转移,缴费年限累计计算。

注解

对失业人员失业前所在单位与本人户籍不在同一统筹地区的,其失业保险金的发放和其他失业保险待遇的提供由两地劳动保障行政部门进行协商,明确具体办法。协商未能取得一致的,由上一级劳动保障行政部门确定。

失业人员失业保险关系跨省、自治区、直辖市转迁的，失业保险费用应随失业保险关系相应划转。需划转的失业保险费用包括失业保险金、医疗补助金和职业培训、职业介绍补贴。其中，医疗补助金和职业培训、职业介绍补贴按失业人员应享受的失业保险金总额的一半计算。

失业人员失业保险关系在省、自治区范围内跨统筹地区转迁，失业保险费用的处理由省级劳动保障行政部门规定。

失业人员跨统筹地区转移的，凭失业保险关系迁出地经办机构出具的证明材料到迁入地经办机构领取失业保险金。

配套

《失业保险条例》；《失业保险金申领发放办法》

第六章 生育保险

第五十三条 【参保范围和缴费】职工应当参加生育保险，由用人单位按照国家规定缴纳生育保险费，职工不缴纳生育保险费。

第五十四条 【生育保险待遇】用人单位已经缴纳生育保险费的，其职工享受生育保险待遇；职工未就业配偶按照国家规定享受生育医疗费用待遇。所需资金从生育保险基金中支付。

生育保险待遇包括生育医疗费用和生育津贴。

第五十五条 【生育医疗费的项目】生育医疗费用包括下列各项：

（一）生育的医疗费用；

（二）计划生育的医疗费用；

（三）法律、法规规定的其他项目费用。

第五十六条 【享受生育津贴的情形】职工有下列情形之一的，可以按照国家规定享受生育津贴：

（一）女职工生育享受产假；

（二）享受计划生育手术休假；

（三）法律、法规规定的其他情形。

生育津贴按照职工所在用人单位上年度职工月平均工资计发。

第七章 社会保险费征缴

第五十七条 【用人单位社会保险登记】用人单位应当自成立之日起三十日内凭营业执照、登记证书或者单位印章，向当地社会保险经办机构申请办理社会保险登记。社会保险经办机构应当自收到申请之日起十五日内予以审核，发给社会保险登记证件。

用人单位的社会保险登记事项发生变更或者用人单位依法终止的，应当自变更或者终止之日起三十日内，到社会保险经办机构办理变更或者注销社会保险登记。

市场监督管理部门、民政部门和机构编制管理机关应当及时向社会保险经办机构通报用人单位的成立、终止情况，公安机关应当及时向社会保险经办机构通报个人的出生、死亡以及户口登记、迁移、注销等情况。

第五十八条 【个人社会保险登记】用人单位应当自用工之日起三十日内为其职工向社会保险经办机构申请办理社会保险登记。未办理社会保险登记的，由社会保险经办机构核定其应当缴纳的社会保险费。

自愿参加社会保险的无雇工的个体工商户、未在用人单位参加社会保险的非全日制从业人员以及其他灵活就业人员，应当向社会保险经办机构申请办理社会保险登记。

国家建立全国统一的个人社会保障号码。个人社会保障号码为公民身份号码。

第五十九条 【社会保险费征收】县级以上人民政府加强社会保险费的征收工作。

社会保险费实行统一征收,实施步骤和具体办法由国务院规定。

第六十条 【社会保险费的缴纳】用人单位应当自行申报、按时足额缴纳社会保险费,非因不可抗力等法定事由不得缓缴、减免。职工应当缴纳的社会保险费由用人单位代扣代缴,用人单位应当按月将缴纳社会保险费的明细情况告知本人。

无雇工的个体工商户、未在用人单位参加社会保险的非全日制从业人员以及其他灵活就业人员,可以直接向社会保险费征收机构缴纳社会保险费。

第六十一条 【社会保险费征收机构的义务】社会保险费征收机构应当依法按时足额征收社会保险费,并将缴费情况定期告知用人单位和个人。

注解

基本养老保险费的征缴范围:国有企业、城镇集体企业、外商投资企业、城镇私营企业和其他城镇企业及其职工,实行企业化管理的事业单位及其职工。

基本医疗保险费的征缴范围:国有企业、城镇集体企业、外商投资企业、城镇私营企业和其他城镇企业及其职工,国家机关及其工作人员,事业单位及其职工,民办非企业单位及其职工,社会团体及其专职人员。

失业保险费的征缴范围:国有企业、城镇集体企业、外商投资企业、城镇私营企业和其他城镇企业及其职工,事业单位及其职工。

省、自治区、直辖市人民政府根据当地实际情况,可以规定将城镇个体工商户纳入基本养老保险、基本医疗保险的范围,并可以规定将社会团体及其专职人员、民办非企业单位及其职工以及有雇工的城镇个体工商户及其雇工纳入失业保险的范围。

配套

《社会保险费征缴暂行条例》

第六十二条 【用人单位未按规定申报应缴数额】 用人单位未按规定申报应当缴纳的社会保险费数额的,按照该单位上月缴费额的百分之一百一十确定应当缴纳数额;缴费单位补办申报手续后,由社会保险费征收机构按照规定结算。

注解

缴费单位必须按月向社会保险经办机构申报应缴纳的社会保险费数额,经社会保险经办机构核定后,在规定的期限内缴纳社会保险费。缴费单位不按规定申报应缴纳的社会保险费数额的,由社会保险经办机构暂按该单位上月缴费数额的110%确定应缴数额;没有上月缴费数额的,由社会保险经办机构暂按该单位的经营状况、职工人数等有关情况确定应缴数额。缴费单位补办申报手续并按核定数额缴纳社会保险费后,由社会保险经办机构按照规定结算。

配套

《社会保险费征缴暂行条例》

第六十三条 【用人单位未按时足额缴费】 用人单位未按时足额缴纳社会保险费的,由社会保险费征收机构责令其限期缴纳或者补足。

用人单位逾期仍未缴纳或者补足社会保险费的,社会保险费征收机构可以向银行和其他金融机构查询其存款账户;并可以申请县级以上有关行政部门作出划拨社会保险费的决定,书面通知其开户银行或者其他金融机构划拨社会保险费。用人单位账户余额少于应当缴纳的社会保险费的,社会保险费征收机构可以要求该用人单位提供担保,签订延期缴费协议。

用人单位未足额缴纳社会保险费且未提供担保的,社会保险费征收机构可以申请人民法院扣押、查封、拍卖其价值相当于应当缴纳社会保险费的财产,以拍卖所得抵缴社会保险费。

注解

缴费单位未按规定缴纳和代扣代缴社会保险费的,由劳动保障行政部门或者税务机关责令限期缴纳;逾期仍不缴纳的,除补缴欠缴数额外,从欠缴之日起,按日加收2‰的滞纳金。滞纳金并入社会保险基金。

缴费单位逾期拒不缴纳社会保险费、滞纳金的,由劳动保障行政部门或者税务机关申请人民法院依法强制征缴。

配套

《社会保险费征缴暂行条例》

第八章 社会保险基金

第六十四条 【社会保险基金类别、管理原则和统筹层次】 社会保险基金包括基本养老保险基金、基本医疗保险基金、工伤保险基金、失业保险基金和生育保险基金。除基本医疗保险基金与生育保险基金合并建账及核算外,其他各项社会保险基金按照社会保险险种分别建账,分账核算。社会保险基金执行国家统一的会计制度。

社会保险基金专款专用,任何组织和个人不得侵占或者挪用。

基本养老保险基金逐步实行全国统筹,其他社会保险基金逐步实行省级统筹,具体时间、步骤由国务院规定。

注解

在审理和执行民事、经济纠纷案件时,不得查封、冻结和扣划社会保险基金。

社会保险基金是由社会保险机构代参保人员管理,并最终由参保人员享用的公共基金,不属于社会保险机构所有。社会保险机构对该项基金设立专户管理,专款专用,专项用于保障企业退休职工、失业人员的基本生活需要,属专项资金,不得挪作他用。因此,各地人民法院在审理和执行民事、经济纠纷案件时,不得查封、冻结或扣划社会保险基金;不得用社会保险基金偿还社会保险机构及其原下属企业的债务。

应用

28. 社会保险基金是否可以认定为"特定款物"

《最高人民检察院关于贪污养老、医疗等社会保险基金能否适用〈最高人民法院最高人民检察院关于办理贪污贿赂刑事案件适用法律若干问题的解释〉第一条第二款第一项规定的批复》规定：养老、医疗、工伤、失业、生育等社会保险基金可以认定为《最高人民法院、最高人民检察院关于办理贪污贿赂刑事案件适用法律若干问题的解释》第1条第2款第1项规定的"特定款物"。根据刑法和有关司法解释规定，贪污罪和挪用公款罪中的"特定款物"的范围有所不同，实践中应注意区分，依法适用。

配套

《会计法》；《社会保险费征缴暂行条例》；《最高人民法院关于在审理和执行民事、经济纠纷案件时不得查封、冻结和扣划社会保险基金的通知》

第六十五条 【社会保险基金的收支平衡和政府补贴责任】社会保险基金通过预算实现收支平衡。

县级以上人民政府在社会保险基金出现支付不足时，给予补贴。

第六十六条 【社会保险基金按照统筹层次设立预算】社会保险基金按照统筹层次设立预算。除基本医疗保险基金与生育保险基金预算合并编制外，其他社会保险基金预算按照社会保险项目分别编制。

注解

社会保险基金预算是对社会保险缴款、一般公共预算安排和其他方式筹集的资金，专项用于社会保险的收支预算。社会保险基金预算应当按照统筹层次和社会保险项目分别编制，做到收支平衡。

社会保险基金预算应当在精算平衡的基础上实现可持续运行，一般公共预算可以根据需要和财力适当安排资金补充社会保险基金预算。社会保险基金预算收入包括各项社会保险费收入、利息收入、投资收益、一般公共预算补助收入、集体补助收入、转移收入、上级补助收入、下级上解收入和其他收入。社会保险基金预算支出包括各项社会保险待遇支出、转移支出、补助下级支出、上解上级支出和其他支出。社会保险基金预算由社会保险费征收机构和社会保险经办机构具体执行，并按照规定向本级政府财政部门和社会保险行政部门报告执行情况。

配套

《预算法》；《预算法实施条例》

第六十七条 【社会保险基金预算制定程序】社会保险基金预算、决算草案的编制、审核和批准，依照法律和国务院规定执行。

第六十八条 【社会保险基金财政专户】社会保险基金存入财政专户，具体管理办法由国务院规定。

第六十九条 【社会保险基金的保值增值】社会保险基金在保证安全的前提下，按照国务院规定投资运营实现保值增值。

社会保险基金不得违规投资运营，不得用于平衡其他政府预算，不得用于兴建、改建办公场所和支付人员经费、运行费用、管理费用，或者违反法律、行政法规规定挪作其他用途。

应用

29. 挪用失业保险基金和下岗职工基本生活保障资金的法律责任

挪用失业保险基金和下岗职工基本生活保障资金属于挪用救济款物。挪用失业保险基金和下岗职工基本生活保障资金，情节严重，致使国家和人民群众利益遭受重大损害的，对直接责任人员，应当依照《刑法》第273条的规定，以挪用特定款物罪追究刑事责任；国家工作人员利用职务上的便利，挪用失业保险基金和下岗职工基本生活保障资金归个人使用，构成犯罪的，应当依照《刑法》第384条的规定，以挪用公款罪追究刑事责任。

第七十条 【社会保险基金信息公开】社会保险经办机构应当定期向社会公布参加社会保险情况以及社会保险基金的收入、

支出、结余和收益情况。

【注解】

社会保险经办机构应当建立缴费记录,其中基本养老保险、基本医疗保险应当按照规定记录个人账户。社会保险经办机构负责保存缴费记录,并保证其完整、安全。社会保险经办机构应当至少每年向缴费个人发送一次基本养老保险、基本医疗保险个人账户通知单。

缴费单位、缴费个人有权按照规定查询缴费记录。

缴费单位应当每年向本单位职工公布本单位全年社会保险费缴纳情况,接受职工监督。社会保险经办机构应当定期向社会公告社会保险费征收情况,接受社会监督。

【配套】

《社会保险费征缴暂行条例》

第七十一条 【全国社会保障基金】国家设立全国社会保障基金,由中央财政预算拨款以及国务院批准的其他方式筹集的资金构成,用于社会保障支出的补充、调剂。全国社会保障基金由全国社会保障基金管理运营机构负责管理运营,在保证安全的前提下实现保值增值。

全国社会保障基金应当定期向社会公布收支、管理和投资运营的情况。国务院财政部门、社会保险行政部门、审计机关对全国社会保障基金的收支、管理和投资运营情况实施监督。

【注解】

全国社会保障基金由中央财政预算拨款、国有资本划转、基金投资收益和以国务院批准的其他方式筹集的资金构成。全国社会保障基金理事会负责全国社会保障基金的管理运营。全国社会保障基金理事会应当审慎、稳健管理运营全国社会保障基金,按照国务院批准的比例在境内外市场投资运营全国社会保障基金。全国社会保障基金理事会投资运营全国社会保障基金,应当坚持安全性、收益性和长期性原则,在国务院批准的固定收益类、股票类和未上市股权类等资产种类及其比例幅度内合理配置资产。

> 应用

30. 国务院各部门如何对全国社会保障基金进行监督

国务院财政部门、国务院社会保险行政部门按照各自职责对全国社会保障基金的收支、管理和投资运营情况实施监督；发现存在问题的，应当依法处理；不属于本部门职责范围的，应当依法移送国务院外汇管理部门、国务院证券监督管理机构、国务院银行业监督管理机构等有关部门处理。

国务院外汇管理部门、国务院证券监督管理机构、国务院银行业监督管理机构按照各自职责对投资管理人投资、托管人保管全国社会保障基金情况实施监督；发现违法违规行为的，应当依法处理，并及时通知国务院财政部门、国务院社会保险行政部门。

对全国社会保障基金境外投资管理人、托管人的监督，由国务院证券监督管理机构、国务院银行业监督管理机构按照与投资管理人、托管人所在国家或者地区有关监督管理机构签署的合作文件的规定执行。

审计署应当对全国社会保障基金每年至少进行一次审计。审计结果应当向社会公布。

全国社会保障基金理事会应当通过公开招标的方式选聘会计师事务所，对全国社会保障基金进行审计。

全国社会保障基金理事会应当通过其官方网站、全国范围内发行的报纸每年向社会公布全国社会保障基金的收支、管理和投资运营情况，接受社会监督。

> 配套

《全国社会保障基金条例》

第九章　社会保险经办

第七十二条 【社会保险经办机构的设置及经费保障】统筹地区设立社会保险经办机构。社会保险经办机构根据工作需要，经所在地的社会保险行政部门和机构编制管理机关批准，可以在本统筹地区设立分支机构和服务网点。

社会保险经办机构的人员经费和经办社会保险发生的基本运行费用、管理费用，由同级财政按照国家规定予以保障。

第七十三条　【管理制度和支付社会保险待遇职责】社会保险经办机构应当建立健全业务、财务、安全和风险管理制度。

社会保险经办机构应当按时足额支付社会保险待遇。

第七十四条　【获取社会保险数据、建档、权益记录等服务】社会保险经办机构通过业务经办、统计、调查获取社会保险工作所需的数据，有关单位和个人应当及时、如实提供。

社会保险经办机构应当及时为用人单位建立档案，完整、准确地记录参加社会保险的人员、缴费等社会保险数据，妥善保管登记、申报的原始凭证和支付结算的会计凭证。

社会保险经办机构应当及时、完整、准确地记录参加社会保险的个人缴费和用人单位为其缴费，以及享受社会保险待遇等个人权益记录，定期将个人权益记录单免费寄送本人。

用人单位和个人可以免费向社会保险经办机构查询、核对其缴费和享受社会保险待遇记录，要求社会保险经办机构提供社会保险咨询等相关服务。

第七十五条　【社会保险信息系统的建设】全国社会保险信息系统按照国家统一规划，由县级以上人民政府按照分级负责的原则共同建设。

第十章　社会保险监督

第七十六条　【人大监督】各级人民代表大会常务委员会听取和审议本级人民政府对社会保险基金的收支、管理、投资运营以及监督检查情况的专项工作报告，组织对本法实施情况的执法检查等，依法行使监督职权。

第七十七条　【行政部门监督】县级以上人民政府社会保险

行政部门应当加强对用人单位和个人遵守社会保险法律、法规情况的监督检查。

社会保险行政部门实施监督检查时，被检查的用人单位和个人应当如实提供与社会保险有关的资料，不得拒绝检查或者谎报、瞒报。

第七十八条 【财政监督、审计监督】财政部门、审计机关按照各自职责，对社会保险基金的收支、管理和投资运营情况实施监督。

第七十九条 【社会保险行政部门对基金的监督】社会保险行政部门对社会保险基金的收支、管理和投资运营情况进行监督检查，发现存在问题的，应当提出整改建议，依法作出处理决定或者向有关行政部门提出处理建议。社会保险基金检查结果应当定期向社会公布。

社会保险行政部门对社会保险基金实施监督检查，有权采取下列措施：

（一）查阅、记录、复制与社会保险基金收支、管理和投资运营相关的资料，对可能被转移、隐匿或者灭失的资料予以封存；

（二）询问与调查事项有关的单位和个人，要求其对与调查事项有关的问题作出说明、提供有关证明材料；

（三）对隐匿、转移、侵占、挪用社会保险基金的行为予以制止并责令改正。

应 用

31. 人力资源社会保障行政部门依法履行的社会保险基金行政监督职责

根据《社会保险基金行政监督办法》，人力资源社会保障行政部门依法履行下列社会保险基金行政监督职责：（1）检查社会保险基金收支、管理情况；（2）受理有关社会保险基金违法违规行为的举报；（3）依法查处社会保险基金违法违规问题；（4）宣传社会保险基金监督法律、法规、规章和政策;(5)法律、法规规定的其他事项。

32. 人力资源社会保障行政部门对社会保险经办机构实施的监督

根据《社会保险基金行政监督办法》,人力资源社会保障行政部门对社会保险经办机构的下列事项实施监督:(1)执行社会保险基金收支、管理的有关法律、法规、规章和政策的情况;(2)社会保险基金预算执行及决算情况;(3)社会保险基金收入户、支出户等银行账户开立、使用和管理情况;(4)社会保险待遇审核和基金支付情况;(5)社会保险服务协议订立、变更、履行、解除或者终止情况;(6)社会保险基金收支、管理内部控制情况;(7)法律、法规规定的其他事项。

33. 人力资源社会保障行政部门对社会保险服务机构实施的监督

根据《社会保险基金行政监督办法》,人力资源社会保障行政部门对社会保险服务机构的下列事项实施监督:(1)遵守社会保险相关法律、法规、规章和政策的情况;(2)社会保险基金管理使用情况;(3)社会保险基金管理使用内部控制情况;(4)社会保险服务协议履行情况;(5)法律、法规规定的其他事项。

34. 人力资源社会保障行政部门对与社会保险基金收支、管理直接相关单位实施的监督

根据《社会保险基金行政监督办法》,人力资源社会保障行政部门对与社会保险基金收支、管理直接相关单位的下列事项实施监督:(1)提前退休审批情况;(2)工伤认定(职业伤害确认)情况;(3)劳动能力鉴定情况;(4)法律、法规规定的其他事项。

配套

《社会保险基金行政监督办法》

第八十条 【社会保险监督委员会】统筹地区人民政府成立由用人单位代表、参保人员代表,以及工会代表、专家等组成的社会保险监督委员会,掌握、分析社会保险基金的收支、管理和投资运营情况,对社会保险工作提出咨询意见和建议,实施社会监督。

社会保险经办机构应当定期向社会保险监督委员会汇报社

保险基金的收支、管理和投资运营情况。社会保险监督委员会可以聘请会计师事务所对社会保险基金的收支、管理和投资运营情况进行年度审计和专项审计。审计结果应当向社会公开。

社会保险监督委员会发现社会保险基金收支、管理和投资运营中存在问题的，有权提出改正建议；对社会保险经办机构及其工作人员的违法行为，有权向有关部门提出依法处理建议。

第八十一条 【为用人单位和个人信息保密】社会保险行政部门和其他有关行政部门、社会保险经办机构、社会保险费征收机构及其工作人员，应当依法为用人单位和个人的信息保密，不得以任何形式泄露。

注解

本条是关于为用人单位和个人信息保密的规定。随着信息技术的发展，信息交流的速度和方式发生了巨大的变化，但随之而来的是，非法泄露、收集、利用、公开个人信息的案件也频频出现，如何保护个人信息不被泄露越来越得到社会的普遍关注。社会保险行政部门和其他有关行政部门、社会保险经办机构、社会保险费征收机构及其工作人员在办理社会保险登记、社会保险费征收和社会保险监督过程中，掌握了用人单位和参保人员的大量信息。如用人单位的职工总数、工资总额、个人工资、个人的身份证号码、家庭住址等情况。这些信息涉及用人单位的商业机密和个人隐私，如果泄露，不仅可能会给用人单位、个人带来很多困扰，甚至可能被不法分子利用，使其合法权益受到侵害。

第八十二条 【违法行为的举报、投诉】任何组织或者个人有权对违反社会保险法律、法规的行为进行举报、投诉。

社会保险行政部门、卫生行政部门、社会保险经办机构、社会保险费征收机构和财政部门、审计机关对属于本部门、本机构职责范围的举报、投诉，应当依法处理；对不属于本部门、本机构职责范围的，应当书面通知并移交有权处理的部门、机构处理。有权处理的部门、机构应当及时处理，不得推诿。

注解

根据《社会保险基金监督举报工作管理办法》的规定，社会保险基金监督举报，是指任何组织或者个人向人力资源社会保障行政部门反映机构、单位、个人涉嫌欺诈骗取、套取或者挪用贪占社会保险基金情形的行为。依照本办法，举报涉嫌欺诈骗取、套取或者挪用贪占社会保险基金情形的任何组织或者个人是举报人；被举报的机构、单位、个人是被举报人。

参保单位、个人、中介机构涉嫌有下列情形之一的，任何组织或者个人可以依照本办法举报：（1）以提供虚假证明材料等手段虚构社会保险参保条件、违规补缴的；（2）伪造、变造有关证件、档案、材料，骗取社会保险基金的；（3）组织或者协助他人以伪造、变造档案、材料等手段骗取参保补缴、提前退休资格或者违规申领社会保险待遇的；（4）个人丧失社会保险待遇享受资格后，本人或者相关受益人不按规定履行告知义务、隐瞒事实违规享受社会保险待遇的；（5）其他欺诈骗取、套取或者挪用贪占社会保险基金的情形。

社会保险服务机构及其工作人员涉嫌有下列情形之一的，任何组织或者个人可以依照本办法举报：（1）工伤保险协议医疗机构、工伤康复协议机构、工伤保险辅助器具配置协议机构、工伤预防项目实施单位、职业伤害保障委托承办机构及其工作人员以伪造、变造或者提供虚假证明材料及相关报销票据、冒名顶替等手段骗取或者协助、配合他人骗取社会保险基金的；（2）享受失业保险培训补贴的培训机构及其工作人员以伪造、变造、提供虚假培训记录等手段骗取或者协助、配合他人骗取社会保险基金的；（3）其他欺诈骗取、套取或者挪用贪占社会保险基金的情形。

社会保险经办机构及其工作人员涉嫌有下列情形之一的，任何组织或者个人可以依照本办法举报：（1）隐匿、转移、侵占、挪用、截留社会保险基金的；（2）违规审核、审批社会保险申报材料，违规办理参保、补缴、关系转移、待遇核定、待遇资格认证等，违规发放社会保险待遇的；（3）伪造或者篡改缴费记录、享受社会保险待遇记录等社会保险数据、个人权益记录的；（4）其他欺诈骗取、套取或者挪用贪占社会保险基金的情形。

与社会保险基金收支、管理直接相关单位及其工作人员涉嫌有下列情形之一的，任何组织或者个人可以依照本办法举报：（1）人力资源社会保障行政部门及其工作人员违规出具行政执法文书、违规进行工伤认定、违规办理提前退休,侵害社会保险基金的;(2)劳动能力鉴定委员会及其工作人员违规进行劳动能力鉴定,侵害社会保险基金的;(3)劳动人事争议仲裁机构及其工作人员违规出具仲裁文书,侵害社会保险基金的;(4)信息化综合管理机构及其工作人员伪造或者篡改缴费记录、享受社会保险待遇记录等社会保险数据、个人权益记录的;(5)其他欺诈骗取、套取或者挪用贪占社会保险基金的情形。

配套

《社会保险基金监督举报工作管理办法》

第八十三条 【社会保险权利救济途径】用人单位或者个人认为社会保险费征收机构的行为侵害自己合法权益的,可以依法申请行政复议或者提起行政诉讼。

用人单位或者个人对社会保险经办机构不依法办理社会保险登记、核定社会保险费、支付社会保险待遇、办理社会保险转移接续手续或者侵害其他社会保险权益的行为,可以依法申请行政复议或者提起行政诉讼。

个人与所在用人单位发生社会保险争议的,可以依法申请调解、仲裁,提起诉讼。用人单位侵害个人社会保险权益的,个人也可以要求社会保险行政部门或者社会保险费征收机构依法处理。

注解

行政复议是指行政相对人认为行政主体的行政行为侵犯其合法权益,依法向行政复议机关提出复查该行政行为的申请,行政复议机关依照法定程序对被申请的行政行为进行合法、适当性审查,并作出行政复议决定的一种法律制度。根据《行政复议法》第9条第1款的规定,公民、法人或者其他组织认为具体行政行为侵犯其合法权益的,可以自知道该具体行政行为之日起60日内提出行政复议申请;但是法律规定的申请期限超过60日的除外。

对属于人民法院受案范围的行政案件,公民、法人或者其他组织可以先向行政机关申请复议,对复议决定不服的,再向人民法院提起行政诉讼;也可以直接向人民法院提起诉讼。法律、法规规定应当先向行政机关申请复议，对复议决定不服再向人民法院提起诉讼的，依照法律、法规的规定。公民、法人或者其他组织不服复议决定的，可以在收到复议决定书之日起15日内向人民法院提起诉讼。复议机关逾期不作决定的，申请人可以在复议期满之日起15日内向人民法院提起诉讼。法律另有规定的除外。公民、法人或者其他组织直接向人民法院提起诉讼的，应当自知道或者应当知道作出行政行为之日起6个月内提出。法律另有规定的除外。

应 用

35. 公民、法人或者其他组织可以就社会保险经办机构的哪些行为申请行政复议

根据《社会保险行政争议处理办法》，有下列情形之一的，公民、法人或者其他组织可以申请行政复议：（1）认为经办机构未依法为其办理社会保险登记、变更或者注销手续的；（2）认为经办机构未按规定审核社会保险缴费基数的；（3）认为经办机构未按规定记录社会保险费缴费情况或者拒绝其查询缴费记录的；（4）认为经办机构违法收取费用或者违法要求履行义务的；（5）对经办机构核定其社会保险待遇标准有异议的；（6）认为经办机构不依法支付其社会保险待遇或者对经办机构停止其享受社会保险待遇有异议的；（7）认为经办机构未依法为其调整社会保险待遇的；（8）认为经办机构未依法为其办理社会保险关系转移或者接续手续的；（9）认为经办机构的其他具体行政行为侵犯其合法权益的。属于上述第（2）、（5）、（6）、（7）项情形之一的，公民、法人或者其他组织可以直接向劳动保障行政部门申请行政复议，也可以先向作出该具体行政行为的经办机构申请复查，对复查决定不服，再向劳动保障行政部门申请行政复议。

36. 个人与所在用人单位发生社会保险争议的，如何救济

依照《劳动争议调解仲裁法》的规定，用人单位与劳动者因社会保险发生争议，当事人不愿协商、协商不成或者达成和解协议后不履行的，可以向调解组织申请调解；不愿调解、调解不成或者达成调解协议后不履行的，可以向劳动争议仲裁委员会申请仲裁；对仲裁裁决不服的，可以向人民法院提起诉讼。劳动争议申请仲裁的时效期间为1年。仲裁时效期间从当事人知道或者应当知道其权利被侵害之日起计算。

第十一章 法律责任

第八十四条 【不办理社会保险登记的法律责任】用人单位不办理社会保险登记的，由社会保险行政部门责令限期改正；逾期不改正的，对用人单位处应缴社会保险费数额一倍以上三倍以下的罚款，对其直接负责的主管人员和其他直接责任人员处五百元以上三千元以下的罚款。

第八十五条 【拒不出具终止或者解除劳动关系证明的处理】用人单位拒不出具终止或者解除劳动关系证明的，依照《中华人民共和国劳动合同法》的规定处理。

注解

根据《劳动合同法》的规定，用人单位应当在解除或者终止劳动合同时出具解除或者终止劳动合同的证明，并在15日内为劳动者办理档案和社会保险关系转移手续。用人单位违反本法规定未向劳动者出具解除或者终止劳动合同的书面证明，由劳动行政部门责令改正；给劳动者造成损害的，应当承担赔偿责任。

第八十六条 【未按时足额缴费的责任】用人单位未按时足额缴纳社会保险费的，由社会保险费征收机构责令限期缴纳或者补足，并自欠缴之日起，按日加收万分之五的滞纳金；逾期仍不缴纳的，由有关行政部门处欠缴数额一倍以上三倍以下的罚款。

第八十七条 【骗取社保基金支出的责任】社会保险经办机构以及医疗机构、药品经营单位等社会保险服务机构以欺诈、伪造证明材料或者其他手段骗取社会保险基金支出的，由社会保险行政部门责令退回骗取的社会保险金，处骗取金额二倍以上五倍以下的罚款；属于社会保险服务机构的，解除服务协议；直接负责的主管人员和其他直接责任人员有执业资格的，依法吊销其执业资格。

注解

医疗保障基金飞行检查，是指国家和省级医疗保障行政部门组织实施的，对定点医药机构、医保经办机构、承办医保业务的其他机构等被检查对象不预先告知的现场监督检查。有下列情形之一的，医疗保障行政部门可以启动飞行检查：（1）年度工作计划安排的；（2）举报线索反映医疗保障基金可能存在重大安全风险的；（3）医疗保障智能监控或者大数据筛查提示医疗保障基金可能存在重大安全风险的；（4）新闻媒体曝光，造成重大社会影响的；（5）其他需要开展飞行检查的情形。

应用

37. 医保领域，定点医疗机构的重点违法违规行为

根据《国家医保局、最高人民检察院、公安部、财政部、国家卫生健康委关于开展医保领域打击欺诈骗保专项整治工作的通知》，医保领域，定点医疗机构重点违法违规行为包括下列行为：（1）诱导、协助他人冒名或者虚假就医、购药等套取医保资金；（2）伪造、变造、隐匿、涂改、销毁医学文书、医学证明、会计凭证、电子信息等有关资料；（3）虚构医药服务项目；（4）分解住院、挂床住院；（5）不执行实名就医和购药管理规定，不核验参保人员医疗保障凭证；（6）重复收费、超标准收费、分解项目收费；（7）串换药品、医用耗材、诊疗项目和服务设施；（8）将不属于医疗保障基金支付范围的医药费用纳入医疗保障基金结算；（9）其他骗取医保基金支出的行为。

38. 医保领域，定点药店的重点违法违规行为

根据《国家医保局、最高人民检察院、公安部、财政部、国家卫生健康委关于开展医保领域打击欺诈骗保专项整治工作的通知》，医保领域，定点药店的重点违法违规行为包括下列行为：（1）串换药品，将不属于医保基金支付的药品、医用耗材、医疗器械等，或以日用品、保健品以及其它商品串换为医保基金可支付的药品、医用耗材、医疗器械进行销售，并纳入医保基金结算；（2）伪造、变造处方或无处方向参保人销售须凭处方购买的药品、医用耗材、医疗器械等，并纳入医保基金结算；（3）超医保限定支付条件和范围向参保人销售药品、医用耗材、医疗器械等，并纳入医保基金结算；（4）不

严格执行实名购药管理规定，不核验参保人医疗保障凭证，或明知购买人所持系冒用、盗用他人的，或伪造、变造的医保凭证（社保卡），仍向其销售药品、医用耗材、医疗器械等，并纳入医保基金结算；（5）与购买人串通勾结，利用参保人医疗保障凭证（社保卡）采取空刷，或以现金退付，或通过银行卡、微信、支付宝等支付手段进行兑换支付，骗取医保基金结算；（6）为非定点零售药店、中止医保协议期间的定点零售药店进行医保费用结算；（7）其他骗取医保基金支出的行为。

39. 医保领域，参保人员的重点违法违规行为

根据《国家医保局、最高人民检察院、公安部、财政部、国家卫生健康委关于开展医保领域打击欺诈骗保专项整治工作的通知》，医保领域，参保人员的重点违法违规行为包括下列行为：（1）伪造、变造、隐匿、涂改、销毁医学文书、医学证明、会计凭证、电子信息等有关资料骗取医保基金支出；（2）将本人的医疗保障凭证交由他人冒名使用；（3）利用享受医疗保障待遇的机会转卖药品，接受返还现金、实物或者获得其他非法利益；（4）其他骗取医保基金支出的行为。

40. 医保领域，职业骗保团伙的重点违法违规行为

根据《国家医保局、最高人民检察院、公安部、财政部、国家卫生健康委关于开展医保领域打击欺诈骗保专项整治工作的通知》，医保领域，职业骗保团伙的重点违法违规行为包括下列行为：（1）违反医保政策，帮助非参保人员虚构劳动关系等享受医疗保障待遇条件，或提供虚假证明材料如鉴定意见等骗取医保资格；（2）非法收取参保人员医保卡或医疗保险证件到定点医疗服务机构刷卡结付相关费用或套现；（3）协助医院组织参保人员到医院办理虚假住院、挂床住院；（4）其他骗取医疗保障基金支出的行为。

41. 医保领域，异地就医过程中容易发生的违法违规行为

根据《国家医保局、最高人民检察院、公安部、财政部、国家卫生健康委关于开展医保领域打击欺诈骗保专项整治工作的通知》，医保领域，异地就医过程中容易发生的违法违规行为包括下列行为：（1）定点医疗机构对异地就医患者过度检查、过度诊疗；（2）定点医疗机构利用异地就医患者参保凭证通过虚构病历等行为骗取医保基金；（3）定点医疗机构以返利、返现等形式诱导异地就医患者住院套取医保基金；（4）定点零售药店利用异地参保人员医保电子凭证套刷药品倒卖谋利、串换药品等行为。

> 配套

《医疗保障基金使用监督管理条例》;《医疗保障基金飞行检查管理暂行办法》

第八十八条 【骗取社会保险待遇的责任】以欺诈、伪造证明材料或者其他手段骗取社会保险待遇的,由社会保险行政部门责令退回骗取的社会保险金,处骗取金额二倍以上五倍以下的罚款。

> 注解

根据《全国人民代表大会常务委员会关于〈中华人民共和国刑法〉第二百六十六条的解释》,以欺诈、伪造证明材料或者其他手段骗取养老、医疗、工伤、失业、生育等社会保险金或者其他社会保障待遇的,属于刑法第266条规定的诈骗公私财物的行为。

> 配套

《工伤保险条例》第60条;《失业保险条例》第28条;《医疗保障基金使用监督管理条例》第40条

第八十九条 【经办机构及其工作人员违法行为责任】社会保险经办机构及其工作人员有下列行为之一的,由社会保险行政部门责令改正;给社会保险基金、用人单位或者个人造成损失的,依法承担赔偿责任;对直接负责的主管人员和其他直接责任人员依法给予处分:

(一)未履行社会保险法定职责的;

(二)未将社会保险基金存入财政专户的;

(三)克扣或者拒不按时支付社会保险待遇的;

(四)丢失或者篡改缴费记录、享受社会保险待遇记录等社会保险数据、个人权益记录的;

(五)有违反社会保险法律、法规的其他行为的。

注解

本条规定的法律责任，具体包括以下三个方面：

(1) 由社会保险行政部门责令改正。即未按照规定履行社会保险法定职责的，要求其履行法定职责；未按照规定将社会保险基金存入财政专户的，要求其存入财政专户；克扣或者拒不按时支付社会保险待遇的，要求其按时足额发放；丢失或者篡改缴费记录、享受社会保险待遇记录等社会保险数据、个人权益记录的，要求其恢复缴费记录原样或通过其他方式查明缴费记录，搞清享受社会保险待遇的数据等。

(2) 社会保险经办机构及其工作人员因上述违法行为给社会保险基金、用人单位或者个人造成损失的，依法承担赔偿责任。

(3) 对直接负责的主管人员和其他直接责任人员依法给予处分。社会保险经办机构工作人员属于参照公务员法管理的工作人员，参照公务员法的规定给予处罚，行政机关公务员处分的种类为：①警告；②记过；③记大过；④降级；⑤撤职；⑥开除。除此之外，本法第94条规定，违反本法规定，构成犯罪的，依法追究刑事责任。因此，如果社会保险经办机构及其工作人员触犯了刑法，将依法追究刑事责任，其刑事责任可能涉及的罪名包括滥用职权罪、玩忽职守罪、受贿罪等。

第九十条 【擅自更改缴费基数、费率的责任】 社会保险费征收机构擅自更改社会保险费缴费基数、费率，导致少收或者多收社会保险费的，由有关行政部门责令其追缴应当缴纳的社会保险费或者退还不应当缴纳的社会保险费；对直接负责的主管人员和其他直接责任人员依法给予处分。

第九十一条 【隐匿、转移、侵占、挪用社会保险基金等的责任】 违反本法规定，隐匿、转移、侵占、挪用社会保险基金或者违规投资运营的，由社会保险行政部门、财政部门、审计机关责令追回；有违法所得的，没收违法所得；对直接负责的主管人员和其他直接责任人员依法给予处分。

第九十二条 【泄露用人单位和个人信息的行政责任】 社会保险行政部门和其他有关行政部门、社会保险经办机构、社会保险费征收机构及其工作人员泄露用人单位和个人信息的，对直接负责的主管人员和其他直接责任人员依法给予处分；给用人单位或者个人造成损失的，应当承担赔偿责任。

第九十三条 【国家工作人员的相关责任】国家工作人员在社会保险管理、监督工作中滥用职权、玩忽职守、徇私舞弊的，依法给予处分。

第九十四条 【相关刑事责任】违反本法规定，构成犯罪的，依法追究刑事责任。

应用

42. 各级医疗保障行政部门在医保基金监管执法过程中，发现参保个人骗取医保基金行为，涉嫌构成犯罪的，应依法向同级公安机关移送的情形

根据《国家医保局 公安部关于加强查处骗取医保基金案件行刑衔接工作的通知》，参保个人骗取医保基金行为，涉嫌构成犯罪的，应依法向同级公安机关移送的主要情形包括：（1）个人以骗取医疗保障基金为目的，实施了下列规定行为之一，造成医疗保障基金损失的：将本人的医疗保障凭证交由他人冒名使用；重复享受医疗保障待遇；利用享受医疗保障待遇的机会转卖药品，接受返还现金、实物或者获得其他非法利益。（2）使用他人医疗保障凭证冒名就医、购药的；或者通过伪造、变造、隐匿、涂改、销毁医学文书、医学证明、会计凭证、电子信息等有关资料或者虚构医药服务项目等方式，骗取医疗保障基金支出的。（3）骗取医保基金的其他犯罪行为。

43. 各级医疗保障行政部门在医保基金监管执法过程中，发现定点医药机构骗取医保基金行为，涉嫌构成犯罪的，应依法向同级公安机关移送的情形

根据《国家医保局 公安部关于加强查处骗取医保基金案件行刑衔接工作的通知》，定点医药机构骗取医保基金行为，涉嫌构成犯罪的，应依法向同级公安机关移送的主要情形包括：（1）诱导、协助他人冒名或者虚假就医、住院、购药，提供虚假证明材料，串通他人虚开费用单据；伪造、变造、隐匿、涂改、擅自销毁医学文书、医学证明、会计凭证、电子信息等有关资料；虚构医药服务项目。（2）以骗取医疗保障基金为目的，实施下列情

形之一的：分解住院、挂床住院；违反诊疗规范过度诊疗、过度检查、分解处方、超量开药、重复开药或者提供其他不必要的医药服务；重复收费、超标准收费、分解项目收费；串换药品、医用耗材、诊疗项目和服务设施；为参保人员利用其享受医疗保障待遇的机会转卖药品耗材，接受返还现金、实物或者获得其他非法利益提供便利；将不属于医疗保障基金支付范围的医药费用纳入医疗保障基金结算；违规为非定点医药机构或处于中止医保协议期间的医药机构提供医保结算；盗刷医保凭证非法获利。(3) 其他以骗取医保基金为目的的犯罪行为。

第十二章 附　　则

第九十五条　【进城务工农村居民参加社会保险】进城务工的农村居民依照本法规定参加社会保险。

第九十六条　【被征地农民的社会保险】征收农村集体所有的土地，应当足额安排被征地农民的社会保险费，按照国务院规定将被征地农民纳入相应的社会保险制度。

▎注 解

根据《民法典》第243条第1款、第2款的规定，为了公共利益的需要，依照法律规定的权限和程序可以征收集体所有的土地和组织、个人的房屋以及其他不动产。征收集体所有的土地，应当依法及时足额支付土地补偿费、安置补助费以及农村村民住宅、其他地上附着物和青苗等的补偿费用，并安排被征地农民的社会保障费用，保障被征地农民的生活，维护被征地农民的合法权益。

▎配 套

《民法典》第243条

第九十七条　【外国人参加我国社会保险】外国人在中国境内就业的，参照本法规定参加社会保险。

第九十八条　【施行日期】本法自2011年7月1日起施行。

配套法规

一、综合

实施《中华人民共和国社会保险法》若干规定

(2011年6月29日人力资源和社会保障部令第13号公布 自2011年7月1日起施行)

为了实施《中华人民共和国社会保险法》(以下简称社会保险法),制定本规定。

第一章 关于基本养老保险

第一条 社会保险法第十五条规定的统筹养老金,按照国务院规定的基础养老金计发办法计发。

第二条 参加职工基本养老保险的个人达到法定退休年龄时,累计缴费不足十五年的,可以延长缴费至满十五年。社会保险法实施前参保、延长缴费五年后仍不足十五年的,可以一次性缴费至满十五年。

第三条 参加职工基本养老保险的个人达到法定退休年龄后,累计缴费不足十五年(含依照第二条规定延长缴费)的,可以申请转入户籍所在地新型农村社会养老保险或者城镇居民社会养老保险，享受相应的养老保险待遇。

参加职工基本养老保险的个人达到法定退休年龄后，累计缴费不足十五年（含依照第二条规定延长缴费），且未转入新型农村社会养老保险或者城镇居民社会养老保险的，个人可以书面申请终止职工基本养老保险关系。社会保险经办机构收到申请后，应当书面告知其转入新型农村社会养老保险或者城镇居民社会养老保险的权利以及终止职工基本养老保险关系的后果，经本人书面确认后，终止其职工基本养老保险关系，并将个人账户储存额一次性支付给本人。

第四条 参加职工基本养老保险的个人跨省流动就业，达到法定退休年龄时累计缴费不足十五年的，按照《国务院办公厅关于转发人力资源社会保障部财政部城镇企业职工基本养老保险关系转移接续暂行办法的通知》（国办发〔2009〕66号）有关待遇领取地的规定确定继续缴费地后，按照本规定第二条办理。

第五条 参加职工基本养老保险的个人跨省流动就业，符合按月领取基本养老金条件时，基本养老金分段计算、统一支付的具体办法，按照《国务院办公厅关于转发人力资源社会保障部财政部城镇企业职工基本养老保险关系转移接续暂行办法的通知》（国办发〔2009〕66号）执行。

第六条 职工基本养老保险个人账户不得提前支取。个人在达到法定的领取基本养老金条件前离境定居的，其个人账户予以保留，达到法定领取条件时，按照国家规定享受相应的养老保险待遇。其中，丧失中华人民共和国国籍的，可以在其离境时或者离境后书面申请终止职工基本养老保险关系。社会保险经办机构收到申请后，应当书面告知其保留个人账户的权利以及终止职工基本养老保险关系的后果，经本人书面确认后，终止其职工基本养老保险关系，并将个人账户储存额一次性支付给本人。

参加职工基本养老保险的个人死亡后，其个人账户中的余额可以全部依法继承。

第二章　关于基本医疗保险

第七条　社会保险法第二十七条规定的退休人员享受基本医疗保险待遇的缴费年限按照各地规定执行。

参加职工基本医疗保险的个人，基本医疗保险关系转移接续时，基本医疗保险缴费年限累计计算。

第八条　参保人员在协议医疗机构发生的医疗费用，符合基本医疗保险药品目录、诊疗项目、医疗服务设施标准的，按照国家规定从基本医疗保险基金中支付。

参保人员确需急诊、抢救的，可以在非协议医疗机构就医；因抢救必须使用的药品可以适当放宽范围。参保人员急诊、抢救的医疗服务具体管理办法由统筹地区根据当地实际情况制定。

第三章　关于工伤保险

第九条　职工（包括非全日制从业人员）在两个或者两个以上用人单位同时就业的，各用人单位应当分别为职工缴纳工伤保险费。职工发生工伤，由职工受到伤害时工作的单位依法承担工伤保险责任。

第十条　社会保险法第三十七条第二项中的醉酒标准，按照《车辆驾驶人员血液、呼气酒精含量阈值与检验》（GB19522—2004）[①] 执行。公安机关交通管理部门、医疗机构等有关单位依法出具的检测结论、诊断证明等材料，可以作为认定醉酒的依据。

第十一条　社会保险法第三十八条第八项中的因工死亡补助金是指《工伤保险条例》第三十九条的一次性工亡补助金，标准为工

---

① 现为（GB19522—2010）。

伤发生时上一年度全国城镇居民人均可支配收入的20倍。

上一年度全国城镇居民人均可支配收入以国家统计局公布的数据为准。

第十二条 社会保险法第三十九条第一项治疗工伤期间的工资福利，按照《工伤保险条例》第三十三条有关职工在停工留薪期内应当享受的工资福利和护理等待遇的规定执行。

第四章 关于失业保险

第十三条 失业人员符合社会保险法第四十五条规定条件的，可以申请领取失业保险金并享受其他失业保险待遇。其中，非因本人意愿中断就业包括下列情形：

（一）依照劳动合同法第四十四条第一项、第四项、第五项规定终止劳动合同的；

（二）由用人单位依照劳动合同法第三十九条、第四十条、第四十一条规定解除劳动合同的；

（三）用人单位依照劳动合同法第三十六条规定向劳动者提出解除劳动合同并与劳动者协商一致解除劳动合同的；

（四）由用人单位提出解除聘用合同或者被用人单位辞退、除名、开除的；

（五）劳动者本人依照劳动合同法第三十八条规定解除劳动合同的；

（六）法律、法规、规章规定的其他情形。

第十四条 失业人员领取失业保险金后重新就业的，再次失业时，缴费时间重新计算。失业人员因当期不符合失业保险金领取条件的，原有缴费时间予以保留，重新就业并参保的，缴费时间累计计算。

第十五条 失业人员在领取失业保险金期间，应当积极求职，接受职业介绍和职业培训。失业人员接受职业介绍、职业培训的补贴由失业保险基金按照规定支付。

第五章　关于基金管理和经办服务

第十六条　社会保险基金预算、决算草案的编制、审核和批准，依照《国务院关于试行社会保险基金预算的意见》（国发〔2010〕2号）的规定执行。

第十七条　社会保险经办机构应当每年至少一次将参保人员个人权益记录单通过邮寄方式寄送本人。同时，社会保险经办机构可以通过手机短信或者电子邮件等方式向参保人员发送个人权益记录。

第十八条　社会保险行政部门、社会保险经办机构及其工作人员应当依法为用人单位和个人的信息保密，不得违法向他人泄露下列信息：

（一）涉及用人单位商业秘密或者公开后可能损害用人单位合法利益的信息；

（二）涉及个人权益的信息。

第六章　关于法律责任

第十九条　用人单位在终止或者解除劳动合同时拒不向职工出具终止或者解除劳动关系证明，导致职工无法享受社会保险待遇的，用人单位应当依法承担赔偿责任。

第二十条　职工应当缴纳的社会保险费由用人单位代扣代缴。用人单位未依法代扣代缴的，由社会保险费征收机构责令用人单位限期代缴，并自欠缴之日起向用人单位按日加收万分之五的滞纳金。用人单位不得要求职工承担滞纳金。

第二十一条　用人单位因不可抗力造成生产经营出现严重困难

的，经省级人民政府社会保险行政部门批准后，可以暂缓缴纳一定期限的社会保险费，期限一般不超过一年。暂缓缴费期间，免收滞纳金。到期后，用人单位应当缴纳相应的社会保险费。

第二十二条　用人单位按照社会保险法第六十三条的规定，提供担保并与社会保险费征收机构签订缓缴协议的，免收缓缴期间的滞纳金。

第二十三条　用人单位按照本规定第二十一条、第二十二条缓缴社会保险费期间，不影响其职工依法享受社会保险待遇。

第二十四条　用人单位未按月将缴纳社会保险费的明细情况告知职工本人的，由社会保险行政部门责令改正；逾期不改的，按照《劳动保障监察条例》第三十条的规定处理。

第二十五条　医疗机构、药品经营单位等社会保险服务机构以欺诈、伪造证明材料或者其他手段骗取社会保险基金支出的，由社会保险行政部门责令退回骗取的社会保险金，处骗取金额二倍以上五倍以下的罚款。对与社会保险经办机构签订服务协议的医疗机构、药品经营单位，由社会保险经办机构按照协议追究责任，情节严重的，可以解除与其签订的服务协议。对有执业资格的直接负责的主管人员和其他直接责任人员，由社会保险行政部门建议授予其执业资格的有关主管部门依法吊销其执业资格。

第二十六条　社会保险经办机构、社会保险费征收机构、社会保险基金投资运营机构、开设社会保险基金专户的机构和专户管理银行及其工作人员有下列违法情形的，由社会保险行政部门按照社会保险法第九十一条的规定查处：

（一）将应征和已征的社会保险基金，采取隐藏、非法放置等手段，未按规定征缴、入账的；

（二）违规将社会保险基金转入社会保险基金专户以外的账户的；

（三）侵吞社会保险基金的；

（四）将各项社会保险基金互相挤占或者其他社会保障基金挤占

社会保险基金的；

（五）将社会保险基金用于平衡财政预算，兴建、改建办公场所和支付人员经费、运行费用、管理费用的；

（六）违反国家规定的投资运营政策的。

第七章 其 他

第二十七条 职工与所在用人单位发生社会保险争议的，可以依照《中华人民共和国劳动争议调解仲裁法》、《劳动人事争议仲裁办案规则》的规定，申请调解、仲裁，提起诉讼。

职工认为用人单位有未按时足额为其缴纳社会保险费等侵害其社会保险权益行为的，也可以要求社会保险行政部门或者社会保险费征收机构依法处理。社会保险行政部门或者社会保险费征收机构应当按照社会保险法和《劳动保障监察条例》等相关规定处理。在处理过程中，用人单位对双方的劳动关系提出异议的，社会保险行政部门应当依法查明相关事实后继续处理。

第二十八条 在社会保险经办机构征收社会保险费的地区，社会保险行政部门应当依法履行社会保险法第六十三条所规定的有关行政部门的职责。

第二十九条 2011年7月1日后对用人单位未按时足额缴纳社会保险费的处理，按照社会保险法和本规定执行；对2011年7月1日前发生的用人单位未按时足额缴纳社会保险费的行为，按照国家和地方人民政府的有关规定执行。

第三十条 本规定自2011年7月1日起施行。

人力资源社会保障行政复议办法

(2010年3月16日人力资源和社会保障部令第6号公布 自公布之日起施行)

第一章 总 则

第一条 为了规范人力资源社会保障行政复议工作,根据《中华人民共和国行政复议法》(以下简称行政复议法)和《中华人民共和国行政复议法实施条例》(以下简称行政复议法实施条例),制定本办法。

第二条 公民、法人或者其他组织认为人力资源社会保障部门作出的具体行政行为侵犯其合法权益,向人力资源社会保障行政部门申请行政复议,人力资源社会保障行政部门及其法制工作机构开展行政复议相关工作,适用本办法。

第三条 各级人力资源社会保障行政部门是人力资源社会保障行政复议机关(以下简称行政复议机关),应当认真履行行政复议职责,遵循合法、公正、公开、及时、便民的原则,坚持有错必纠,保障法律、法规和人力资源社会保障规章的正确实施。

行政复议机关应当依照有关规定配备专职行政复议人员,为行政复议工作提供财政保障。

第四条 行政复议机关负责法制工作的机构(以下简称行政复议机构)具体办理行政复议事项,履行下列职责:

(一)处理行政复议申请;

(二)向有关组织和人员调查取证,查阅文件和资料,组织行政复议听证;

(三)依照行政复议法实施条例第九条的规定,办理第三人参加行政复议事项；

（四）依照行政复议法实施条例第四十一条的规定，决定行政复议中止、恢复行政复议审理事项；

（五）依照行政复议法实施条例第四十二条的规定，拟订行政复议终止决定；

（六）审查申请行政复议的具体行政行为是否合法与适当，提出处理建议，拟订行政复议决定，主持行政复议调解，审查和准许行政复议和解协议；

（七）处理或者转送对行政复议法第七条所列有关规定的审查申请；

（八）依照行政复议法第二十九条的规定，办理行政赔偿等事项；

（九）依照行政复议法实施条例第三十七条的规定，办理鉴定事项；

（十）按照职责权限，督促行政复议申请的受理和行政复议决定的履行；

（十一）对人力资源社会保障部门及其工作人员违反行政复议法、行政复议法实施条例和本办法规定的行为依照规定的权限和程序提出处理建议；

（十二）研究行政复议过程中发现的问题，及时向有关机关和部门提出建议，重大问题及时向行政复议机关报告；

（十三）办理因不服行政复议决定提起行政诉讼的行政应诉事项；

（十四）办理或者组织办理未经行政复议直接提起行政诉讼的行政应诉事项；

（十五）办理行政复议、行政应诉案件统计和重大行政复议决定备案事项；

（十六）组织培训；

（十七）法律、法规规定的其他职责。

第五条 专职行政复议人员应当具备与履行行政复议职责相适应的品行、专业知识和业务能力，并取得相应资格。各级人力资源社会保障部门应当保障行政复议人员参加培训的权利，应当为行政复议人员参加法律类资格考试提供必要的帮助。

第六条 行政复议人员享有下列权利：

（一）依法履行行政复议职责的行为受法律保护；

（二）获得履行行政复议职责相应的物质条件；

（三）对行政复议工作提出建议；

（四）参加培训；

（五）法律、法规和规章规定的其他权利。

行政复议人员应当履行下列义务：

（一）严格遵守宪法和法律；

（二）以事实为根据，以法律为准绳审理行政复议案件；

（三）忠于职守，尽职尽责，清正廉洁，秉公执法；

（四）依法保障行政复议参加人的合法权益；

（五）保守国家秘密、商业秘密和个人隐私；

（六）维护国家利益、社会公共利益，维护公民、法人或者其他组织的合法权益；

（七）法律、法规和规章规定的其他义务。

第二章 行政复议范围

第七条 有下列情形之一的，公民、法人或者其他组织可以依法申请行政复议：

（一）对人力资源社会保障部门作出的警告、罚款、没收违法所得、依法予以关闭、吊销许可证等行政处罚决定不服的；

（二）对人力资源社会保障部门作出的行政处理决定不服的；

（三）对人力资源社会保障部门作出的行政许可、行政审批不服的；

（四）对人力资源社会保障部门作出的行政确认不服的；

（五）认为人力资源社会保障部门不履行法定职责的；

（六）认为人力资源社会保障部门违法收费或者违法要求履行义务的；

（七）认为人力资源社会保障部门作出的其他具体行政行为侵犯其合法权益的。

第八条 公民、法人或者其他组织对下列事项，不能申请行政复议：

（一）人力资源社会保障部门作出的行政处分或者其他人事处理决定；

（二）劳动者与用人单位之间发生的劳动人事争议；

（三）劳动能力鉴定委员会的行为；

（四）劳动人事争议仲裁委员会的仲裁、调解等行为；

（五）已就同一事项向其他有权受理的行政机关申请行政复议的；

（六）向人民法院提起行政诉讼，人民法院已经依法受理的；

（七）法律、行政法规规定的其他情形。

第三章 行政复议申请

第一节 申请人

第九条 依照本办法规定申请行政复议的公民、法人或者其他组织为人力资源社会保障行政复议申请人。

第十条 同一行政复议案件申请人超过5人的，推选1至5名代表参加行政复议，并提交全体行政复议申请人签字的授权委托书以及全体行政复议申请人的身份证复印件。

第十一条 依照行政复议法实施条例第九条的规定，公民、法人或者其他组织申请作为第三人参加行政复议,应当提交《第三人参加行政复议申请书》,该申请书应当列明其参加行政复议的事实和理由。

申请作为第三人参加行政复议的,应当对其与被审查的具体行政行为有利害关系负举证责任。

行政复议机构通知或者同意第三人参加行政复议的,应当制作《第三人参加行政复议通知书》,送达第三人,并注明第三人参加行政复议的日期。

第十二条 申请人、第三人可以委托1至2名代理人参加行政复议。

申请人、第三人委托代理人参加行政复议的,应当向行政复议机构提交授权委托书。授权委托书应当载明下列事项:

(一)委托人姓名或者名称,委托人为法人或者其他组织的,还应当载明法定代表人或者主要负责人的姓名、职务;

(二)代理人姓名、性别、职业、住所以及邮政编码;

(三)委托事项、权限和期限;

(四)委托日期以及委托人签字或者盖章。

申请人、第三人解除或者变更委托的,应当书面报告行政复议机构。

第二节 被申请人

第十三条 公民、法人或者其他组织对人力资源社会保障部门作出的具体行政行为不服,依照本办法规定申请行政复议的,作出该具体行政行为的人力资源社会保障部门为被申请人。

第十四条 对县级以上人力资源社会保障行政部门的具体行政行为不服的,可以向上一级人力资源社会保障行政部门申请复议,也可以向该人力资源社会保障行政部门的本级人民政府申请行政复议。

对人力资源社会保障部作出的具体行政行为不服的,向人力资源社会保障部申请行政复议。

第十五条 对人力资源社会保障行政部门按照国务院规定设立的社会保险经办机构(以下简称社会保险经办机构)依照法律、法规规定作出的具体行政行为不服,可以向直接管理该社会保险经办机构的人力资源社会保障行政部门申请行政复议。

第十六条 对依法受委托的属于事业组织的公共就业服务机构、职业技能考核鉴定机构以及街道、乡镇人力资源社会保障工作机构等作出的具体行政行为不服的,可以向委托其行使行政管理职能的人力资源社会保障行政部门的上一级人力资源社会保障行政部门申请复议,也可以向该人力资源社会保障行政部门的本级人民政府申请行政复议。委托的人力资源社会保障行政部门为被申请人。

第十七条 对人力资源社会保障部门和政府其他部门以共同名义作出的具体行政行为不服的,可以向其共同的上一级行政部门申请复议。共同作出具体行政行为的人力资源社会保障部门为共同被申请人之一。

第十八条 人力资源社会保障部门设立的派出机构、内设机构或者其他组织,未经法律、法规授权,对外以自己名义作出具体行政行为的,该人力资源社会保障部门为被申请人。

第三节 行政复议申请期限

第十九条 公民、法人或者其他组织认为人力资源社会保障部门作出的具体行政行为侵犯其合法权益的,可以自知道该具体行政行为之日起60日内提出行政复议申请。

前款规定的行政复议申请期限依照下列规定计算:

(一)当场作出具体行政行为的,自具体行政行为作出之日起计算;

(二)载明具体行政行为的法律文书直接送达的,自受送达人签收之日起计算；

（三）载明具体行政行为的法律文书依法留置送达的，自送达人和见证人在送达回证上签注的留置送达之日起计算；

（四）载明具体行政行为的法律文书邮寄送达的，自受送达人在邮件签收单上签收之日起计算；没有邮件签收单的，自受送达人在送达回执上签名之日起计算；

（五）具体行政行为依法通过公告形式告知受送达人的，自公告规定的期限届满之日起计算；

（六）被申请人作出具体行政行为时未告知公民、法人或者其他组织，事后补充告知的，自该公民、法人或者其他组织收到补充告知的通知之日起计算；

（七）被申请人有证据材料能够证明公民、法人或者其他组织知道该具体行政行为的，自证据材料证明其知道具体行政行为之日起计算。

人力资源社会保障部门作出具体行政行为，依法应当向有关公民、法人或者其他组织送达法律文书而未送达的，视为该公民、法人或者其他组织不知道该具体行政行为。

申请人因不可抗力或者其他正当理由耽误法定申请期限的，申请期限自原因消除之日起继续计算。

第二十条　人力资源社会保障部门对公民、法人或者其他组织作出具体行政行为，应当告知其申请行政复议的权利、行政复议机关和行政复议申请期限。

第四节　行政复议申请的提出

第二十一条　申请人书面申请行政复议的，可以采取当面递交、邮寄或者传真等方式递交行政复议申请书。

有条件的行政复议机构可以接受以电子邮件形式提出的行政复议申请。

对采取传真、电子邮件方式提出的行政复议申请，行政复议机构应当告知申请人补充提交证明其身份以及确认申请书真实性的相关书面材料。

第二十二条 申请人书面申请行政复议的，应当在行政复议申请书中载明下列事项：

（一）申请人基本情况：申请人是公民的，包括姓名、性别、年龄、身份证号码、工作单位、住所、邮政编码；申请人是法人或者其他组织的，包括名称、住所、邮政编码和法定代表人或者主要负责人的姓名、职务；

（二）被申请人的名称；

（三）申请行政复议的具体行政行为、行政复议请求、申请行政复议的主要事实和理由；

（四）申请人签名或者盖章；

（五）日期。

申请人口头申请行政复议的，行政复议机构应当依照前款规定内容，当场制作行政复议申请笔录交申请人核对或者向申请人宣读，并由申请人签字确认。

第二十三条 有下列情形之一的，申请人应当提供相应的证明材料：

（一）认为被申请人不履行法定职责的，提供曾经申请被申请人履行法定职责的证明材料；

（二）申请行政复议时一并提出行政赔偿申请的，提供受具体行政行为侵害而造成损害的证明材料；

（三）属于本办法第十九条第四款情形的，提供发生不可抗力或者有其他正当理由的证明材料；

（四）需要申请人提供证据材料的其他情形。

第二十四条 申请人提出行政复议申请时错列被申请人的，行政复议机构应当告知申请人变更被申请人。

申请人变更被申请人的期间，不计入行政复议审理期限。

第二十五条 依照行政复议法第七条的规定，申请人认为具体行政行为所依据的规定不合法的，可以在对具体行政行为申请行政复议的同时一并提出对该规定的审查申请；申请人在对具体行政行为提出行政复议申请时尚不知道该具体行政行为所依据的规定的，可以在行政复议机关作出行政复议决定前向行政复议机关提出对该规定的审查申请。

第四章　行政复议受理

第二十六条 行政复议机构收到行政复议申请后，应当在5日内进行审查，按照下列情况分别作出处理：

（一）对符合行政复议法实施条例第二十八条规定条件的，依法予以受理，制作《行政复议受理通知书》和《行政复议提出答复通知书》，送达申请人和被申请人；

（二）对符合本办法第七条规定的行政复议范围，但不属于本机关受理范围的，应当书面告知申请人向有关行政复议机关提出；

（三）对不符合法定受理条件的，应当作出不予受理决定，制作《行政复议不予受理决定书》，送达申请人，该决定书中应当说明不予受理的理由和依据。

对不符合前款规定的行政复议申请，行政复议机构应当将有关处理情况告知申请人。

第二十七条 人力资源社会保障行政部门的其他工作机构收到复议申请的，应当及时转送行政复议机构。

除不符合行政复议法定条件或者不属于本机关受理的行政复议申请外，行政复议申请自行政复议机构收到之日起即为受理。

第二十八条 依照行政复议法实施条例第二十九条的规定，行政复议申请材料不齐全或者表述不清楚的，行政复议机构可以向申请人发出补正通知，一次性告知申请人需要补正的事项。

补正通知应当载明下列事项：

（一）行政复议申请书中需要修改、补充的具体内容；

（二）需要补正的证明材料；

（三）合理的补正期限；

（四）逾期未补正的法律后果。

补正期限从申请人收到补正通知之日起计算。

无正当理由逾期不补正的，视为申请人放弃行政复议申请。

申请人应当在补正期限内向行政复议机构提交需要补正的材料。补正申请材料所用时间不计入行政复议审理期限。

第二十九条 申请人依法提出行政复议申请，行政复议机关无正当理由不予受理的，上一级人力资源社会保障行政部门可以根据申请人的申请或者依职权先行督促其受理；经督促仍不受理的，应当责令其限期受理，并且制作《责令受理行政复议申请通知书》；必要时，上一级人力资源社会保障行政部门也可以直接受理。

上一级人力资源社会保障行政部门经审查认为行政复议申请不符合法定受理条件的，应当告知申请人。

第三十条 劳动者与用人单位因工伤保险待遇发生争议，向劳动人事争议仲裁委员会申请仲裁期间，又对人力资源社会保障行政部门作出的工伤认定结论不服向行政复议机关申请行政复议的，如果符合法定条件，应当予以受理。

第五章 行政复议审理和决定

第三十一条 行政复议原则上采取书面审查的办法，但是申请人提出要求或者行政复议机构认为有必要的，可以向有关组织和人员调查情况，听取申请人、被申请人和第三人的意见。

第三十二条 行政复议机构应当自行政复议申请受理之日起7日内，将行政复议申请书副本或者行政复议申请笔录复印件发送被申请人。被申请人应当自收到申请书副本或者申请笔录复印件之日起10日内，提交行政复议答复书，并提交当初作出具体行政行为的证据、依据和其他有关材料。

行政复议答复书应当载明下列事项，并加盖被申请人印章：

（一）被申请人的名称、地址、法定代表人的姓名、职务；

（二）作出具体行政行为的事实和有关证据材料；

（三）作出具体行政行为依据的法律、法规、规章和规范性文件的具体条款和内容；

（四）对申请人行政复议请求的意见和理由；

（五）日期。

被申请人应当对其提交的证据材料分类编号，对证据材料的来源、证明对象和内容作简要说明。

因不可抗力或者其他正当理由，被申请人不能在法定期限内提出书面答复、提交当初作出具体行政行为的证据、依据和其他有关材料的，可以向行政复议机关提出延期答复和举证的书面申请。

第三十三条 有下列情形之一的，行政复议机构可以实地调查核实证据：

（一）申请人或者被申请人对于案件事实的陈述有争议的；

（二）被申请人提供的证据材料之间相互矛盾的；

（三）第三人提出新的证据材料，足以推翻被申请人认定的事实的；

（四）行政复议机构认为确有必要的其他情形。

调查取证时，行政复议人员不得少于2人，并应当向当事人或者有关人员出示证件。

第三十四条 对重大、复杂的案件，申请人提出要求或者行政复议机构认为必要时，可以采取听证的方式审理。

有下列情形之一的，属于重大、复杂的案件：

（一）涉及人数众多或者群体利益的案件；

（二）具有涉外因素的案件；

（三）社会影响较大的案件；

（四）案件事实和法律关系复杂的案件；

（五）行政复议机构认为其他重大、复杂的案件。

第三十五条　公民、法人或者其他组织对人力资源社会保障部门行使法律、法规规定的自由裁量权作出的具体行政行为不服申请行政复议，在行政复议机关作出行政复议决定之前，申请人和被申请人可以在自愿、合法基础上达成和解。申请人和被申请人达成和解的，应当向行政复议机构提交书面和解协议。

书面和解协议应当载明行政复议请求、事实、理由和达成和解的结果，并且由申请人和被申请人签字或者盖章。

行政复议机构应当对申请人和被申请人提交的和解协议进行审查。和解确属申请人和被申请人的真实意思表示，和解内容不违反法律、法规的强制性规定，不损害国家利益、社会公共利益和他人合法权益的，行政复议机构应当准许和解，并终止行政复议案件的审理。

第三十六条　依照行政复议法实施条例第四十一条的规定，行政复议机构中止、恢复行政复议案件的审理，应当分别制发《行政复议中止通知书》和《行政复议恢复审理通知书》，并通知申请人、被申请人和第三人。

第三十七条　依照行政复议法实施条例第四十二条的规定，行政复议机关终止行政复议的，应当制发《行政复议终止通知书》，并通知申请人、被申请人和第三人。

第三十八条　依照行政复议法第二十八条第一款第一项规定，具体行政行为认定事实清楚，证据确凿，适用依据正确，程序合法，内容适当的，行政复议机关应当决定维持。

第三十九条　依照行政复议法第二十八条第一款第二项规定，被申请人不履行法定职责的，行政复议机关应当决定其在一定期限内履行法定职责。

第四十条　具体行政行为有行政复议法第二十八条第一款第三

项规定情形之一的,行政复议机关应当决定撤销、变更该具体行政行为或者确认该具体行政行为违法;决定撤销该具体行政行为或者确认该具体行政行为违法的,可以责令被申请人在一定期限内重新作出具体行政行为。

第四十一条 被申请人未依照行政复议法第二十三条的规定提出书面答复、提交当初作出具体行政行为的证据、依据和其他有关材料的,视为该具体行政行为没有证据、依据,行政复议机关应当决定撤销该具体行政行为。

第四十二条 具体行政行为有行政复议法实施条例第四十七条规定情形之一的,行政复议机关可以作出变更决定。

第四十三条 依照行政复议法实施条例第四十八条第一款的规定,行政复议机关决定驳回行政复议申请的,应当制发《驳回行政复议申请决定书》,并通知申请人、被申请人和第三人。

第四十四条 行政复议机关依照行政复议法第二十八条的规定责令被申请人重新作出具体行政行为的,被申请人应当在法律、法规、规章规定的期限内重新作出具体行政行为;法律、法规、规章未规定期限的,重新作出具体行政行为的期限为60日。

公民、法人或者其他组织对被申请人重新作出的具体行政行为不服,可以依法申请行政复议或者提起行政诉讼。

第四十五条 有下列情形之一的,行政复议机关可以按照自愿、合法的原则进行调解:

(一)公民、法人或者其他组织对人力资源社会保障部门行使法律、法规规定的自由裁量权作出的具体行政行为不服申请行政复议的;

(二)当事人之间的行政赔偿或者行政补偿纠纷;

(三)其他适于调解的。

第四十六条 行政复议机关进行调解应当符合下列要求:

(一)在查明案件事实的基础上进行;

(二)充分尊重申请人和被申请人的意愿;

(三)遵循公正、合理原则;

（四）调解结果应当符合有关法律、法规的规定；

（五）调解结果不得损害国家利益、社会公共利益或者他人合法权益。

第四十七条 申请人和被申请人经调解达成协议的，行政复议机关应当制作《行政复议调解书》。《行政复议调解书》应当载明下列内容：

（一）申请人姓名、性别、年龄、住所（法人或者其他组织的名称、地址、法定代表人或者主要负责人的姓名、职务）；

（二）被申请人的名称；

（三）申请人申请行政复议的请求、事实和理由；

（四）被申请人答复的事实、理由、证据和依据；

（五）进行调解的基本情况；

（六）调解结果；

（七）日期。

《行政复议调解书》应当加盖行政复议机关印章。《行政复议调解书》经申请人、被申请人签字或者盖章，即具有法律效力。

调解未达成协议或者调解书生效前一方反悔的，行政复议机关应当及时作出行政复议决定。

第四十八条 行政复议机关在审查申请人一并提出的作出具体行政行为所依据的规定的合法性时，应当根据具体情况，分别作出下列处理：

（一）如果该规定是由本行政机关制定的，应当在30日内对该规定依法作出处理结论；

（二）如果该规定是由其他人力资源社会保障行政部门制定的，应当在7日内按照法定程序转送制定该规定的人力资源社会保障行政部门，请其在60日内依法处理；

（三）如果该规定是由人民政府制定的，应当在7日内按照法定程序转送有权处理的国家机关依法处理。

对该规定进行审查期间，中止对具体行政行为的审查；审查结束后，行政复议机关再继续对具体行政行为的审查。

第四十九条 行政复议机关对决定撤销、变更具体行政行为或者确认具体行政行为违法并且申请人提出行政赔偿请求的下列具体行政行为，应当在行政复议决定中同时作出被申请人依法给予赔偿的决定：

（一）被申请人违法实施罚款、没收违法所得、依法予以关闭、吊销许可证等行政处罚的；

（二）被申请人造成申请人财产损失的其他违法行为。

第五十条 行政复议机关作出行政复议决定，应当制作《行政复议决定书》，载明下列事项：

（一）申请人的姓名、性别、年龄、住所（法人或者其他组织的名称、地址、法定代表人或者主要负责人的姓名、职务）；

（二）被申请人的名称、住所；

（三）申请人的行政复议请求和理由；

（四）第三人的意见；

（五）被申请人答复意见；

（六）行政复议机关认定的事实、理由，适用的法律、法规、规章以及其他规范性文件；

（七）复议决定；

（八）申请人不服行政复议决定向人民法院起诉的期限；

（九）日期。

《行政复议决定书》应当加盖行政复议机关印章。

第五十一条 行政复议机关应当根据《中华人民共和国民事诉讼法》的规定，采用直接送达、邮寄送达或者委托送达等方式，将行政复议决定送达申请人、被申请人和第三人。

第五十二条 下级行政复议机关应当及时将重大行政复议决定报上级行政复议机关备案。

第五十三条 案件审查结束后，办案人员应当及时将案卷进行整理归档。案卷保存期不少于10年，国家另有规定的从其规定。保存期满后的案卷,应当按照国家有关档案管理的规定处理。

案卷归档材料应当包括:

(一)行政复议申请的处理

1. 行政复议申请书或者行政复议申请笔录、申请人提交的证据材料;

2. 授权委托书、申请人身份证复印件、法定代表人或者主要负责人身份证明书;

3. 行政复议补正通知书;

4. 行政复议受理通知书和行政复议提出答复通知书;

5. 行政复议不予受理决定书;

6. 行政复议告知书;

7. 行政复议答复书、被申请人提交的证据材料;

8. 第三人参加行政复议申请书、第三人参加行政复议通知书;

9. 责令限期受理行政复议申请通知书。

(二)案件审理

1. 行政复议调查笔录;

2. 行政复议听证记录;

3. 行政复议中止通知书、行政复议恢复审理通知书;

4. 行政复议和解协议;

5. 行政复议延期处理通知书;

6. 撤回行政复议申请书;

7. 规范性文件转送函。

(三)处理结果

1. 行政复议决定书;

2. 行政复议调解书;

3. 行政复议终止书;

4. 驳回行政复议申请决定书。

(四)其他

1. 行政复议文书送达回证;

2. 行政复议意见书；

3. 行政复议建议书；

4. 其他。

第五十四条 案卷装订、归档应当达到下列要求：

（一）案卷装订整齐；

（二）案卷目录用钢笔或者签字笔填写，字迹工整；

（三）案卷材料不得涂改；

（四）卷内材料每页下方应当居中标注页码。

第六章 附 则

第五十五条 本办法所称人力资源社会保障部门包括人力资源社会保障行政部门、社会保险经办机构、公共就业服务机构等具有行政职能的机构。

第五十六条 人力资源社会保障行政复议活动所需经费、办公用房以及交通、通讯、摄像、录音等设备由各级人力资源社会保障部门予以保障。

第五十七条 行政复议机关可以使用行政复议专用章。在人力资源社会保障行政复议活动中，行政复议专用章和行政复议机关印章具有同等效力。

第五十八条 本办法未规定事项，依照行政复议法、行政复议法实施条例规定执行。

第五十九条 本办法自发布之日起施行。劳动和社会保障部1999年11月23日发布的《劳动和社会保障行政复议办法》（劳动和社会保障部令第5号）同时废止。

社会保险行政争议处理办法

(2001年5月27日劳动和社会保障部令第13号发布 自发布之日起施行)

第一条 为妥善处理社会保险行政争议，维护公民、法人和其他组织的合法权益，保障和监督社会保险经办机构（以下简称经办机构）依法行使职权，根据劳动法、行政复议法及有关法律、行政法规，制定本办法。

第二条 本办法所称的社会保险行政争议，是指经办机构在依照法律、法规及有关规定经办社会保险事务过程中，与公民、法人或者其他组织之间发生的争议。

本办法所称的经办机构，是指法律、法规授权的劳动保障行政部门所属的专门办理养老保险、医疗保险、失业保险、工伤保险、生育保险等社会保险事务的工作机构。

第三条 公民、法人或者其他组织认为经办机构的具体行政行为侵犯其合法权益，向经办机构或者劳动保障行政部门申请社会保险行政争议处理，经办机构或者劳动保障行政部门处理社会保险行政争议适用本办法。

第四条 经办机构和劳动保障行政部门的法制工作机构或者负责法制工作的机构为本单位的社会保险行政争议处理机构（以下简称保险争议处理机构），具体负责社会保险行政争议的处理工作。

第五条 经办机构和劳动保障行政部门分别采用复查和行政复议的方式处理社会保险行政争议。

第六条 有下列情形之一的，公民、法人或者其他组织可以申请行政复议：

（一）认为经办机构未依法为其办理社会保险登记、变更或者注销手续的；

（二）认为经办机构未按规定审核社会保险缴费基数的；

（三）认为经办机构未按规定记录社会保险费缴费情况或者拒绝其查询缴费记录的；

（四）认为经办机构违法收取费用或者违法要求履行义务的；

（五）对经办机构核定其社会保险待遇标准有异议的；

（六）认为经办机构不依法支付其社会保险待遇或者对经办机构停止其享受社会保险待遇有异议的；

（七）认为经办机构未依法为其调整社会保险待遇的；

（八）认为经办机构未依法为其办理社会保险关系转移或者接续手续的；

（九）认为经办机构的其他具体行政行为侵犯其合法权益的。

属于前款第（二）、（五）、（六）、（七）项情形之一的，公民、法人或者其他组织可以直接向劳动保障行政部门申请行政复议，也可以先向作出该具体行政行为的经办机构申请复查，对复查决定不服，再向劳动保障行政部门申请行政复议。

第七条 公民、法人或者其他组织认为经办机构的具体行政行为所依据的除法律、法规、规章和国务院文件以外的其他规范性文件不合法，在对具体行政行为申请行政复议时，可以向劳动保障行政部门一并提出对该规范性文件的审查申请。

第八条 公民、法人或者其他组织对经办机构作出的具体行政行为不服，可以向直接管理该经办机构的劳动保障行政部门申请行政复议。

第九条 申请人认为经办机构的具体行政行为侵犯其合法权益的，可以自知道该具体行政行为之日起60日内向经办机构申请复查或者向劳动保障行政部门申请行政复议。

申请人与经办机构之间发生的属于人民法院受案范围的行政案件，申请人也可以依法直接向人民法院提起行政诉讼。

第十条 经办机构作出具体行政行为时，未告知申请人有权申请行政复议或者行政复议申请期限的，行政复议申请期限从申请人知道行政复议权或者行政复议申请期限之日起计算，但最长不得超过二年。

因不可抗力或者其他正当理由耽误法定申请期限的，申请期限自障碍消除之日起继续计算。

第十一条 申请人向经办机构申请复查或者向劳动保障行政部门申请行政复议，一般应当以书面形式提出，也可以口头提出。口头提出的，接到申请的保险争议处理机构应当当场记录申请人的基本情况、请求事项、主要事实和理由、申请时间等事项，并由申请人签字或者盖章。

劳动保障行政部门的其他工作机构接到以书面形式提出的行政复议申请的，应当立即转送本部门的保险争议处理机构。

第十二条 申请人向作出该具体行政行为的经办机构申请复查的，该经办机构应指定其内部专门机构负责处理，并应当自接到复查申请之日起20日内作出维持或者改变该具体行政行为的复查决定。决定改变的，应当重新作出新的具体行政行为。

经办机构作出的复查决定应当采用书面形式。

第十三条 申请人对经办机构的复查决定不服，或者经办机构逾期未作出复查决定的，申请人可以向直接管理该经办机构的劳动保障行政部门申请行政复议。

申请人在经办机构复查该具体行政行为期间，向劳动保障行政部门申请行政复议的，经办机构的复查程序终止。

第十四条 经办机构复查期间，行政复议的申请期限中止，复查期限不计入行政复议申请期限。

第十五条 劳动保障行政部门的保险争议处理机构接到行政复议申请后，应当注明收到日期，并在5个工作日内进行审查，由劳动保障行政部门按照下列情况分别作出决定：

（一）对符合法定受理条件，但不属于本行政机关受理范围的，应当告知申请人向有关机关提出；

（二）对不符合法定受理条件的，应当作出不予受理决定，并制作行政复议不予受理决定书，送达申请人。该决定书中应当说明不予受理的理由。

除前款规定外，行政复议申请自劳动保障行政部门的保险争议处理机构收到之日起即为受理，并制作行政复议受理通知书，送达申请人和被申请人。该通知中应当告知受理日期。

本条规定的期限，从劳动保障行政部门的保险争议处理机构收到行政复议申请之日起计算；因行政复议申请书的主要内容欠缺致使劳动保障行政部门难以作出决定而要求申请人补正有关材料的，从保险争议处理机构收到补正材料之日起计算。

第十六条 经办机构作出具体行政行为时，没有制作或者没有送达行政文书，申请人不服提起行政复议的，只要能证明具体行政行为存在，劳动保障行政部门应当依法受理。

第十七条 申请人认为劳动保障行政部门无正当理由不受理其行政复议申请的，可以向上级劳动保障行政部门申诉，上级劳动保障行政部门在审查后，作出以下处理决定：

（一）申请人提出的行政复议申请符合法定受理条件的，应当责令下级劳动保障行政部门予以受理；其中申请人不服的具体行政行为是依据劳动保障法律、法规、部门规章、本级以上人民政府制定的规章或者本行政机关制定的规范性文件作出的，或者上级劳动保障行政部门认为有必要直接受理的，可以直接受理；

（二）上级劳动保障行政部门认为下级劳动保障行政部门不予受理行为确属有正当理由，应当将审查结论告知申请人。

第十八条 劳动保障行政部门的保险争议处理机构对已受理的社会保险行政争议案件，应当自收到申请之日起7个工作日内，将申请书副本或者申请笔录复印件和行政复议受理通知书送达被申请人。

第十九条 被申请人应当自接到行政复议申请书副本或者申请笔录复印件之日起10日内，提交答辩书，并提交作出该具体行政行为的证据、所依据的法律规范及其他有关材料。

被申请人不提供或者无正当理由逾期提供的，视为该具体行政行为没有证据、依据。

第二十条 申请人可以依法查阅被申请人提出的书面答辩、作出具体行政行为的证据、依据和其他有关材料。

第二十一条 劳动保障行政部门处理社会保险行政争议案件，原则上采用书面审查方式。必要时，可以向有关单位和个人调查了解情况，听取申请人、被申请人和有关人员的意见，并制作笔录。

第二十二条 劳动保障行政部门处理社会保险行政争议案件，以法律、法规、规章和依法制定的其他规范性文件为依据。

第二十三条 劳动保障行政部门在依法向有关部门请示行政复议过程中所遇到的问题应当如何处理期间，行政复议中止。

第二十四条 劳动保障行政部门在审查申请人一并提出的作出具体行政行为所依据的有关规定的合法性时，应当根据具体情况，分别作出以下处理：

（一）该规定是由本行政机关制定的，应当在30日内对该规定依法作出处理结论；

（二）该规定是由本行政机关以外的劳动保障行政部门制定的，应当在7个工作日内将有关材料直接移送制定该规定的劳动保障行政部门，请其在60日内依法作出处理结论，并将处理结论告知移送的劳动保障行政部门；

（三）该规定是由政府及其他工作部门制定的，应当在7个工作日内按照法定程序转送有权处理的国家机关依法处理。

审查该规定期间，行政复议中止，劳动保障行政部门应将有关中止情况通知申请人和被申请人。

第二十五条 行政复议中止的情形结束后，劳动保障行政部门应当继续对该具体行政行为进行审查，并将恢复行政复议审查的时间通知申请人和被申请人。

第二十六条 申请人向劳动保障行政部门提出行政复议申请后，

在劳动保障行政部门作出处理决定之前，撤回行政复议申请的，经说明理由，劳动保障行政部门可以终止审理，并将有关情况记录在案。

第二十七条　劳动保障行政部门行政复议期间，被申请人变更或者撤销原具体行政行为的，应当书面告知劳动保障行政部门和申请人。劳动保障行政部门可以终止对原具体行政行为的审查，并书面告知申请人和被申请人。

申请人对被申请人变更或者重新作出的具体行政行为不服，向劳动保障行政部门提出行政复议申请的，劳动保障行政部门应当受理。

第二十八条　劳动保障行政部门的保险争议处理机构应当对其组织审理的社会保险行政争议案件提出处理建议，经本行政机关负责人审查同意或者重大案件经本行政机关集体讨论决定后，由本行政机关依法作出行政复议决定。

第二十九条　劳动保障行政部门作出行政复议决定，应当制作行政复议决定书。行政复议决定书应当载明下列事项：

（一）申请人的姓名、性别、年龄、工作单位、住址（法人或者其他组织的名称、地址、法定代表人的姓名、职务）；

（二）被申请人的名称、地址、法定代表人的姓名、职务；

（三）申请人的复议请求和理由；

（四）被申请人的答辩意见；

（五）劳动保障行政部门认定的事实、理由，适用的法律、法规、规章和依法制定的其他规范性文件；

（六）复议结论；

（七）申请人不服复议决定向人民法院起诉的期限；

（八）作出复议决定的年、月、日。

行政复议决定书应当加盖本行政机关的印章。

第三十条　经办机构和劳动保障行政部门应当依照民事诉讼法有关送达的规定，将复查决定和行政复议文书送达申请人和被申请人。

第三十一条 申请人对劳动保障行政部门作出的行政复议决定不服的，可以依法向人民法院提起行政诉讼。

第三十二条 经办机构必须执行生效的行政复议决定书。拒不执行或者故意拖延不执行的，由直接主管该经办机构的劳动保障行政部门责令其限期履行，并按照人事管理权限对直接负责的主管人员给予行政处分，或者建议经办机构对有关人员给予行政处分。

第三十三条 经办机构或者劳动保障行政部门审查社会保险行政争议案件，不得向申请人收取任何费用。

行政复议活动所需经费，由本单位的行政经费予以保障。

第三十四条 本办法自发布之日起施行。

二、养老保险

中华人民共和国
老年人权益保障法（节录）

（1996年8月29日第八届全国人民代表大会常务委员会第二十一次会议通过 根据2009年8月27日第十一届全国人民代表大会常务委员会第十次会议《关于修改部分法律的决定》第一次修正 2012年12月28日第十一届全国人民代表大会常务委员会第三十次会议修订 根据2015年4月24日第十二届全国人民代表大会常务委员会第十四次会议《关于修改〈中华人民共和国电力法〉等六部法律的决定》第二次修正 根据2018年12月29日第十三届全国人民代表大会常务委员会第七次会议《关于修改〈中华人民共和国劳动法〉等七部法律的决定》第三次修正）

……

第十条 【表彰和奖励】各级人民政府和有关部门对维护老年人合法权益和敬老、养老、助老成绩显著的组织、家庭或者个人，对参与社会发展做出突出贡献的老年人，按照国家有关规定给予表彰或者奖励。

第十一条 【遵纪守法】老年人应当遵纪守法，履行法律规定的义务。

第十二条 【老年节】每年农历九月初九为老年节。

第二章 家庭赡养与扶养

第十三条 【居家养老】老年人养老以居家为基础,家庭成员应当尊重、关心和照料老年人。

第十四条 【赡养义务】赡养人应当履行对老年人经济上供养、生活上照料和精神上慰藉的义务,照顾老年人的特殊需要。

赡养人是指老年人的子女以及其他依法负有赡养义务的人。

赡养人的配偶应当协助赡养人履行赡养义务。

第十五条 【治疗和护理、生活照料】赡养人应当使患病的老年人及时得到治疗和护理;对经济困难的老年人,应当提供医疗费用。

对生活不能自理的老年人,赡养人应当承担照料责任;不能亲自照料的,可以按照老年人的意愿委托他人或者养老机构等照料。

第十六条 【老年人的住房】赡养人应当妥善安排老年人的住房,不得强迫老年人居住或者迁居条件低劣的房屋。

老年人自有的或者承租的住房,子女或者其他亲属不得侵占,不得擅自改变产权关系或者租赁关系。

老年人自有的住房,赡养人有维修的义务。

第十七条 【老年人的田地、林木和牲畜】赡养人有义务耕种或者委托他人耕种老年人承包的田地,照管或者委托他人照管老年人的林木和牲畜等,收益归老年人所有。

第十八条 【老年人的精神需求】家庭成员应当关心老年人的精神需求,不得忽视、冷落老年人。

与老年人分开居住的家庭成员,应当经常看望或者问候老年人。

用人单位应当按照国家有关规定保障赡养人探亲休假的权利。

第十九条 【不得拒绝履行赡养义务、要求老年人承担力不能及的劳动】赡养人不得以放弃继承权或者其他理由,拒绝履行赡养义务。

赡养人不履行赡养义务，老年人有要求赡养人付给赡养费等权利。

赡养人不得要求老年人承担力不能及的劳动。

第二十条 【赡养协议】经老年人同意，赡养人之间可以就履行赡养义务签订协议。赡养协议的内容不得违反法律的规定和老年人的意愿。

基层群众性自治组织、老年人组织或者赡养人所在单位监督协议的履行。

第二十一条 【老年人的婚姻自由】老年人的婚姻自由受法律保护。子女或者其他亲属不得干涉老年人离婚、再婚及婚后的生活。

赡养人的赡养义务不因老年人的婚姻关系变化而消除。

第二十二条 【老年人的财产权利】老年人对个人的财产，依法享有占有、使用、收益和处分的权利，子女或者其他亲属不得干涉，不得以窃取、骗取、强行索取等方式侵犯老年人的财产权益。

老年人有依法继承父母、配偶、子女或者其他亲属遗产的权利，有接受赠与的权利。子女或者其他亲属不得侵占、抢夺、转移、隐匿或者损毁应当由老年人继承或者接受赠与的财产。

老年人以遗嘱处分财产，应当依法为老年配偶保留必要的份额。

……

国务院办公厅关于转发人力资源社会保障部、财政部城镇企业职工基本养老保险关系转移接续暂行办法的通知

(2009年12月28日 国办发〔2009〕66号)

各省、自治区、直辖市人民政府，国务院各部委、各直属机构：

人力资源社会保障部、财政部《城镇企业职工基本养老保险关系转移接续暂行办法》已经国务院同意，现转发给你们，请结合实际，认真贯彻执行。

城镇企业职工基本养老保险关系转移接续暂行办法

第一条 为切实保障参加城镇企业职工基本养老保险人员（以下简称参保人员）的合法权益，促进人力资源合理配置和有序流动，保证参保人员跨省、自治区、直辖市（以下简称跨省）流动并在城镇就业时基本养老保险关系的顺畅转移接续，制定本办法。

第二条 本办法适用于参加城镇企业职工基本养老保险的所有人员，包括农民工。已经按国家规定领取基本养老保险待遇的人员，不再转移基本养老保险关系。

第三条 参保人员跨省流动就业的，由原参保所在地社会保险经办机构（以下简称社保经办机构）开具参保缴费凭证，其基本养老保险关系应随同转移到新参保地。参保人员达到基本养老保险待遇领取条件的，其在各地的参保缴费年限合并计算，个人账户储存额（含本息，下同）累计计算；未达到待遇领取年龄前，不得终止

基本养老保险关系并办理退保手续；其中出国定居和到香港、澳门、台湾地区定居的，按国家有关规定执行。

第四条 参保人员跨省流动就业转移基本养老保险关系时，按下列方法计算转移资金：

（一）个人账户储存额：1998年1月1日之前按个人缴费累计本息计算转移，1998年1月1日后按计入个人账户的全部储存额计算转移。

（二）统筹基金（单位缴费）：以本人1998年1月1日后各年度实际缴费工资为基数，按12%的总和转移，参保缴费不足1年的，按实际缴费月数计算转移。

第五条 参保人员跨省流动就业，其基本养老保险关系转移接续按下列规定办理：

（一）参保人员返回户籍所在地（指省、自治区、直辖市，下同）就业参保的，户籍所在地的相关社保经办机构应为其及时办理转移接续手续。

（二）参保人员未返回户籍所在地就业参保的，由新参保地的社保经办机构为其及时办理转移接续手续。但对男性年满50周岁和女性年满40周岁的，应在原参保地继续保留基本养老保险关系，同时在新参保地建立临时基本养老保险缴费账户，记录单位和个人全部缴费。参保人员再次跨省流动就业或在新参保地达到待遇领取条件时，将临时基本养老保险缴费账户中的全部缴费本息，转移归集到原参保地或待遇领取地。

（三）参保人员经县级以上党委组织部门、人力资源社会保障行政部门批准调动，且与调入单位建立劳动关系并缴纳基本养老保险费的，不受以上年龄规定限制，应在调入地及时办理基本养老保险关系转移接续手续。

第六条 跨省流动就业的参保人员达到待遇领取条件时，按下列规定确定其待遇领取地：

（一）基本养老保险关系在户籍所在地的，由户籍所在地负责办理待遇领取手续，享受基本养老保险待遇。

（二）基本养老保险关系不在户籍所在地，而在其基本养老保险关系所在地累计缴费年限满10年的，在该地办理待遇领取手续，享受当地基本养老保险待遇。

（三）基本养老保险关系不在户籍所在地，且在其基本养老保险关系所在地累计缴费年限不满10年的，将其基本养老保险关系转回上一个缴费年限满10年的原参保地办理待遇领取手续，享受基本养老保险待遇。

（四）基本养老保险关系不在户籍所在地，且在每个参保地的累计缴费年限均不满10年的，将其基本养老保险关系及相应资金归集到户籍所在地，由户籍所在地按规定办理待遇领取手续，享受基本养老保险待遇。

第七条 参保人员转移接续基本养老保险关系后，符合待遇领取条件的，按照《国务院关于完善企业职工基本养老保险制度的决定》（国发〔2005〕38号）的规定，以本人各年度缴费工资、缴费年限和待遇领取地对应的各年度在岗职工平均工资计算其基本养老金。

第八条 参保人员跨省流动就业的，按下列程序办理基本养老保险关系转移接续手续：

（一）参保人员在新就业地按规定建立基本养老保险关系和缴费后，由用人单位或参保人员向新参保地社保经办机构提出基本养老保险关系转移接续的书面申请。

（二）新参保地社保经办机构在15个工作日内，审核转移接续申请，对符合本办法规定条件的，向参保人员原基本养老保险关系所在地的社保经办机构发出同意接收函，并提供相关信息；对不符合转移接续条件的，向申请单位或参保人员作出书面说明。

（三）原基本养老保险关系所在地社保经办机构在接到同意接收函的15个工作日内，办理好转移接续的各项手续。

（四）新参保地社保经办机构在收到参保人员原基本养老保险关

系所在地社保经办机构转移的基本养老保险关系和资金后，应在15个工作日内办结有关手续，并将确认情况及时通知用人单位或参保人员。

第九条 农民工中断就业或返乡没有继续缴费的，由原参保地社保经办机构保留其基本养老保险关系，保存其全部参保缴费记录及个人账户，个人账户储存额继续按规定计息。农民工返回城镇就业并继续参保缴费的，无论其回到原参保地就业还是到其他城镇就业，均按前述规定累计计算其缴费年限，合并计算其个人账户储存额，符合待遇领取条件的，与城镇职工同样享受基本养老保险待遇；农民工不再返回城镇就业的，其在城镇参保缴费记录及个人账户全部有效，并根据农民工的实际情况，或在其达到规定领取条件时享受城镇职工基本养老保险待遇，或转入新型农村社会养老保险。

农民工在城镇参加企业职工基本养老保险与在农村参加新型农村社会养老保险的衔接政策，另行研究制定。

第十条 建立全国县级以上社保经办机构联系方式信息库，并向社会公布，方便参保人员查询参保缴费情况，办理基本养老保险关系转移接续手续。加快建立全国统一的基本养老保险参保缴费信息查询服务系统，发行全国通用的社会保障卡，为参保人员查询参保缴费信息提供便捷有效的技术服务。

第十一条 各地已制定的跨省基本养老保险关系转移接续相关政策与本办法规定不符的，以本办法规定为准。在省、自治区、直辖市内的基本养老保险关系转移接续办法，由各省级人民政府参照本办法制定，并报人力资源社会保障部备案。

第十二条 本办法所称缴费年限，除另有特殊规定外，均包括视同缴费年限。

第十三条 本办法从2010年1月1日起施行。

人力资源社会保障部关于城镇企业职工基本养老保险关系转移接续若干问题的通知

(2016年11月28日 人社部规〔2016〕5号)

各省、自治区、直辖市及新疆生产建设兵团人力资源社会保障厅(局):

国务院办公厅转发的人力资源社会保障部、财政部《城镇企业职工基本养老保险关系转移接续暂行办法》(国办发〔2009〕66号,以下简称《暂行办法》)实施以来,跨省流动就业人员的养老保险关系转移接续工作总体运行平稳,较好地保障了参保人员的养老保险权益。但在实施过程中,也出现了一些新情况和新问题,导致部分参保人员养老保险关系转移接续存在困难。为进一步做好城镇企业职工养老保险关系转移接续工作,现就有关问题通知如下:

一、关于视同缴费年限计算地问题。参保人员待遇领取地按照《暂行办法》第六条和第十二条执行,即,基本养老保险关系在户籍所在地的,由户籍所在地负责办理待遇领取手续;基本养老保险关系不在户籍所在地,而在其基本养老保险关系所在地累计缴费年限满10年的,在该地办理待遇领取手续;基本养老保险关系不在户籍所在地,且在其基本养老保险关系所在地累计缴费年限不满10年的,将其基本养老保险关系转回上一个缴费年限满10年的原参保地办理待遇领取手续;基本养老保险关系不在户籍所在地,且在每个参保地的累计缴费年限均不满10年的,将其基本养老保险关系及相应资金归集到户籍所在地,由户籍所在地按规定办理待遇领取手续。缴费年限,除另有特殊规定外,均包括视同缴费年限。

一地(以省、自治区、直辖市为单位)的累计缴费年限包括在本地的实际缴费年限和计算在本地的视同缴费年限。其中,曾经在机关事业单位和企业工作的视同缴费年限,计算为当时工作地的视同缴费年限；在多地有视同缴费年限的，分别计算为各地的视同缴费年限。

二、关于缴费信息历史遗留问题的处理。由于各地政策或建立个人账户时间不一致等客观原因，参保人员在跨省转移接续养老保险关系时，转出地无法按月提供1998年1月1日之前缴费信息或者提供的1998年1月1日之前缴费信息无法在转入地计发待遇的，转入地应根据转出地提供的缴费时间记录，结合档案记载将相应年度计为视同缴费年限。

三、关于临时基本养老保险缴费账户的管理。参保人员在建立临时基本养老保险缴费账户地按照社会保险法规定，缴纳建立临时基本养老保险缴费账户前应缴未缴的养老保险费的，其临时基本养老保险缴费账户性质不予改变，转移接续养老保险关系时按照临时基本养老保险缴费账户的规定全额转移。

参保人员在建立临时基本养老保险缴费账户期间再次跨省流动就业的，封存原临时基本养老保险缴费账户，待达到待遇领取条件时，由待遇领取地社会保险经办机构统一归集原临时养老保险关系。

四、关于一次性缴纳养老保险费的转移。跨省流动就业人员转移接续养老保险关系时，对于符合国家规定一次性缴纳养老保险费超过3年（含）的，转出地应向转入地提供人民法院、审计部门、实施劳动保障监察的行政部门或劳动争议仲裁委员会出具的具有法律效力证明一次性缴费期间存在劳动关系的相应文书。

五、关于重复领取基本养老金的处理。《暂行办法》实施之后重复领取基本养老金的参保人员，由本人与社会保险经办机构协商确定保留其中一个养老保险关系并继续领取待遇，其他的养老保险关系应予以清理，个人账户剩余部分一次性退还本人。

六、关于退役军人养老保险关系转移接续。军人退役基本养老保险关系转移至安置地后，安置地应为其办理登记手续并接续养老保险关系，退役养老保险补助年限计算为安置地的实际参保缴费年限。

退役军人跨省流动就业的，其在1998年1月1日至2005年12

月31日间的退役养老保险补助,转出地应按11%计算转移资金,并相应调整个人账户记录,所需资金从统筹基金中列支。

七、关于城镇企业成建制跨省转移养老保险关系的处理。城镇企业成建制跨省转移,按照《暂行办法》的规定转移接续养老保险关系。在省级政府主导下的规模以上企业成建制转移,可根据两省协商,妥善转移接续养老保险关系。

八、关于户籍所在地社会保险经办机构归集责任。跨省流动就业人员未在户籍地参保,但按国家规定达到待遇领取条件时待遇领取地为户籍地的,户籍地社会保险经办机构应为参保人员办理登记手续并办理养老保险关系转移接续手续,将各地的养老保险关系归集至户籍地,并核发相应的养老保险待遇。

九、本通知从印发之日起执行。人力资源社会保障部《关于贯彻落实国务院办公厅转发城镇企业职工基本养老保险关系转移接续暂行办法的通知》(人社部发〔2009〕187号)、《关于印发城镇企业职工基本养老保险关系转移接续若干具体问题意见的通知》(人社部发〔2010〕70号)、《人力资源社会保障部办公厅关于职工基本养老保险关系转移接续有关问题的函》(人社厅函〔2013〕250号)与本通知不一致的,以本通知为准。参保人员已经按照原有规定办理退休手续的,不再予以调整。

人力资源社会保障部办公厅关于职工基本养老保险关系转移接续有关问题的补充通知

(2019年9月29日 人社厅发〔2019〕94号)

各省、自治区、直辖市及新疆生产建设兵团人力资源社会保障厅(局):

为加强人社系统行风建设,提升服务水平,更好保障流动就业人员养老保险权益及基金安全,现就进一步做好职工基本养老保关系转移接续工作有关问题补充通知如下：

一、参保人员跨省转移接续基本养老保险关系时，对在《人力资源社会保障部关于城镇企业职工基本养老保险关系转移接续若干问题的通知》（人社部规〔2016〕5号，简称部规5号）实施之前发生的超过3年（含3年）的一次性缴纳养老保险费，转出地社会保险经办机构（简称转出地）应当向转入地社会保险经办机构（简称转入地）提供书面承诺书（格式附后）。

二、参保人员跨省转移接续基本养老保险关系时，对在部规5号实施之后发生的超过3年（含3年）的一次性缴纳养老保险费，由转出地按照部规5号有关规定向转入地提供相关法律文书。相关法律文书是由人民法院、审计部门、实施劳动监察的行政部门或劳动人事争议仲裁委员会等部门在履行各自法定职责过程中形成且产生于一次性缴纳养老保险费之前，不得通过事后补办的方式开具。转出地和转入地应当根据各自职责审核相关材料的规范性和完整性，核对参保人员缴费及转移信息。

三、因地方自行出台一次性缴纳养老保险费政策或因无法提供有关材料造成无法转移的缴费年限和资金，转出地应自收到转入地联系函10个工作日内书面告知参保人员，并配合一次性缴纳养老保险费发生地（简称补缴发生地）妥善解决后续问题。对其余符合国家转移接续规定的养老保险缴费年限和资金，应做到应转尽转。

四、参保人员与用人单位劳动关系存续期间，因用人单位经批准暂缓缴纳社会保险费，导致出现一次性缴纳养老保险费的，在参保人员跨省转移接续养老保险关系时，转出地应向转入地提供缓缴协议、补缴欠费凭证等相关材料。转入地核实确认后应予办理。

五、社会保险费征收机构依据社会保险法等有关规定，受理参保人员投诉、举报，依法查处用人单位未按时足额缴纳养老保险费并责令补缴导致一次性缴纳养老保险费超过3年（含3年）的，在参保人员跨省转移接续基本养老保险关系时，由转出地负责提供社会保险费征收机构责令补缴时出具的相关文书，转入地核实确认后应予办理。

六、退役士兵根据《中共中央办公厅国务院办公厅印发〈关于解决部分退役士兵社会保险问题的意见〉的通知》的规定补缴养老保险费的，在跨省转移接续基本养老保险关系时，由转出地负责提供办理补缴养老保险费时退役军人事务部门出具的补缴认定等材料，转入地核实确认后应予办理，同时做好退役士兵人员标识。

七、参保人员重复领取职工基本养老保险待遇（包括企业职工基本养老保险待遇和机关事业单位工作人员基本养老保险待遇，下同）的，由社会保险经办机构与本人协商确定保留其中一个基本养老保险关系并继续领取待遇，其他的养老保险关系应予以清理，个人账户剩余部分一次性退还给本人，重复领取的基本养老保险待遇应予退还。本人不予退还的，从其被清理的养老保险个人账户余额中抵扣。养老保险个人账户余额不足以抵扣重复领取的基本养老保险待遇的，从继续发放的基本养老金中按照一定比例逐月进行抵扣，直至重复领取的基本养老保险待遇全部退还。《国务院办公厅关于转发人力资源社会保障部财政部城镇企业职工基本养老保险关系转移接续暂行办法的通知》（国办发〔2009〕66号）实施之前已经重复领取待遇的，仍按照《人力资源社会保障部关于贯彻落实国务院办公厅转发城镇企业职工基本养老保险关系转移接续暂行办法的通知》（人社部发〔2009〕187号）有关规定执行。

参保人员重复领取职工基本养老保险待遇和城乡居民基本养老保险待遇的，社会保险经办机构应终止并解除其城乡居民基本养老保险关系，除政府补贴外的个人账户余额退还本人。重复领取的城乡居民基本养老保险基础养老金应予退还；本人不予退还的，由社会保险经办机构从其城乡居民基本养老保险个人账户余额或者其继续领取的职工基本养老保险待遇中抵扣。

八、各级社会保险经办机构要统一使用全国社会保险关系转移系统办理养老保险关系转移接续业务、传递相关表单和文书，减少无谓证明材料。要提高线上经办业务能力，充分利用互联网、12333

电话、手机 APP 等为参保人员提供快速便捷服务，努力实现"最多跑一次"。

各级人力资源社会保障部门养老保险跨层级、跨业务涉及的相关数据和材料要努力实现互联互通，对可实现信息共享的，不得要求参保单位或参保人员重复提供。跨省转移接续基本养老保险关系时一次性缴纳养老保险费需向转入地提供的书面承诺书、相关法律文书等，不得要求参保人员个人提供，原则上由转出地负责。其中，转出地与补缴发生地不一致的，由补缴发生地社会保险经办机构经由转出地提供。

九、各级社会保险经办机构要完善经办规定，规范经办流程，严格内部控制，确保依法依规转移接续参保人员养老保险关系。各省级社会保险经办机构应当认真核查转移接续业务中存在的一次性缴纳养老保险费情况，按季度利用大数据进行比对。发现疑似异常数据和业务的，应当进行核实和处理，并形成核实情况报告报部社保中心；未发现异常数据和业务的，作零报告。发现疑似转移接续造假案例的，应当在 10 个工作日内上报部社保中心进行核实。部社保中心按季度对养老保险关系转移接续业务进行抽查。

十、要加强对跨省转移接续基本养老保险关系业务的监管，严肃查处欺诈骗保、失职渎职等行为，防控基金风险。对地方违规出台一次性缴纳养老保险费政策的，按照国家有关规定严肃处理。对社会保险经办机构工作人员违规操作、提供不实书面承诺书、参与伪造相关法律文书等材料的，由人力资源社会保障行政部门责令改正，对直接负责的主管人员和其他责任人员依法依规给予处分。发现参保单位或参保人员通过伪造相关文书材料等方式办理养老保险参保缴费、转移接续基本养老保险关系的，由人力资源社会保障行政部门责令清退相应时间段养老保险关系，构成骗取养老保险待遇的，按照社会保险法等有关规定处理。

附件：一次性缴纳养老保险费书面承诺书（格式）（略）

三、医疗保险

医疗保障基金使用监督管理条例

（2020年12月9日国务院第117次常务会议通过 2021年1月15日中华人民共和国国务院令第735号公布 自2021年5月1日起施行）

第一章 总 则

第一条 为了加强医疗保障基金使用监督管理，保障基金安全，促进基金有效使用，维护公民医疗保障合法权益，根据《中华人民共和国社会保险法》和其他有关法律规定，制定本条例。

第二条 本条例适用于中华人民共和国境内基本医疗保险（含生育保险）基金、医疗救助基金等医疗保障基金使用及其监督管理。

第三条 医疗保障基金使用坚持以人民健康为中心，保障水平与经济社会发展水平相适应，遵循合法、安全、公开、便民的原则。

第四条 医疗保障基金使用监督管理实行政府监管、社会监督、行业自律和个人守信相结合。

第五条 县级以上人民政府应当加强对医疗保障基金使用监督管理工作的领导，建立健全医疗保障基金使用监督管理机制和基金监督管理执法体制，加强医疗保障基金使用监督管理能力建设，为医疗保障基金使用监督管理工作提供保障。

第六条 国务院医疗保障行政部门主管全国的医疗保障基金使

用监督管理工作。国务院其他有关部门在各自职责范围内负责有关的医疗保障基金使用监督管理工作。

县级以上地方人民政府医疗保障行政部门负责本行政区域的医疗保障基金使用监督管理工作。县级以上地方人民政府其他有关部门在各自职责范围内负责有关的医疗保障基金使用监督管理工作。

第七条 国家鼓励和支持新闻媒体开展医疗保障法律、法规和医疗保障知识的公益宣传，并对医疗保障基金使用行为进行舆论监督。有关医疗保障的宣传报道应当真实、公正。

县级以上人民政府及其医疗保障等行政部门应当通过书面征求意见、召开座谈会等方式，听取人大代表、政协委员、参保人员代表等对医疗保障基金使用的意见，畅通社会监督渠道，鼓励和支持社会各方面参与对医疗保障基金使用的监督。

医疗机构、药品经营单位（以下统称医药机构）等单位和医药卫生行业协会应当加强行业自律，规范医药服务行为，促进行业规范和自我约束，引导依法、合理使用医疗保障基金。

第二章 基金使用

第八条 医疗保障基金使用应当符合国家规定的支付范围。

医疗保障基金支付范围由国务院医疗保障行政部门依法组织制定。省、自治区、直辖市人民政府按照国家规定的权限和程序，补充制定本行政区域内医疗保障基金支付的具体项目和标准，并报国务院医疗保障行政部门备案。

第九条 国家建立健全全国统一的医疗保障经办管理体系，提供标准化、规范化的医疗保障经办服务，实现省、市、县、乡镇（街道）、村（社区）全覆盖。

第十条 医疗保障经办机构应当建立健全业务、财务、安全和风险管理制度，做好服务协议管理、费用监控、基金拨付、待遇审核及支付等工作，并定期向社会公开医疗保障基金的收入、支出、结余等情况，接受社会监督。

第十一条 医疗保障经办机构应当与定点医药机构建立集体谈判协商机制，合理确定定点医药机构的医疗保障基金预算金额和拨付时限，并根据保障公众健康需求和管理服务的需要，与定点医药机构协商签订服务协议，规范医药服务行为，明确违反服务协议的行为及其责任。

医疗保障经办机构应当及时向社会公布签订服务协议的定点医药机构名单。

医疗保障行政部门应当加强对服务协议订立、履行等情况的监督。

第十二条 医疗保障经办机构应当按照服务协议的约定，及时结算和拨付医疗保障基金。

定点医药机构应当按照规定提供医药服务，提高服务质量，合理使用医疗保障基金，维护公民健康权益。

第十三条 定点医药机构违反服务协议的，医疗保障经办机构可以督促其履行服务协议，按照服务协议约定暂停或者不予拨付费用、追回违规费用、中止相关责任人员或者所在部门涉及医疗保障基金使用的医药服务，直至解除服务协议；定点医药机构及其相关责任人员有权进行陈述、申辩。

医疗保障经办机构违反服务协议的，定点医药机构有权要求纠正或者提请医疗保障行政部门协调处理、督促整改，也可以依法申请行政复议或者提起行政诉讼。

第十四条 定点医药机构应当建立医疗保障基金使用内部管理制度，由专门机构或者人员负责医疗保障基金使用管理工作，建立健全考核评价体系。

定点医药机构应当组织开展医疗保障基金相关制度、政策的培训，定期检查本单位医疗保障基金使用情况，及时纠正医疗保障基金使用不规范的行为。

第十五条　定点医药机构及其工作人员应当执行实名就医和购药管理规定，核验参保人员医疗保障凭证，按照诊疗规范提供合理、必要的医药服务，向参保人员如实出具费用单据和相关资料，不得分解住院、挂床住院，不得违反诊疗规范过度诊疗、过度检查、分解处方、超量开药、重复开药，不得重复收费、超标准收费、分解项目收费，不得串换药品、医用耗材、诊疗项目和服务设施，不得诱导、协助他人冒名或者虚假就医、购药。

定点医药机构应当确保医疗保障基金支付的费用符合规定的支付范围；除急诊、抢救等特殊情形外，提供医疗保障基金支付范围以外的医药服务的，应当经参保人员或者其近亲属、监护人同意。

第十六条　定点医药机构应当按照规定保管财务账目、会计凭证、处方、病历、治疗检查记录、费用明细、药品和医用耗材出入库记录等资料，及时通过医疗保障信息系统全面准确传送医疗保障基金使用有关数据，向医疗保障行政部门报告医疗保障基金使用监督管理所需信息，向社会公开医药费用、费用结构等信息，接受社会监督。

第十七条　参保人员应当持本人医疗保障凭证就医、购药，并主动出示接受查验。参保人员有权要求定点医药机构如实出具费用单据和相关资料。

参保人员应当妥善保管本人医疗保障凭证，防止他人冒名使用。因特殊原因需要委托他人代为购药的，应当提供委托人和受托人的身份证明。

参保人员应当按照规定享受医疗保障待遇，不得重复享受。

参保人员有权要求医疗保障经办机构提供医疗保障咨询服务，对医疗保障基金的使用提出改进建议。

第十八条　在医疗保障基金使用过程中，医疗保障等行政部门、医疗保障经办机构、定点医药机构及其工作人员不得收受贿赂或者取得其他非法收入。

第十九条　参保人员不得利用其享受医疗保障待遇的机会转卖

药品，接受返还现金、实物或者获得其他非法利益。

定点医药机构不得为参保人员利用其享受医疗保障待遇的机会转卖药品，接受返还现金、实物或者获得其他非法利益提供便利。

第二十条 医疗保障经办机构、定点医药机构等单位及其工作人员和参保人员等人员不得通过伪造、变造、隐匿、涂改、销毁医学文书、医学证明、会计凭证、电子信息等有关资料，或者虚构医药服务项目等方式，骗取医疗保障基金。

第二十一条 医疗保障基金专款专用，任何组织和个人不得侵占或者挪用。

第三章 监督管理

第二十二条 医疗保障、卫生健康、中医药、市场监督管理、财政、审计、公安等部门应当分工协作、相互配合，建立沟通协调、案件移送等机制，共同做好医疗保障基金使用监督管理工作。

医疗保障行政部门应当加强对纳入医疗保障基金支付范围的医疗服务行为和医疗费用的监督，规范医疗保障经办业务，依法查处违法使用医疗保障基金的行为。

第二十三条 国务院医疗保障行政部门负责制定服务协议管理办法，规范、简化、优化医药机构定点申请、专业评估、协商谈判程序，制作并定期修订服务协议范本。

国务院医疗保障行政部门制定服务协议管理办法，应当听取有关部门、医药机构、行业协会、社会公众、专家等方面意见。

第二十四条 医疗保障行政部门应当加强与有关部门的信息交换和共享，创新监督管理方式，推广使用信息技术，建立全国统一、高效、兼容、便捷、安全的医疗保障信息系统，实施大数据实时动态智能监控，并加强共享数据使用全过程管理，确保共享数据安全。

第二十五条 医疗保障行政部门应当根据医疗保障基金风险评

估、举报投诉线索、医疗保障数据监控等因素，确定检查重点，组织开展专项检查。

第二十六条　医疗保障行政部门可以会同卫生健康、中医药、市场监督管理、财政、公安等部门开展联合检查。

对跨区域的医疗保障基金使用行为，由共同的上一级医疗保障行政部门指定的医疗保障行政部门检查。

第二十七条　医疗保障行政部门实施监督检查，可以采取下列措施：

（一）进入现场检查；

（二）询问有关人员；

（三）要求被检查对象提供与检查事项相关的文件资料，并作出解释和说明；

（四）采取记录、录音、录像、照相或者复制等方式收集有关情况和资料；

（五）对可能被转移、隐匿或者灭失的资料等予以封存；

（六）聘请符合条件的会计师事务所等第三方机构和专业人员协助开展检查；

（七）法律、法规规定的其他措施。

第二十八条　医疗保障行政部门可以依法委托符合法定条件的组织开展医疗保障行政执法工作。

第二十九条　开展医疗保障基金使用监督检查，监督检查人员不得少于2人，并且应当出示执法证件。

医疗保障行政部门进行监督检查时，被检查对象应当予以配合，如实提供相关资料和信息，不得拒绝、阻碍检查或者谎报、瞒报。

第三十条　定点医药机构涉嫌骗取医疗保障基金支出的，在调查期间，医疗保障行政部门可以采取增加监督检查频次、加强费用监控等措施，防止损失扩大。定点医药机构拒不配合调查的，经医疗保障行政部门主要负责人批准，医疗保障行政部门可以要求医疗保障经办机构暂停医疗保障基金结算。经调查，属于骗取医疗保基金支出的，依照本条例第四十条的规定处理；不属于骗取医疗保障基金支出的，按照规定结算。

参保人员涉嫌骗取医疗保障基金支出且拒不配合调查的，医疗保障行政部门可以要求医疗保障经办机构暂停医疗费用联网结算。暂停联网结算期间发生的医疗费用，由参保人员全额垫付。经调查，属于骗取医疗保障基金支出的，依照本条例第四十一条的规定处理；不属于骗取医疗保障基金支出的，按照规定结算。

第三十一条 医疗保障行政部门对违反本条例的行为作出行政处罚或者行政处理决定前，应当听取当事人的陈述、申辩；作出行政处罚或者行政处理决定，应当告知当事人依法享有申请行政复议或者提起行政诉讼的权利。

第三十二条 医疗保障等行政部门、医疗保障经办机构、会计师事务所等机构及其工作人员，不得将工作中获取、知悉的被调查对象资料或者相关信息用于医疗保障基金使用监督管理以外的其他目的，不得泄露、篡改、毁损、非法向他人提供当事人的个人信息和商业秘密。

第三十三条 国务院医疗保障行政部门应当建立定点医药机构、人员等信用管理制度，根据信用评价等级分级分类监督管理，将日常监督检查结果、行政处罚结果等情况纳入全国信用信息共享平台和其他相关信息公示系统，按照国家有关规定实施惩戒。

第三十四条 医疗保障行政部门应当定期向社会公布医疗保障基金使用监督检查结果，加大对医疗保障基金使用违法案件的曝光力度，接受社会监督。

第三十五条 任何组织和个人有权对侵害医疗保障基金的违法违规行为进行举报、投诉。

医疗保障行政部门应当畅通举报投诉渠道，依法及时处理有关举报投诉，并对举报人的信息保密。对查证属实的举报，按照国家有关规定给予举报人奖励。

第四章 法律责任

第三十六条 医疗保障经办机构有下列情形之一的，由医疗保障行政部门责令改正，对直接负责的主管人员和其他直接责任人员依法给予处分：

（一）未建立健全业务、财务、安全和风险管理制度；

（二）未履行服务协议管理、费用监控、基金拨付、待遇审核及支付等职责；

（三）未定期向社会公开医疗保障基金的收入、支出、结余等情况。

第三十七条 医疗保障经办机构通过伪造、变造、隐匿、涂改、销毁医学文书、医学证明、会计凭证、电子信息等有关资料或者虚构医药服务项目等方式，骗取医疗保障基金支出的，由医疗保障行政部门责令退回，处骗取金额2倍以上5倍以下的罚款，对直接负责的主管人员和其他直接责任人员依法给予处分。

第三十八条 定点医药机构有下列情形之一的，由医疗保障行政部门责令改正，并可以约谈有关负责人；造成医疗保障基金损失的，责令退回，处造成损失金额1倍以上2倍以下的罚款；拒不改正或者造成严重后果的，责令定点医药机构暂停相关责任部门6个月以上1年以下涉及医疗保障基金使用的医药服务；违反其他法律、行政法规的，由有关主管部门依法处理：

（一）分解住院、挂床住院；

（二）违反诊疗规范过度诊疗、过度检查、分解处方、超量开药、重复开药或者提供其他不必要的医药服务；

（三）重复收费、超标准收费、分解项目收费；

（四）串换药品、医用耗材、诊疗项目和服务设施；

（五）为参保人员利用其享受医疗保障待遇的机会转卖药品，接受返还现金、实物或者获得其他非法利益提供便利；

（六）将不属于医疗保障基金支付范围的医药费用纳入医疗保障基金结算；

（七）造成医疗保障基金损失的其他违法行为。

第三十九条 定点医药机构有下列情形之一的，由医疗保障行政部门责令改正，并可以约谈有关负责人；拒不改正的，处1万元以上5万元以下的罚款；违反其他法律、行政法规的，由有关主管部门依法处理：

（一）未建立医疗保障基金使用内部管理制度，或者没有专门机构或者人员负责医疗保障基金使用管理工作；

（二）未按照规定保管财务账目、会计凭证、处方、病历、治疗检查记录、费用明细、药品和医用耗材出入库记录等资料；

（三）未按照规定通过医疗保障信息系统传送医疗保障基金使用有关数据；

（四）未按照规定向医疗保障行政部门报告医疗保障基金使用监督管理所需信息；

（五）未按照规定向社会公开医药费用、费用结构等信息；

（六）除急诊、抢救等特殊情形外，未经参保人员或者其近亲属、监护人同意提供医疗保障基金支付范围以外的医药服务；

（七）拒绝医疗保障等行政部门监督检查或者提供虚假情况。

第四十条 定点医药机构通过下列方式骗取医疗保障基金支出的，由医疗保障行政部门责令退回，处骗取金额2倍以上5倍以下的罚款；责令定点医药机构暂停相关责任部门6个月以上1年以下涉及医疗保障基金使用的医药服务，直至由医疗保障经办机构解除服务协议；有执业资格的，由有关主管部门依法吊销执业资格：

（一）诱导、协助他人冒名或者虚假就医、购药，提供虚假证明材料，或者串通他人虚开费用单据；

（二）伪造、变造、隐匿、涂改、销毁医学文书、医学证明、会计凭证、电子信息等有关资料；

（三）虚构医药服务项目；

（四）其他骗取医疗保障基金支出的行为。

定点医药机构以骗取医疗保障基金为目的，实施了本条例第三十八条规定行为之一，造成医疗保障基金损失的，按照本条规定处理。

第四十一条 个人有下列情形之一的，由医疗保障行政部门责令改正；造成医疗保障基金损失的，责令退回；属于参保人员的，暂停其医疗费用联网结算3个月至12个月：

（一）将本人的医疗保障凭证交由他人冒名使用；

（二）重复享受医疗保障待遇；

（三）利用享受医疗保障待遇的机会转卖药品，接受返还现金、实物或者获得其他非法利益。

个人以骗取医疗保障基金为目的，实施了前款规定行为之一，造成医疗保障基金损失的；或者使用他人医疗保障凭证冒名就医、购药的；或者通过伪造、变造、隐匿、涂改、销毁医学文书、医学证明、会计凭证、电子信息等有关资料或者虚构医药服务项目等方式，骗取医疗保障基金支出的，除依照前款规定处理外，还应当由医疗保障行政部门处骗取金额2倍以上5倍以下的罚款。

第四十二条 医疗保障等行政部门、医疗保障经办机构、定点医药机构及其工作人员收受贿赂或者取得其他非法收入的，没收违法所得，对有关责任人员依法给予处分；违反其他法律、行政法规的，由有关主管部门依法处理。

第四十三条 定点医药机构违反本条例规定，造成医疗保障基金重大损失或者其他严重不良社会影响的，其法定代表人或者主要负责人5年内禁止从事定点医药机构管理活动，由有关部门依法给予处分。

第四十四条 违反本条例规定，侵占、挪用医疗保障基金的，由医疗保障等行政部门责令追回；有违法所得的，没收违法所得；对直接负责的主管人员和其他直接责任人员依法给予处分。

第四十五条 退回的基金退回原医疗保障基金财政专户；罚款、没收的违法所得依法上缴国库。

第四十六条 医疗保障等行政部门、医疗保障经办机构、会计师事务所等机构及其工作人员，泄露、篡改、毁损、非法向他人提供个人信息、商业秘密的，对直接负责的主管人员和其他直接责任人员依法给予处分；违反其他法律、行政法规的，由有关主管部门依法处理。

第四十七条 医疗保障等行政部门工作人员在医疗保障基金使用监督管理工作中滥用职权、玩忽职守、徇私舞弊的，依法给予处分。

第四十八条 违反本条例规定，构成违反治安管理行为的，依法给予治安管理处罚；构成犯罪的，依法追究刑事责任。

违反本条例规定，给有关单位或者个人造成损失的，依法承担赔偿责任。

第五章 附 则

第四十九条 职工大额医疗费用补助、公务员医疗补助等医疗保障资金使用的监督管理，参照本条例执行。

居民大病保险资金的使用按照国家有关规定执行，医疗保障行政部门应当加强监督。

第五十条 本条例自 2021 年 5 月 1 日起施行。

国家医保局办公室、财政部办公厅关于印发《基本医疗保险关系转移接续暂行办法》的通知

(2021年11月1日 医保办发〔2021〕43号)

各省、自治区、直辖市及新疆生产建设兵团医疗保障局、财政厅(局)：

《基本医疗保险关系转移接续暂行办法》已经国家医保局第49次局长办公会审议通过，现印发你们，请遵照执行。

基本医疗保险关系转移接续暂行办法

第一章 总 则

第一条 为规范基本医疗保险关系转移接续工作，统一经办流程，提升服务水平，根据《中华人民共和国社会保险法》《中共中央国务院关于深化医疗保障制度改革的意见》等有关规定，制定本办法。

第二条 本办法主要适用于职工基本医疗保险参保人员（不含退休人员，以下简称职工医保参保人员）和城乡居民基本医疗保险参保人员（以下简称居民医保参保人员）因跨统筹地区就业、户籍或常住地变动的，按规定办理基本医疗保险关系转移接续，包括个人医保信息记录的传递、职工医保个人账户（以下简称个人账户）资金的转移和医保待遇衔接的处理。

第三条 基本医疗保险关系转移接续实行统一规范、跨省通办。

国家医疗保障经办机构负责指导协调跨省基本医疗保险关系转移接续经办工作。省级医疗保障经办机构负责组织实施跨省和省内跨统筹地区基本医疗保险关系转移接续经办工作。各统筹地区医疗保障经办机构按要求做好基本医疗保险关系转移接续经办工作。

第四条 本办法所称转出地是指参保人员转移接续前基本医疗保险关系所在地，转入地是指参保人员基本医疗保险关系拟转入地。

第二章 范围对象

第五条 参保人员跨统筹地区流动，不得重复参保和重复享受待遇，按规定办理基本医疗保险关系转移接续。有单位的职工医保参保人员可由单位为其申请办理，灵活就业人员及居民等参保人员由个人申请办理。

1. 职工医保制度内转移接续。职工医保参保人员跨统筹地区就业，转出地已中止参保，在转入地按规定参加职工医保的，应申请转移接续。

2. 居民医保制度内转移接续。居民医保参保人员因户籍或常住地变动跨统筹地区流动，原则上当年度在转入地不再办理转移接续手续，参保人员按转入地规定参加下一年度居民医保后，可申请转移接续。

3. 职工医保和居民医保跨制度转移接续。职工医保参保人员跨统筹地区流动，转出地已中止参保，在转入地按规定参加居民医保的，可申请转移接续。居民医保参保人员跨统筹地区流动，转出地已中止参保，在转入地按规定参加职工医保的，可申请转移接续。

第三章 转移接续申请

第六条 参保人员或用人单位提交基本医疗保险关系转移申请，

可通过全国统一的医保信息平台（以下简称医保信息平台）直接提交申请，也可通过线下方式在转入地或转出地经办机构窗口申请。

第七条 转移接续申请实行统一的校验规则前置，在申请时转入地和转出地校验是否符合转移接续条件，若不符合条件则不予受理转移接续申请并及时告知申请人原因；符合条件则予以受理。

转出地的校验规则主要为是否已中止参保，转入地的校验规则主要为是否已按规定参加转入地基本医保。校验规则涉及事项应逐步实现网上办理、一站式联办。

第四章 转移接续手续办理

第八条 参保人员转移接续申请成功受理后，转出地经办机构10个工作日内完成基本医疗保险关系转出，生成《参保人员基本医疗保险信息表》（以下简称《信息表》），核对无误后，将带有电子签章的《信息表》同步上传到医保信息平台，经医保信息平台传送至转入地经办机构；若个人账户有余额的，办理个人账户余额划转手续。

第九条 转入地经办机构收到《信息表》后，核对相关信息并在5个工作日内将《信息表》同步至本地医保信息平台，完成基本医疗保险关系转入。

转入地经办机构收到转出地经办机构划转的个人账户余额后，与业务档案匹配并核对个人账户转移金额，核对无误后可将个人账户金额计入参保人员的个人账户。

第十条 转移接续手续办理过程中，参保人员或用人单位可通过医保信息平台查询业务办理进度。鼓励各地在本办法规定时限基础上，进一步压缩办理时限。

第五章 待遇衔接

第十一条 办理转移接续的职工医保参保人员，在转移接续前中断缴费3个月（含）以内的，可按转入地规定办理职工基本医疗保险费补缴手续，补缴后不设待遇享受等待期，缴费当月即可在转入地按规定享受待遇，中断期间的待遇可按规定追溯享受。中断缴费3个月以上的，基本医疗保险待遇按各统筹地区规定执行，原则上待遇享受等待期不超过6个月。

参保人员已连续2年（含2年）以上参加基本医疗保险的，因就业等个人状态变化在职工医保和居民医保间切换参保关系的，且中断缴费3个月（含）以内的，可按转入地规定办理基本医疗保险费补缴手续，补缴后不设待遇享受等待期，缴费当月即可在转入地按规定享受待遇，中断期间的待遇可按规定追溯享受。中断缴费3个月以上的，基本医疗保险待遇按各统筹地区规定执行，原则上待遇享受等待期不超过6个月。

第十二条 参加职工基本医疗保险的个人，基本医疗保险关系转移接续时，基本医疗保险缴费年限累计计算。达到法定退休年龄时，享受退休人员基本医疗保险待遇的缴费年限按照各地规定执行。各地不得将办理职工医保退休人员待遇与在当地按月领取基本养老金绑定。

第十三条 加强基本医疗保险关系转移接续管理，在转入地完成接续前，转出地应保存参保人员信息、暂停基本医保关系，并为其依规参保缴费和享受待遇提供便利。转移接续完成后，转出地参保关系自动终止。

第六章　附　　则

第十四条 在同一统筹地区跨制度转移接续的，参照本办法执行。

第十五条 全国实行统一的转移接续办法，现有规定与本办法不符的，按本办法执行。

第十六条 本办法所称个人医保信息记录，主要包括个人基本信息、参保信息、缴费明细、个人账户信息等。

第十七条 本办法由国家医疗保障局负责解释，自2021年12月1日起实施。

附件：1. 参保人员或用人单位申请基本医疗保险关系转移接续流程图（略）

2. 转出地和转入地经办机构办理基本医疗保险关系转移接续手续流程图（略）

3. 参保人员基本医疗保险信息表（略）

国家医保局、财政部关于进一步做好基本医疗保险跨省异地就医直接结算工作的通知

（2022年6月30日 医保发〔2022〕22号）

各省、自治区、直辖市及新疆生产建设兵团医保局、财政厅（局）：

为贯彻落实《中共中央、国务院关于深化医疗保障制度改革的意见》精神和2022年《政府工作报告》部署要求，完善跨省异地就医直接结算办法，进一步做好基本医疗保险跨省异地就医直接结算工作，现就有关事项通知如下：

一、总体要求

（一）指导思想。以习近平新时代中国特色社会主义思想为指导，全面贯彻落实党的十九大和十九届历次全会精神，按照党中央、国务院决策部署，立足新发展阶段，完整、准确、全面贯彻新发展理念，构建新发展格局，坚持政策优化集成、管理规范统一、业务协同联动、服务高效便捷，深化基本医疗保险跨省异地就医直接结

算改革,持续提升人民群众异地就医结算的获得感、幸福感和安全感。

(二)目标任务。2025年底前,跨省异地就医直接结算制度体系和经办管理服务体系更加健全,全国统一的医保信息平台支撑作用持续强化,国家异地就医结算能力显著提升;住院费用跨省直接结算率提高到70%以上,普通门诊跨省联网定点医药机构数量实现翻一番,群众需求大、各地普遍开展的门诊慢特病相关治疗费用逐步纳入跨省直接结算范围,异地就医备案规范便捷,基本实现医保报销线上线下都能跨省通办。

二、完善跨省异地就医直接结算政策

(一)统一住院、普通门诊和门诊慢特病费用跨省直接结算基金支付政策。跨省异地就医直接结算的住院、普通门诊和门诊慢特病医疗费用,原则上执行就医地规定的支付范围及有关规定(基本医疗保险药品、医疗服务项目和医用耗材等支付范围),执行参保地规定的基本医疗保险基金起付标准、支付比例、最高支付限额、门诊慢特病病种范围等有关政策。

(二)明确异地就医备案人员范围。跨省异地长期居住或跨省临时外出就医的参保人员办理异地就医备案后可以享受跨省异地就医直接结算服务。其中跨省异地长期居住人员包括异地安置退休人员、异地长期居住人员、常驻异地工作人员等长期在参保省、自治区、直辖市(以下统称省)以外工作、居住、生活的人员;跨省临时外出就医人员包括异地转诊就医人员,因工作、旅游等原因异地急诊抢救人员以及其他跨省临时外出就医人员。

(三)规范异地就医备案有效期限。跨省异地长期居住人员办理登记备案后,备案长期有效;参保地可设置变更或取消备案的时限,原则上不超过6个月。跨省临时外出就医人员备案有效期原则上不少于6个月,有效期内可在就医地多次就诊并享受跨省异地就医直接结算服务。

(四)允许补办异地就医备案和无第三方责任外伤参保人员享

跨省异地就医直接结算服务。参保人员跨省出院结算前补办异地就医备案的，就医地联网定点医疗机构应为参保人员办理医疗费用跨省直接结算。跨省异地就医参保人员出院自费结算后按规定补办备案手续的，可以按参保地规定申请医保手工报销。同时，符合就医地管理规定的无第三方责任外伤费用可纳入跨省异地就医直接结算范围，就医地经办机构应将相关费用一并纳入核查范围。

（五）支持跨省异地长期居住人员可以在备案地和参保地双向享受医保待遇。跨省异地长期居住人员在备案地就医结算时，基本医疗保险基金的起付标准、支付比例、最高支付限额原则上执行参保地规定的本地就医时的标准；备案有效期内确需回参保地就医的，可以在参保地享受医保结算服务，原则上不低于参保地跨省转诊转院待遇水平。其中参保人员以个人承诺方式办理跨省异地长期居住人员备案手续的，应履行承诺事项，可在补齐相关备案材料后在备案地和参保地双向享受医保待遇。跨省异地长期居住人员符合转外就医规定的，执行参保地跨省转诊转院待遇政策。

（六）合理确定跨省临时外出就医人员报销政策。各统筹地区要根据经济社会发展水平、人民健康需求、医保基金支撑能力和分级诊疗要求，合理设定跨省临时外出就医人员直接结算报销政策。跨省临时外出就医人员可低于参保地相同级别医疗机构报销水平，原则上，异地转诊人员和异地急诊抢救人员支付比例的降幅不超过10个百分点，非急诊且未转诊的其他跨省临时外出就医人员支付比例的降幅不超过20个百分点。强化异地就医结算政策与分级诊疗制度的协同，合理确定异地就医人员在不同级别医疗机构的报销水平差异，引导参保人员有序就医。

三、规范跨省异地就医直接结算管理服务

（一）规范异地就医备案流程。参保人员跨省异地就医前，可通过国家医保服务平台APP、国家异地就医备案小程序、国务院客户端小程序或参保地经办机构窗口等线上线下途径办理异地就医备案手续。参保地经办机构要切实做好跨省异地就医结算政策宣传解读，简化办理流程，缩短办理时限，支持符合条件的参保人员补办异地就医备案手续。参保人员申请异地就医备案时，可直接备案到就医地市或直辖市等，并在备案地开通的所有跨省联网定点医疗机构享受住院费用跨省直接结算服务，门诊就医时按照参保地异地就医管理规定选择跨省联网定点医药机构就医购药。

（二）方便符合条件的参保人员跨省转诊就医。参保人员应按分级诊疗的相关规定有序就医，确因病情需要跨省异地就医的，可通过参保地规定的定点医疗机构向省外医疗机构转诊。定点医疗机构应以患者病情为出发点制定合理的诊疗方案，需要转诊时可通过不同形式安排转诊，不得将在本地住院作为开具转诊的先决条件。参保人员因同种疾病确需在就医地继续治疗或再次转外就医的，参保地经办机构应简化异地就医备案手续，方便参保人员享受跨省异地就医直接结算服务。

（三）规范参保人员持医保电子凭证、社会保障卡就医。参保人员跨省异地就医时，应在就医地的跨省联网定点医药机构主动表明参保身份，出示医保电子凭证或社会保障卡等有效凭证。跨省联网定点医药机构应做好参保人员的参保身份验证工作，指引未办理备案人员及时办理备案手续，为符合就医地规定门（急）诊、住院患者，提供合理规范的诊疗服务及方便快捷的跨省异地就医直接结算服务。

（四）规范跨省直接结算流程。跨省异地就医直接结算时，就医地应将住院费用明细信息转换为全国统一的大类费用信息，将门诊费用（含普通门诊和门诊慢特病）按照就医地支付范围及有关规定对每条费用明细进行费用分割，经国家、省级异地就医结算系统实时传输至参保地，参保地按照当地政策规定计算出应由参保人员个人负担以及各项医保基金支付的金额，并将结果回传至就医地定点医药机构，用于定点医药机构与参保人员直接结算。参保人员因故无法直接结算的，跨省联网定点医药机构应根据医保电子凭证或社会保障卡等有效凭证采集参保人员有关信息，并将医疗费用明细、诊断等就诊信息及时上传至国家医疗保障信息平台，支持全国开展跨省异地就医手工报销线上办理试点。

（五）实行就医地统一管理。就医地经办机构应将异地就医人员纳入本地统一管理，在医疗信息记录、绩效考核、医疗行为监控、费用审核、总额预算等方面提供与本地参保人员相同的服务和管理，并在定点医药机构医疗保障服务协议中予以明确。鼓励地方探索DRG/DIP等医保支付方式改革在异地就医结算中的应用，引导定点医疗机构合理诊疗。

（六）强化异地就医业务协同管理。各级医保部门应逐步健全工作机制，形成分工明确、职责明晰、流程统一的跨省异地就医业务协同管理体系，在问题协同、线上报销、费用协查、信息共享等方面全面提升各级医保经办机构业务协同管理能力。国家级经办机构负责统一组织、指导监督、综合协调省际异地就医直接结算管理服务工作，省级经办机构负责在省域范围内统一组织、协调并实施跨省异地就医直接结算管理服务工作，各统筹地区经办机构按国家和省级要求做好跨省异地就医直接结算管理服务工作。

四、强化跨省异地就医资金管理

（一）跨省异地就医费用医保基金支付部分在地区间实行先预付后清算。每年1月底前，国家级经办机构原则上根据上年第四季度医保结算资金月平均值的两倍核定年度预付金额度，并确认当年预付金调整额度。各省可通过预收省内各统筹地区异地就医资金等方式实现资金的预付。预付金原则上来源于各统筹地区医疗保险基金。

（二）跨省异地就医费用清算按照国家统一清分，省、市两级清算的方式，按月全额清算。跨省异地就医清算资金由参保地省级财政专户与就医地省级财政专户进行划拨。各省级经办机构和财政部门应按照《基本医疗保险跨省异地就医直接结算经办规程》（见附件）要求，协同做好清算资金划拨和收款工作。国家级经办机构负责协调和督促各省按规定及时拨付资金。

（三）跨省异地就医资金相关管理事项。划拨跨省异地就医资金过程中发生的银行手续费、银行票据工本费不得在基金中列支。预付金在就医地财政专户中产生的利息归就医地所有。跨省异地就医医疗费用结算和清算过程中形成的预付款项和暂收款项按相关会计制度规定进行核算。

五、提升医保信息化标准化支撑力度

（一）持续深化全国统一的医保信息平台全业务全流程应用。扎实推进编码动态维护和深化应用，完善医保信息化运维管理体系，不断提升医保数据治理水平，为跨省异地就医直接结算提供强有力的系统支撑。按规定与有关部门共享数据，深化医保电子凭证、医保移动支付、医保电子处方流转、医保服务平台网厅、APP和小程序等推广应用，推进更多的跨省异地就医结算服务跨省通办。

（二）推进系统优化完善。各省级医保部门要按照统一的接口标准规范，不断完善省级跨省异地就医管理子系统，并持续推进定点医药机构接口改造适配工作，加快推动医保电子凭证、居民身份证作为就医介质，优化系统性能，减少响应时间，切实改善参保人员跨省异地就医直接结算体验。各地医保系统停机切换时，应做好事前报备、事中验证、事后监测，确保数据迁移及时、完整、精准，解决个人编号等信息变更对在途业务的影响，确保业务平稳衔接和系统稳定运行。

（三）加强系统运维管理和安全保障。各省级医保部门应打造专业可靠的运维管理团队，构建基础设施、网络安全、云平台、业务子系统等领域的运维管理流程，形成科学有效的运维管理制度体系。落实安全管理责任，提升系统安全运维能力，强化信息系统边界防护，严禁定点医药机构连接医保系统的信息系统接入互联网，规范跨省异地就医身份校验，保障数据安全。统一规范异常交易报错信息质控标准，做好问题分类，简明扼要、通俗易懂地描述错误原因，方便异常交易的问题定位，并及时响应处理。

六、加强跨省异地就医直接结算基金监管

健全跨省异地就医直接结算基金监管机制，完善区域协作、联合检查等工作制度，强化对跨省异地就医直接结算重点地区、重点区域的指导，加强监督考核。落实就医地和参保地监管责任，就医地医保部门要把跨省异地就医直接结算作为日常监管、专项检查、飞行检查等重点内容，结合本地实际和跨省异地就医直接结算工作特点，严厉打击各类欺诈骗保行为，同时要配合参保地做好相关核查。参保地医保部门要定期开展跨省异地就医医保基金使用情况分析，精准锁定可疑问题线索，积极开展问题核查，确保医保基金安全合理使用。跨省异地就医监管追回的医保基金、扣款等按原渠道返回参保地账户，行政处罚、协议违约金等由就医地医保部门按规定处理。

七、工作要求

（一）加强组织领导。各级医保部门要将跨省异地就医直接结算工作作为深化医疗保障制度改革的重要任务，加强领导、统筹谋划、协调推进，纳入目标任务考核管理。财政部门要按规定及时划拨跨省异地就医资金，合理安排经办机构工作经费，加强与经办机构对账管理，确保账账相符、账款相符。

（二）做好衔接过渡。各地医保部门要及时调整与本通知不相符的政策措施，确保2022年12月底前同国家政策相衔接；结合本地实际，进一步明确和细化政策管理规定，精简办理材料，简化办理流程，优化管理服务；同步调整信息系统与本通知相适应，保障跨省异地就医直接结算工作平稳过渡。

（三）加强队伍建设。各省级医疗保障部门要加强省级跨省异地就医经办管理队伍建设，应有专人专职负责异地就医直接结算工作。各统筹地区应根据管理服务的需要，积极协调相关部门，加强机构、人员和办公条件保障，合理配置专业工作人员，保证服务质量，提高工作效率。

（四）做好宣传引导。各地要加大政策宣传力度，采用社会公众喜闻乐见的形式做好政策解读工作，充分利用现有12345或12393咨询服务电话、医疗保障门户网站和APP，拓展多种信息化服务渠道，及时回应群众关切，合理引导社会预期。

附件

基本医疗保险跨省异地就医直接结算经办规程

第一章 总 则

第一条 为加强跨省异地就医直接结算经办业务管理，规范经办业务流程，推动业务协同联动，提高服务水平，根据《中共中央 国务院关于深化医疗保障制度改革的意见》等文件要求，制定本规程。

第二条 本规程所称跨省异地就医是指基本医疗保险参保人员在参保关系所在省、自治区、直辖市（以下统称省）以外的定点医药机构发生的就医、购药行为。跨省异地就医直接结算是指参保人员跨省异地就医时只需支付按规定由个人负担的医疗费用，其他费用由就医地经办机构与跨省联网定点医药机构按医疗保障服务协议（以下简称医保服务协议）约定审核后支付。

第三条 本规程适用于基本医疗保险参保人员跨省异地就医直接结算经办管理服务工作。其中基本医疗保险包括职工基本医疗保险（以下简称职工医保）和城乡居民基本医疗保险（以下简称居民医保）。

第四条 跨省异地就医直接结算工作实行统一管理、分级负责。国家级经办机构承担制定并实施全国异地就医结算业务流程、标准规范，全国异地就医数据管理与应用，跨省异地就医资金预付和结算管理、对账费用清分、智能监控、运行监测，跨省业务协同和争议处理等职能。省级经办机构承担全国异地就医结算业务流程、标准规范在本辖区内的组织实施，建设和完善省级异地就医结算系统，辖区内跨省异地就医直接结算业务协同、资金管理和争议处理等职能。各统筹地区应按照国家和省级跨省异地就医结算政策规定，及时出台本地配套政策，做好跨省异地就医备案管理、问题协同处理和资金结算清算等工作。

地方各级财政部门会同医疗保障部门按规定及时划拨跨省异地就医预付金和清算资金，合理安排医疗保障经办机构的工作经费，加强与医疗保障经办机构对账管理，确保账账相符、账款相符。

第五条 跨省异地就医直接结算费用医保基金支付部分实行先预付后清算，预付资金原则上来源于参保人员所属统筹地区的医疗保险基金。

第六条 优化经办流程，支持医保电子凭证、社会保障卡等作为有效凭证，按照"就医地目录、参保地政策、就医地管理"的要求，提供便捷高效的跨省异地就医直接结算服务。具备条件的，可按规定将符合补充医疗保险、医疗救助等支付政策的医疗费用纳入跨省异地就医直接结算范围。

第二章 范围对象

第七条 参加基本医疗保险的下列人员，可以申请办理跨省异地就医直接结算。

（一）跨省异地长期居住人员，包括异地安置退休人员、异地长期居住人员、常驻异地工作人员等长期在参保省外工作、居住、生活的人员。

（二）跨省临时外出就医人员，包括异地转诊就医人员，因工作、旅游等原因异地急诊抢救人员以及其他跨省临时外出就医人员。

第三章 登记备案

第八条 参保地经办机构按规定为参保人员办理登记备案手续。

（一）异地安置退休人员需提供以下材料：

1. 医保电子凭证、有效身份证件或社会保障卡；

2.《_____省（区、市）跨省异地就医登记备案表》（以下简称备案表，见附件1）；

3. 异地安置认定材料（"户口簿首页"和本人"常住人口登记卡"，或个人承诺书，见附件2）。

（二）异地长期居住人员需提供以下材料：

1. 医保电子凭证、有效身份证件或社会保障卡；

2. 备案表；

3. 长期居住认定材料（居住证明或个人承诺书）。

（三）常驻异地工作人员需提供以下材料：

1. 医保电子凭证、有效身份证件或社会保障卡；

2. 备案表；

3. 异地工作证明材料（参保地工作单位派出证明、异地工作单位证明、工作合同任选其一或个人承诺书）。

（四）异地转诊人员需提供以下材料：

1. 医保电子凭证、有效身份证件或社会保障卡；

2. 备案表；

3. 参保地规定的定点医疗机构开具的转诊转院证明材料。

（五）异地急诊抢救人员视同已备案。

（六）其他跨省临时外出就医人员备案，需提供医保电子凭证、有效身份证件或社会保障卡，以及备案表。

第九条 参保人员可在参保地经办机构窗口、指定的线上办理渠道或国家医保服务平台 APP、国家异地就医备案小程序、国务院客户端小程序等多种渠道申请办理登记备案手续。通过全国统一的线上备案渠道申请办理登记备案的，原则上参保地经办机构应在两个工作日内办结。鼓励有条件的地区，可为参保人员提供即时办理、即时生效的自助备案服务。

第十条 跨省异地长期居住人员登记备案后，未申请变更备案信息或参保状态未发生变更的,备案长期有效;参保地设置变更或取消备案时限的,按参保地规定执行。跨省临时外出就医人员备案后,有效期原则上不少于6个月。

第十一条 参保地经办机构在为参保人员办理备案时原则上直接备案到就医地市或直辖市等,参保人员到海南、西藏等省级统筹地区和新疆生产建设兵团就医的,可备案到就医省和新疆生产建设兵团。参保人员可在备案地开通的所有跨省联网定点医疗机构享受住院费用跨省直接结算服务,门诊就医时按照参保地异地就医管理规定选择跨省联网定点医药机构就医购药。

第十二条 参保人员办理异地就医备案后,备案有效期内可在就医地多次就诊并享受跨省异地就医直接结算服务。备案有效期内已办理入院手续的,不受备案有效期限制,可正常直接结算相应医疗费用。

第十三条 参保地经办机构要及时为参保人员办理异地就医备案登记、变更和取消业务,并将异地就医备案、门诊慢特病认定资格等信息实时上传至国家跨省异地就医管理子系统,方便就医地经办机构和定点医疗机构查询。

第十四条 参保人员未按规定申请办理登记备案手续或在就医地非跨省定点医药机构发生的医疗费用,按参保地规定执行。

第四章 就医管理

第十五条 省级经办机构负责指导各统筹地区将本地符合条件的定点医药机构纳入跨省联网结算范围,就医地经办机构按要求在国家跨省异地就医管理子系统中做好跨省联网定点医药机构基础信息、医保服务协议状态等信息动态维护工作。不同投资主体、经营性质的医保定点医药机构均可申请开通跨省联网结算服务,享受同样医保政策、管理和服务。

第十六条 跨省联网定点医药机构应对异地就医患者进行身份识别，为符合就医地规定的门（急）诊、住院异地患者提供合理规范的诊疗服务及方便快捷的跨省异地就医直接结算服务，实时上传就医和结算信息。提供门诊慢特病跨省直接结算服务时，应专病专治，合理用药。参保人员未办理异地就医备案的，可在定点医药机构指引下申请办理登记备案手续，出院结算前完成登记备案的，跨省联网定点医疗机构应提供跨省异地就医直接结算服务。

第十七条 参保人员在就医地跨省联网定点医药机构就医购药时，应主动表明参保身份，出示医保电子凭证或社会保障卡等有效凭证，遵守就医地就医、购药有关流程和规范。

第五章 预付金管理

第十八条 预付金是参保地省级经办机构预付给就医地省级经办机构用于支付参保地异地就医人员医疗费用的资金，资金专款专用，任何组织和个人不得侵占或者挪用。原则上根据上年第四季度医保结算资金月平均值的两倍核定年度预付金额度，按年清算。就医地可调剂使用各参保地的预付金。

第十九条 预付金初始额度由各省级经办机构上报，国家级经办机构核定生成《＿＿＿＿＿省（区、市）跨省异地就医预付金付款通知书》（见附件3）、《＿＿＿＿＿省（区、市）跨省异地就医预付金收款通知书》（见附件4），各省级经办机构在国家跨省异地就医管理子系统下载后按规定通知同级财政部门付款和收款。

第二十条 每年1月底前，国家级经办机构根据上一年度各省跨省异地就医直接结算资金支出情况，核定各省级经办机构本年度应付、应收预付金，核定生成《全国跨省异地就医预付金额度调整明细表》（见附件5），出具《＿＿＿＿＿省（区、市）跨省异地就医预付金额度调整付款通知书》（见附件6）、《＿＿＿＿＿省（区、市）

跨省异地就医预付金额度调整收款通知书》（见附件7），通过国家跨省异地就医管理子系统进行发布。

第二十一条 省级经办机构通过国家跨省异地就医管理子系统下载预付金额度调整付款通知书，应于5个工作日内提交同级财政部门。参保地省级财政部门在确认跨省异地就医资金全部缴入省级财政专户，对省级经办机构提交的预付单和用款申请计划审核无误后，在10个工作日内进行划款。省级财政部门划拨预付金时，注明业务类型（预付金或清算资金），完成划拨后5个工作日内将划拨信息反馈到省级经办机构。

第二十二条 省级经办机构完成付款确认时，应在国家跨省异地就医管理子系统内输入付款银行名称、交易流水号和交易日期等信息，确保信息真实、准确，原则上各省应于每年2月底前完成年度预付金调整额度的收付款工作。

第二十三条 建立预付金预警和调增机制。预付金使用率为预警指标，是指异地就医月度清算资金占预付金的比例。预付金使用率达到70%，为黄色预警。预付金使用率达到90%及以上时，为红色预警，就医省可启动预付金紧急调增流程。

第二十四条 当预付金使用率出现红色预警时，就医地省级经办机构可在当期清算签章之日起3个工作日内登录国家跨省异地就医管理子系统向国家级经办机构报送预付金额度调增申请。国家级经办机构收到申请后，对就医地省级经办机构提出调增的额度进行审核确认并向参保地和就医地省级经办机构分别下发《_____省（区、市）跨省异地就医预付金额度紧急调增付款通知书》（见附件8）、《_____省（区、市）跨省异地就医预付金额度紧急调增收款通知书》（见附件9）。

第二十五条 参保地省级经办机构接到国家级经办机构下发的预付金额度紧急调增通知书后，应于5个工作日内提交同级财政部门。省级财政部门在确认跨省异地就医资金全部缴入省级财政专户，对省级经办机构提交的预付单和用款申请计划审核无误后，在10个工作日内完成预付金紧急调增资金的拨付。原则上预付金紧急调增额度应于下期清算前完成拨付。

第二十六条 省级财政部门在完成预付金额度及调增资金的付款和收款后，5个工作日内将划拨及收款信息反馈到省级经办机构，省级经办机构同时向国家级经办机构反馈到账信息。

第二十七条 就医省返还参保省的资金列入当期就医省跨省异地就医预付金额度调整付款通知书，并在对应参保省名称前加注"＊"。参保省应收就医省返还的资金列入当期参保省跨省异地就医预付金额度调整收款通知书，并在对应就医省名称前加注"＊"。

第二十八条 各省级经办机构在省级财政收款专户信息发生变更时，要及时在国家跨省异地就医管理子系统变更相关信息；省级经办机构向省级财政部门提交预付单和清算单时，需同步提交《跨省异地就医省级财政收款专户银行账号明细表》（见附件10），并将专户信息变更情况告知财政部门。

第二十九条 国家级经办机构负责协调和督促各省按规定及时拨付资金。各省级经办机构负责协调和督促统筹地区及时上缴跨省异地就医预付及清算资金。

第六章　医疗费用结算

第三十条 医疗费用结算是指就医地经办机构与本地定点医药机构对异地就医医疗费用对账确认后，按协议或有关规定向定点医药机构支付费用的行为。医疗费用对账是指就医地经办机构与定点医药机构就门诊就医、购药以及住院医疗费用确认医保基金支付金额的行为。

第三十一条 参保人员跨省异地就医直接结算住院、普通门诊和门诊慢特病医疗费用时，原则上执行就医地规定的支付范围及有关规定（基本医疗保险药品、医疗服务项目和医用耗材等支付范围），执行参保地规定的基本医疗保险基金起付标准、支付比例、最高支付限额、门诊慢特病病种范围等有关政策。

参保人员因门诊慢特病异地就医时，就医地有相应门诊慢特病病种及限定支付范围的，执行就医地规定；没有相应门诊慢特病病种的，定点医药机构及接诊医师要遵循相关病种诊疗规范及用药规定合理诊疗。参保人员同时享受多个门诊慢特病待遇的，由参保地根据本地规定确定报销规则。

第三十二条 参保人员跨省异地就医出院结算时，就医地经办机构将其住院费用明细信息转换为全国统一的大类费用信息，经国家、省级异地就医结算系统传输至参保地，参保地按照当地政策规定计算出应由参保人员个人负担以及各项医保基金支付的金额，并将结果回传至就医地定点医疗机构，用于定点医疗机构与参保人员直接结算。

第三十三条 参保人员门诊费用跨省异地就医直接结算时，就医地经办机构按照就医地支付范围和规定对每条费用明细进行费用分割，经国家、省级异地就医结算系统实时传输至参保地，参保地按照当地政策规定计算出应由参保人员个人负担以及各项医保基金支付的金额，并将结果回传至就医地定点医药机构，用于定点医药机构与参保人员直接结算。

第三十四条 参保人员因急诊抢救就医的，医疗机构在为参保人员办理"门诊结算"或"入院登记"时，应按接口标准规范要求如实上传"门诊急诊转诊标志"或"住院类型"。对于"门诊急诊转诊标志"或"住院类型"为"急诊"的，参保人员未办理异地就医备案的，参保地应视同已备案，允许参保人员按参保地异地急诊抢救相关待遇标准直接结算相关门诊、住院医疗费用。

第三十五条 定点医疗机构应加强外伤人员身份认证，对于符合就医地基本医疗保险支付范围，参保人员主诉无第三方责任的医疗费用，定点医疗机构可结合接诊及参保人员病情等实际情况，由参保人员填写《外伤无第三方责任承诺书》（见附件11），为参保人员办理异地就医直接结算。定点医疗机构在为参保人员办理入院登记时，应按接口标准规范要求，通过"外伤标志"和"涉及第三方标志"两个接口，如实上传参保人员外伤就医情况。

第三十六条 跨省联网定点医疗机构对于异地就医患者住院期间确因病情需要到其他定点医疗机构检查治疗或到定点药店购药的，需提供《住院期间外院检查治疗或定点药店购药单》（见附件12），加盖定点医疗机构医疗保险办公室章，相关费用纳入本次住院费用跨省直接结算。

第三十七条 参保人员在就医地跨省联网定点医药机构凭医保电子凭证或者社会保障卡等有效凭证就医购药，根据《＿＿＿＿＿＿省（区、市）跨省异地就医住院结算单》（见附件13）、医疗收费票据等，结清应由个人负担的费用，就医地经办机构与定点医药机构按医保服务协议结算医保基金支付的费用。

第三十八条 国家跨省异地就医管理子系统每日自动生成日对账信息，实现参保地、就医地省级异地就医结算系统和国家跨省异地就医管理子系统的三方对账，做到数据相符。原则上，参保省应每日完成当日结算信息对账，每月3日前完成上月所有结算费用的对账。如出现对账信息不符的情况，省级经办机构应及时查明原因，必要时提请国家级经办机构协调处理。

第三十九条 就医地经办机构在参保人员发生住院费用跨省直接结算后3日内将医疗费用明细上传国家跨省异地就医管理子系统，参保地经办机构可查询和下载医药费用及其明细项目。

第四十条 就医地经办机构在次月20日前完成与定点医药机构对账确认工作，并按医保服务协议约定，按时将确认的费用拨付给定点医药机构。

第四十一条 就医地对于参保人员住院治疗过程跨自然年度的，应以出院结算日期为结算时点，按一笔费用整体结算，并将医疗费用信息传回参保地。参保地根据本地跨年度费用结算办法，可以按一笔费用整体结算；也可以计算日均费用后，根据跨年度前后的住院天数，将住院医疗费用分割到两个年度，确定基金和个人费用分担额度。

第四十二条 各地要支持参保人员普通门诊费用跨省直接结算后合理的退费需求，提供隔笔退费、跨年退费和清算后退费服务。

第四十三条 跨省异地就医发生的医疗费用由就医地经办机构按照就医地的基本医疗保险药品、医疗服务项目和医用耗材等支付范围进行费用审核，对发生的不符合规定的医疗费用按就医地医保服务协议约定予以扣除。

第四十四条 参保人员异地就医备案后，因结算网络系统、就诊凭证等故障导致无法直接结算的，相关医疗费用可回参保地手工报销，参保地经办机构按参保地规定为参保人员报销相关医疗费用。

第七章 费用清算

第四十五条 跨省异地就医费用清算是指省级经办机构之间、省级经办机构与辖区内经办机构之间确认有关跨省异地就医医疗费用的应收或应付金额，据实划拨的过程。

第四十六条 国家级经办机构根据就医地经办机构与定点医药机构对账确认后的医疗费用，于每月21日生成《全国跨省异地就医费用清算表》（见附件14）、《_____省（区、市）跨省异地就医应付医疗费用清算表》（见附件14-1）、《_____省（区、市）跨省异地就医职工医保基金应付明细表》（见附件14-2）、《_____省（区、市）跨省异地就医居民医保基金应付明细表》（见附件14-3）、《_____省（区、市）跨省异地就医医保基金审核扣款明细表》（见附件14-4）、《_____省（区、市）跨省异地就医职工医保基金审核扣款明细表》（见附件14-5）、《_____省（区、市）跨省异地就医居民医保基金审核扣款明细表》（见附件14-6）、《_____省（区、市）跨省异地就医应收医疗费用清算表》（见附件14-7），各省级经办机构可通过国家跨省异地就医管理子系统精确查询本省内各统筹地区的上述清算信息，于每月25日前确认上述内容。

第四十七条 国家级经办机构于每月底前根据确认后的《全国跨省异地就医费用清算表》，生成《_____省（区、市）跨省异地就医费用付款通知书》（见附件15）、《_____省（区、市）跨省异地就医费用收款通知书》（见附件16），在国家跨省异地就医管理子系统发布。

第四十八条 各省级经办机构通过国家跨省异地就医管理子系统下载《_____省（区、市）跨省异地就医费用付款通知书》《_____省（区、市）跨省异地就医费用收款通知书》后，于5个工作日内提交同级财政部门，财政部门在确认跨省异地就医资金全部缴入省级财政专户，对经办机构提交的清算单和用款申请计划审核无误后10个工作日内向就医地省级财政部门划拨资金。省级财政部门在完成清算资金拨付、收款后，在5个工作日内将划拨及收款信息反馈到省级经办机构，省级经办机构向国家级经办机构反馈到账信息。原则上，当期清算资金应于下期清算前完成拨付。

第四十九条 国家级经办机构发布跨省异地就医费用收付款通知书后的5个工作日内，省级经办机构做好辖区内各统筹地区跨省异地就医资金的上解或下拨工作。

第五十条 原则上，当月跨省异地就医直接结算费用应于次月20日前完成申报并纳入清算，清算延期最长不超过2个月。当年跨省异地就医直接结算费用，最晚应于次年第一季度清算完毕。

第五十一条 就医省需返还参保省资金列入当期就医省跨省异地就医费用付款通知书中，并在对应参保省名称旁加注"*"。参保省应收就医省返还资金列入当期参保省跨省异地就医费用收款通知书中，并在对应就医省名称旁加注"*"。

第八章 审核检查

第五十二条 跨省异地就医医疗服务实行就医地管理。就医地经办机构要将跨省异地就医直接结算工作纳入定点医药机构协议管理范围，细化和完善协议条款，保障参保人员权益。

第五十三条 就医地经办机构应当对查实的违法违规行为按医保服务协议相关约定执行，涉及欺诈骗保等重大违法违规行为应按程序报请医保行政部门处理，并逐级上报国家级经办机构。

第五十四条 就医地经办机构对定点医药机构违规行为涉及的医药费用不予支付，已支付的违规费用予以扣除，用于冲减参保地跨省异地就医直接结算费用。对定点医药机构违反医保服务协议约定并处以违约金的，由就医地经办机构按规定处理。

第五十五条 国家级经办机构适时组织各省级经办机构通过巡查抽查、交叉互查、第三方评审等方式，开展跨省异地就医联审互查工作，将就医地落实跨省异地就医费用审核管理责任情况纳入经办机构规范建设考评指标，结合国家医保局飞行检查、第三方行风评价等工作进行考核评价。国家级经办机构负责协调处理因费用审核、资金拨付发生的争议及纠纷。

第五十六条 各级经办机构应加强跨省异地就医费用审核，建立跨省异地就医直接结算运行监控制度，健全医保基金运行风险评估预警机制，对跨省异地就医次均费用水平、医疗费用涨幅、报销比例等重点指标进行跟踪监测，定期编报跨省异地就医直接结算运行分析报告。

第九章 业务协同

第五十七条 跨省异地就医业务协同管理工作实行统一管理，

分级负责。国家级经办机构负责统一组织、协调省际业务协同管理工作，省级医保部门负责统一组织、协调并实施跨省异地就医结算业务协同管理工作，各统筹地区医保部门按国家和省级要求做好业务协同工作。各级经办机构可依托国家跨省异地就医管理子系统业务协同管理模块等多种渠道发起问题协同，并按要求做好问题响应和处理。

第五十八条 参保地医保部门对一次性跨省住院医疗总费用超过3万元（含3万元）的疑似违规费用，可以通过国家跨省异地就医管理子系统提出费用协查申请。申请费用协查时，需提交待协查参保人员身份证号码、姓名、性别、医疗服务机构名称、住院号、发票号码、入院日期、出院日期、费用总额等必要信息，以确保待协查信息准确。

国家跨省异地就医管理子系统每月26日零时生成上月26日至当月25日全国跨省异地就医结算费用协查申请汇总表，就医省组织各统筹地区医保部门通过国家跨省异地就医管理子系统下载当期汇总表，并通过本地医保信息系统进行核查，已生成申请汇总表的费用协查申请原则上不予修改或删除。

就医地医保部门接到本期汇总表后，原则上需于次月26日前完成本期费用协查工作，并及时上传费用协查结果至国家跨省异地就医管理子系统。遇有特殊情况确需延期办理的，自动记录至下一期，并记入本期完成情况统计监测。协查结果分为"核查无误"和"核查有误"两类，如协查信息与实际信息不符，需填写"核查有误"的具体原因方能上传结果。

参保地医保部门收到就医地医保部门返回的协查结果后，5个工作日内在国家跨省异地就医管理子系统上进行确认。对协查结果存在异议的，应及时与就医地医保部门进行沟通处理。

第五十九条 各级医保部门可根据跨省异地就医结算业务协同问题的紧急程度，通过国家跨省异地就医管理子系统提出问题协同申请，明确待协同机构、主要协同事项、问题类型等，针对特定参保人员的问题协同需标明参保人员身份信息，其中备案类问题需在2个工作日内回复，系统故障类问题需在1个工作日内回复，其他类问题回复时间最长不超过10个工作日。

问题协同遵循第一响应人责任制，各级医保部门在接收协同申请后即作为第一响应人，需在规定时限内完成问题处理，根据实际情况标注问题类型，并在国家跨省异地就医管理子系统上进行问题处理登记，确需其他机构协助的，可在问题处理登记时详细列出其他协同机构。如不能按期完成需及时与申请地沟通延长处理时限。

各级医保部门需在收到协同地区处理结果后进行"处理结果确认"，明确问题处理结果。超过10个工作日未确认的，国家跨省异地就医管理子系统默认结果确认。对问题处理结果有异议的或尚未解决的，可重新发起问题协同，申请上一级医保部门进行协调处理。

第六十条 各级医保部门可通过国家跨省异地就医管理子系统发布停机公告、医保政策等信息，实现医保经办信息共享。

第六十一条 探索跨省异地就医手工报销线上办理，参保人员因故无法直接结算回参保地手工报销的，参保地经办机构可依托跨省联网定点医药机构上传至国家医疗保障信息平台的医疗费用明细、诊断等就诊信息实现线上报销。

第十章 附 则

第六十二条 跨省异地就医医疗费用结算和清算过程中形成的预付款项和暂收款项按相关会计制度规定进行核算。

第六十三条 异地就医业务档案由参保地经办机构和就医地经办机构按其办理的业务分别保管。

第六十四条 各省级医保部门可根据本规程，制定本地区异地就医直接结算实施细则。

第六十五条 本规程由国家医疗保障局负责解释。

第六十六条 本规程自 2023 年 1 月 1 日起实施。

附件 1：_____省（区、市）跨省异地就医登记备案表（略）

附件 2：基本医疗保险跨省异地就医备案个人承诺书（略）

附件 3：_____省（区、市）跨省异地就医预付金付款通知书（略）

附件 4：_____省（区、市）跨省异地就医预付金收款通知书（略）

附件 5：全国跨省异地就医预付金额度调整明细表（略）

附件 6：_____省（区、市）跨省异地就医预付金额度调整付款通知书（略）

附件 7：_____省（区、市）跨省异地就医预付金额度调整收款通知书（略）

附件 8：_____省（区、市）跨省异地就医预付金额度紧急调增付款通知书（略）

附件 9：_____省（区、市）跨省异地就医预付金额度紧急调增收款通知书（略）

附件 10：跨省异地就医省级财政收款专户银行账号明细表（略）

附件 11：外伤无第三方责任承诺书（略）

附件 12：住院期间外院检查治疗或定点药店购药单（略）

附件 13：_____省（区、市）跨省异地就医住院结算单（略）

附件 14：全国跨省异地就医费用清算表（略）

_____省（区、市）跨省异地就医应付医疗费用清算表（略）

_____省（区、市）跨省异地就医职工医保基金应付明细表（略）

_____省（区、市）跨省异地就医居民医保基金应付明细表（略）

_____省（区、市）跨省异地就医医保基金审核扣款

明细表（略）

_____省（区、市）跨省异地就医职工医保基金审核扣款明细表（略）

_____省（区、市）跨省异地就医居民医保基金审核扣款明细表（略）

_____省（区、市）跨省异地就医应收医疗费用清算表（略）

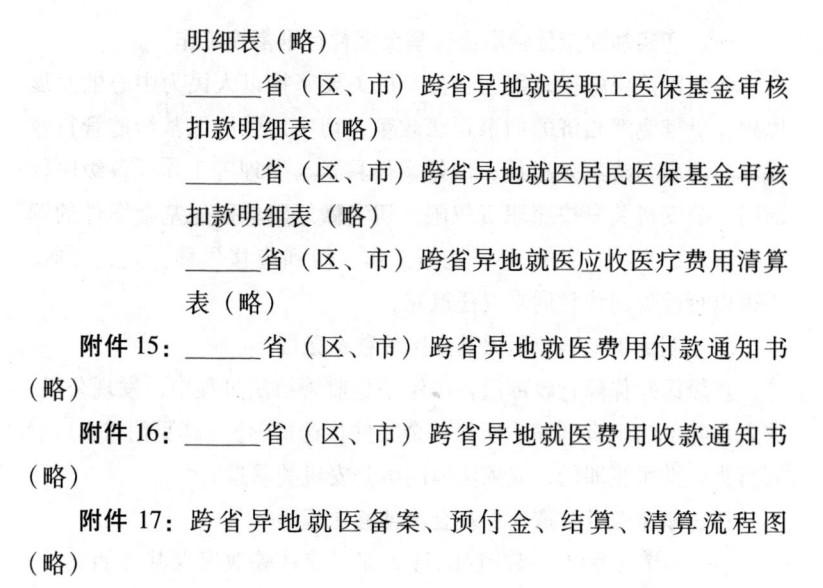

附件 15：_____省（区、市）跨省异地就医费用付款通知书（略）

附件 16：_____省（区、市）跨省异地就医费用收款通知书（略）

附件 17：跨省异地就医备案、预付金、结算、清算流程图（略）

国家医保局、公安部关于加强查处骗取医保基金案件行刑衔接工作的通知

（2021 年 11 月 26 日　医保发〔2021〕49 号）

各省、自治区、直辖市及新疆生产建设兵团医疗保障局、公安厅（局）：

为完善行政执法与刑事司法衔接机制，加强医疗保障行政部门与公安机关的协作配合，依法惩处骗取医保基金犯罪行为，切实保障医保基金安全，维护参保群众合法权益，促进社会诚信和法治建设，根据《中华人民共和国刑法》《中华人民共和国社会保险法》《医疗保障基金使用监督管理条例》《行政执法机关移送涉嫌犯罪案件的规定》等法律法规，现就进一步加强查处骗取医保基金案件行刑衔接工作通知如下：

一、切实加强查处骗取医保基金案件行刑衔接工作

各级医疗保障行政部门、公安机关要坚持以人民为中心的发展思想，贯彻宽严相济的刑事司法政策，切实加强医保基金监管行政执法与刑事司法有效衔接，做好案件移送、受理等工作。各级医保部门、公安机关要按照职责权限，切实做好骗取医保基金案件的调查、移送、立案、侦查和查处等工作，做到应移尽移，应收尽收，不得以行政处罚代替刑事责任追究。

二、明确查处骗取医保基金案件移送范围

各级医疗保障行政部门在医保基金监管执法过程中，发现公民、法人和其他组织有《骗取医保基金案件移送情形》（详见附件1）所列行为，涉嫌犯罪的，应依法向同级公安机关移送。

三、规范查处骗取医保基金案件移送程序

（一）移送办理。医疗保障行政部门移送骗取医保基金的案件，应确定不少于2名行政执法人员组成专案组，核实情况后，提出移送涉嫌犯罪案件书面报告，报本部门正职负责人或主持工作负责人审批，本部门正职负责人或主持工作负责人应当自接到报告之日起3日内作出批准移送或者不批准移送的决定。决定批准的，在24小时内向同级公安机关移送；决定不批准的，应当将不予批准的理由记录在案。

（二）移送材料。移送案件应当附以下材料：《涉嫌犯罪案件移送书》（详见附件2），并附骗取医保基金涉嫌犯罪《案件调查报告》（详见附件3）、涉案物品清单及有关书证、物证、检验报告或者鉴定结论及其他有关涉嫌犯罪的材料。

移送案件时已经作出行政处罚决定的，应当将行政处罚决定书一并抄送。

（三）接受立案。公安机关对医疗保障行政部门移送的骗取医保基金案件，应当予以受理，并在《涉嫌犯罪案件移送书（回执）》（详见附件4）上签字。公安机关认为医疗保障行政部门移送的案件材料不全的，应当在接受案件后24小时内通知移送案件的医疗保障

行政部门在3日内补正，但不得以材料不全为由不接受移送案件。公安机关认为医疗保障行政部门移送的案件不属于本机关管辖的，应当在24小时内转送有管辖权的机关，并书面告知移送案件的医疗保障行政部门。

公安机关应当自接受案件之日起进行立案审查，立案审查期限原则上不超过3日，涉嫌犯罪线索需要查证的，立案审查期限不超过7日，重大疑难复杂案件，经县级及以上公安机关负责人批准，立案审查期限可以延长至30日。认为有犯罪事实，应追究刑事责任的，依法立案。公安机关作出立案或者不予立案决定，应当在作出决定之日起3日内书面告知移送案件的医疗保障行政部门。决定不予立案的，应当书面说明不立案的理由，并退回案卷材料。医疗保障行政部门对于公安机关不予立案的决定有异议的，可以自接到通知后3日内向作出不予立案的公安机关提出复议，也可以建议检察机关依法进行立案监督。

四、健全查处骗取医保基金案件协作机制

（一）深化移送案件查办协作。各级医疗保障行政部门、公安机关要建立行刑衔接联络人机制，协同做好移送案件的查处工作。医疗保障行政部门对应当移送的案件，要及时向公安机关提供相关医保信息、佐证材料和政策依据等；对案件移送和查处过程中，发现可能逃匿、转移资金和销毁证据等情况，要及时通报公安机关，由公安机关协助医疗保障行政部门采取紧急措施，必要时双方协同加快移送进度，依法采取紧急措施予以处置。公安机关要加大对骗取医保基金案件查办力度，及时追缴违规使用的医保基金并退回医保基金专户，对幕后组织操纵者、骨干成员、职业收卡人、职业贩药者要坚持依法从严处罚，对社会危害不大、涉案不深的初犯、偶犯从轻处理，对认罪认罚的医务人员、患者依法从宽处理。

（二）建立联席会议和情况通报制度。各级医疗保障行政部门、公安机关要定期召开联席会议，互通骗取医保基金案件查处以及行政执法与刑事司法衔接工作情况，通过构建实时分析预警监测模型等手段，分析骗取医保基金违法犯罪形势和任务，协调解决工作中存在的问题，研究提出加强预防和查处的措施，及时发现骗取医保基金违法犯罪线索，并依职权组织核查。要加强信息情况通报，通过工作简报、信息网络等形式，及时通报和交换相关信息，实现信息共享。

（三）健全案件管理和报告制度。各级医疗保障行政部门、公安机关要建立规范、有效的案件管理制度，加强案件跟踪督办和汇总报告，定期向上级部门报告骗取医保基金案件情况。完善单位和个人骗取医保基金违法犯罪信息记录和应用机制，促进社会诚信建设。加强骗取医保基金违法犯罪典型案例分析，总结和把握案件规律特点，强化业务培训，不断提高案件查办能力和执法水平。医疗保障行政部门和公安机关应当对下级医疗保障行政部门和公安机关执行本通知的情况进行督促检查，定期抽查案件查办情况，及时纠正案件移送工作中的问题和不足。

（四）加强重大案件查办会商。公安机关对医疗保障行政部门移送的大案要案，要集中优势警力，运用多种侦查手段，快侦快破。对案情复杂、社会影响较大的案件，要组织专门力量侦办，全力破案攻坚，将查办结果适时向社会公布。要加强案件会商，严格依法办案，按照法定职责、权限和程序，严格区分罪与非罪，既要防止以罚代刑，降格处理，又要防止扩大打击面。

五、工作要求

（一）强化组织领导。各级医疗保障行政部门、公安机关要高度重视查处骗取医保基金案件行刑衔接工作，进一步提高政治站位，加强组织领导，健全工作机制，明确职责分工，压实工作责任，强化督查考核，狠抓工作落实。要做好案件移送、接受、立案、查处等各环节的衔接，形成合力，依法打击骗取医保基金违法犯罪行为，切实守护好人民群众的"治病钱、救命钱"。

（二）实行挂牌督办。公安部、国家医疗保障局针对大案要案的查处实行"双挂牌"督办。公安部、国家医疗保障局负责按照重要、急缓程度确定挂牌督办案件,加强案件督导、通报。各级公安机关、医疗保障行政部门对于挂牌督办案件,要实行主要负责人负总责,组建专班办理,确保如期完成。对于确有困难的,应及时上报公安部、国家医疗保障局作出调整。挂牌督办案件是否完成,由公安部、国家医疗保障局组织核实决定,逾期未完成的予以通报批评。

(三)加大宣传曝光。要加强查处骗取医保基金政策宣传力度,鼓励动员全民参与监督,积极举报骗取医保基金违法犯罪行为。完善举报线索处理流程,落实举报奖励措施,依法依规重奖快奖。严格执行举报保密制度,保护举报人合法权益,营造社会关注、参与、支持基金监管工作的良好氛围。要加大骗取医保基金违法犯罪案件曝光力度,做好舆论宣传引导工作,有效发挥警示教育作用,从而更好地惩处违法犯罪行为、震慑犯罪分子。

此项工作由国家医疗保障局基金监管司、公安部刑事侦查局具体负责组织指导。

附件:1. 骗取医保基金案件移送情形(略)
2. 涉嫌犯罪案件移送书(略)
3. 案件调查报告(略)
4. 涉嫌犯罪案件移送书(回执)(略)

零售药店医疗保障定点管理暂行办法

(2020年12月30日国家医疗保障局令第3号公布 自2021年2月1日起施行)

第一章 总 则

第一条 为加强和规范零售药店医疗保障定点管理,提高医疗保障基金使用效率,更好地保障广大参保人员权益,根据《中华人民共和国社会保险法》《中华人民共和国基本医疗卫生与健康促进法》及《中华人民共和国药品管理法》等法律法规，制定本办法。

第二条 零售药店医疗保障定点管理应坚持以人民健康为中心，遵循保障基本、公平公正、权责明晰、动态平衡的原则，加强医疗保障精细化管理，发挥零售药店市场活力，为参保人员提供适宜的药品服务。

第三条 医疗保障行政部门负责制定零售药店定点管理政策，在定点申请、专业评估、协商谈判、协议订立、协议履行、协议解除等环节对医疗保障经办机构（以下简称"经办机构"）、定点零售药店进行监督。经办机构负责确定定点零售药店，并与定点零售药店签订医疗保障服务协议（以下简称"医保协议"），提供经办服务，开展医保协议管理、考核等。定点零售药店应当遵守医疗保障法律、法规、规章及有关政策，按照规定向参保人员提供药品服务。

第二章 定点零售药店的确定

第四条 统筹地区医疗保障行政部门根据公众健康需求、管理服务需要、医疗保障基金收支、参保人员用药需求等确定本统筹地区定点零售药店的资源配置。

第五条 取得药品经营许可证，并同时符合以下条件的零售药店均可申请医疗保障定点：

（一）在注册地址正式经营至少3个月；

（二）至少有1名取得执业药师资格证书或具有药学、临床药学、中药学专业技术资格证书的药师，且注册地在该零售药店所在地，药师须签订1年以上劳动合同且在合同期内；

（三）至少有2名熟悉医疗保障法律法规和相关制度规定的专（兼）职医保管理人员负责管理医保费用，并签订1年以上劳动合同且在合同期内；

（四）按药品经营质量管理规范要求，开展药品分类分区管理，并对所售药品设立明确的医保用药标识；

（五）具有符合医保协议管理要求的医保药品管理制度、财务管理制度、医保人员管理制度、统计信息管理制度和医保费用结算制度；

（六）具备符合医保协议管理要求的信息系统技术和接口标准，实现与医保信息系统有效对接，为参保人员提供直接联网结算，建立医保药品等基础数据库，按规定使用国家统一医保编码；

（七）符合法律法规和省级及以上医疗保障行政部门规定的其他条件。

第六条 零售药店向统筹地区经办机构提出医疗保障定点申请，至少提供以下材料：

（一）定点零售药店申请表；

（二）药品经营许可证、营业执照和法定代表人、主要负责人或实际控制人身份证复印件；

（三）执业药师资格证书或药学技术人员相关证书及其劳动合同复印件；

（四）医保专（兼）职管理人员的劳动合同复印件；

（五）与医疗保障政策对应的内部管理制度和财务制度文本；

（六）与医保有关的信息系统相关材料；

（七）纳入定点后使用医疗保障基金的预测性分析报告；

（八）省级医疗保障行政部门按相关规定要求提供的其他材料。

第七条 零售药店提出定点申请，统筹地区经办机构应即时受理。对申请材料内容不全的，经办机构自收到材料之日起 5 个工作日内一次性告知零售药店补充。

第八条 统筹地区经办机构应组织评估小组或委托符合规定的第三方机构，以书面、现场等形式开展评估。评估小组成员由医疗保障、医药卫生、财务管理、信息技术等专业人员构成。自受理申请材料之日起，评估时间不超过3个月，零售药店补充材料时间不计入评估期限。评估内容包括：

（一）核查药品经营许可证、营业执照和法定代表人、企业负责人或实际控制人身份证；

（二）核查执业药师资格证书或药学技术人员资格证书及劳动合同；

（三）核查医保专（兼）职管理人员的劳动合同；

（四）核查与医疗保障政策对应的内部管理制度和财务制度；

（五）核查与医保有关的信息系统是否具备开展直接联网结算的条件；

（六）核查医保药品标识。

评估结果包括合格和不合格。统筹地区经办机构应将评估结果报同级医疗保障行政部门备案。对于评估合格的，纳入拟签订医保协议的零售药店名单向社会公示。对于评估不合格的应告知其理由，提出整改建议。自结果告知送达之日起，整改3个月后可再次组织评估，评估仍不合格的，1年内不得再次申请。

省级医疗保障行政部门可以在本办法基础上，根据实际情况，制定具体评估细则。

第九条　统筹地区经办机构与评估合格的零售药店协商谈判，达成一致的，双方自愿签订医保协议。原则上由地市级及以上的统筹地区经办机构与零售药店签订医保协议并向同级医疗保障行政部门备案。医保协议应明确双方的权利、义务和责任。签订医保协议的双方应当严格执行医保协议约定。医保协议期限一般为1年。

第十条　统筹地区经办机构向社会公布签订医保协议的定点零售药店信息，包括名称、地址等，供参保人员选择。

第十一条　零售药店有下列情形之一的，不予受理定点申请：

（一）未依法履行行政处罚责任的；

（二）以弄虚作假等不正当手段申请定点，自发现之日起未满3年的；

（三）因违法违规被解除医保协议未满3年或已满3年但未完全履行行政处罚法律责任的；

（四）因严重违反医保协议约定而被解除医保协议未满1年或已满1年但未完全履行违约责任的；

（五）法定代表人、企业负责人或实际控制人曾因严重违法违规导致原定点零售药店被解除医保协议，未满5年的；

（六）法定代表人、企业负责人或实际控制人被列入失信人名单的；

（七）法律法规规定的其他不予受理的情形。

第三章　定点零售药店运行管理

第十二条　定点零售药店具有为参保人员提供药品服务后获得医保结算费用，对经办机构履约情况进行监督，对完善医疗保障政策提出意见建议等权利。

第十三条　定点零售药店应当为参保人员提供药品咨询、用药安全、医保药品销售、医保费用结算等服务。符合规定条件的定点零售药店可以申请纳入门诊慢性病、特殊病购药定点机构，相关规定由统筹地区医疗保障部门另行制定。

经办机构不予支付的费用、定点零售药店按医保协议约定被扣除的质量保证金及其支付的违约金等，定点零售药店不得作为医保欠费处理。

第十四条　定点零售药店应当严格执行医保支付政策。鼓励在医疗保障行政部门规定的平台上采购药品，并真实记录"进、销、存"情况。

第十五条　定点零售药店要按照公平、合理、诚实信用和质价相符的原则制定价格，遵守医疗保障行政部门制定的药品价格政策。

第十六条　定点零售药店应当凭处方销售医保目录内处方药，

药师应当对处方进行审核、签字后调剂配发药品。外配处方必须由定点医疗机构医师开具，有医师签章。定点零售药店可凭定点医疗机构开具的电子外配处方销售药品。

第十七条 定点零售药店应当组织医保管理人员参加由医疗保障行政部门或经办机构组织的宣传和培训。

定点零售药店应当组织开展医疗保障基金相关制度、政策的培训，定期检查本单位医疗保障基金使用情况，及时纠正医疗保障基金使用不规范的行为。

第十八条 定点零售药店在显著位置悬挂统一格式的定点零售药店标识。

第十九条 定点零售药店应按要求及时如实向统筹地区经办机构上传参保人员购买药品的品种、规格、价格及费用信息，定期向经办机构上报医保目录内药品的"进、销、存"数据，并对其真实性负责。

第二十条 定点零售药店应当配合经办机构开展医保费用审核、稽核检查、绩效考核等工作，接受医疗保障行政部门的监督检查，并按规定提供相关材料。

第二十一条 定点零售药店提供药品服务时应核对参保人员有效身份凭证，做到人证相符。特殊情况下为他人代购药品的应出示本人和被代购人身份证。为参保人员提供医保药品费用直接结算单据和相关资料，参保人员或购药人应在购药清单上签字确认。凭外配处方购药的，应核验处方使用人与参保人员身份是否一致。

第二十二条 定点零售药店应将参保人员医保目录内药品外配处方、购药清单等保存2年，以备医疗保障部门核查。

第二十三条 定点零售药店应做好与医保有关的信息系统安全保障工作，遵守数据安全有关制度，保护参保人员隐私。定点零售药店重新安装信息系统时，应当保持信息系统技术接口标准与医保信息系统有效对接，并按规定及时全面准确向医保信息系统传送医保结算和审核所需的有关数据。

第四章　经办管理服务

第二十四条　经办机构有权掌握定点零售药店的运行管理情况，从定点零售药店获得医保费用稽查审核、绩效考核和财务记账等所需要的信息数据等资料。

第二十五条　经办机构应当完善定点申请、组织评估、协议签订、协议履行、协议变更和解除等流程管理，制定经办规程，为定点零售药店和参保人员提供优质高效的经办服务。

第二十六条　经办机构应做好对定点零售药店医疗保障政策、管理制度、支付政策、操作流程的宣传培训，提供医疗保障咨询、查询服务。

第二十七条　经办机构应当落实医保支付政策，加强医疗保障基金管理。

第二十八条　经办机构应当建立完善的内部控制制度，明确对定点零售药店医保费用的审核、结算、拨付、稽核等岗位责任及风险防控机制。完善重大医保药品费用支出集体决策制度。

第二十九条　经办机构应当加强医疗保障基金支出管理，通过智能审核、实时监控、现场检查等方式及时审核医保药品费用。对定点零售药店进行定期和不定期稽查审核，按医保协议约定及时足额向定点零售药店拨付医保费用。原则上，应当在定点零售药店申报后30个工作日内拨付符合规定的医保费用。

第三十条　定点零售药店经审查核实的违规医保费用，经办机构不予支付。

第三十一条　经办机构应当依法依规支付参保人员在定点零售药店发生的药品费用。

参保人员应凭本人参保有效身份凭证在定点零售药店购药。不得出租（借）本人有效身份凭证给他人，不得套取医疗保障基金。

在非定点零售药店发生的药品费用,医疗保障基金不予支付。

第三十二条 经办机构向社会公开医保信息系统数据集和接口标准。定点零售药店自主选择与医保对接的有关信息系统的运行和维护供应商。经办机构不得以任何名义收取任何费用及指定供应商。

第三十三条 经办机构应遵守数据安全有关制度,保护参保人员隐私,确保医疗保障基金安全。

第三十四条 经办机构或其委托的第三方机构,对定点零售药店开展绩效考核,建立动态管理机制。考核结果与年终清算、质量保证金退还、医保协议续签等挂钩。绩效考核办法由国家医疗保障部门制定,省级医疗保障部门可制定具体考核细则,经办机构负责组织实施。

第三十五条 经办机构发现定点零售药店存在违反医保协议约定情形的,可按医保协议约定相应采取以下处理方式:

(一)约谈法定代表人、主要负责人或实际控制人;

(二)暂停结算、不予支付或追回已支付的医保费用;

(三)要求定点零售药店按照医保协议约定支付违约金;

(四)中止或解除医保协议。

第三十六条 经办机构违反医保协议的,定点零售药店有权要求纠正或者提请医疗保障行政部门协调处理、督促整改,也可以依法申请行政复议或者提起行政诉讼。

医疗保障行政部门发现经办机构存在违反医保协议约定的,可视情节相应采取以下处理方式:约谈主要负责人、限期整改、通报批评,对相关责任人员依法依规给予处分。

医疗保障行政部门发现经办机构违反相关法律法规和规章的,依法依规进行处理。

第五章 定点零售药店的动态管理

第三十七条 定点零售药店的名称、法定代表人、企业负责人、实际控制人、注册地址和药品经营范围等重要信息发生变更的,应自有关部门批准之日起30个工作日内向统筹地区经办机构提出变更申请,其他一般信息变更应及时书面告知。

第三十八条　续签应由定点零售药店于医保协议期满前3个月向经办机构提出申请或由经办机构统一组织。统筹地区经办机构和定点零售药店就医保协议续签事宜进行协商谈判,双方根据医保协议履行情况和绩效考核情况等决定是否续签。协商一致的,可续签医保协议;未达成一致的,医保协议解除。

第三十九条　医保协议中止是指经办机构与定点零售药店暂停履行医保协议约定,中止期间发生的医保费用不予结算。中止期结束,未超过医保协议有效期的,医保协议可继续履行;超过医保协议有效期的,医保协议终止。

定点零售药店可提出中止医保协议申请,经经办机构同意,可以中止医保协议但中止时间原则上不得超过180日,定点零售药店在医保协议中止超过180日仍未提出继续履行医保协议申请的,原则上医保协议自动终止。定点零售药店有下列情形之一的,经办机构应中止医保协议:

(一)根据日常检查和绩效考核,发现对医疗保障基金安全和参保人员权益可能造成重大风险的;

(二)未按规定向医疗保障行政部门及经办机构提供有关数据或提供数据不真实的;

(三)根据医保协议约定应当中止医保协议的;

(四)法律法规和规章规定的应当中止的其他情形。

第四十条　医保协议解除是指经办机构与定点零售药店之间的医保协议解除,协议关系不再存续,医保协议解除后产生的医药费用,医疗保障基金不再结算。定点零售药店有下列情形之一的,经办机构应解除医保协议,并向社会公布解除医保协议的零售药店名单:

(一)医保协议有效期内累计2次及以上被中止医保协议或中止

医保协议期间未按要求整改或整改不到位的；

（二）发生重大药品质量安全事件的；

（三）以弄虚作假等不正当手段申请取得定点的；

（四）以伪造、变造医保药品"进、销、存"票据和账目、伪造处方或参保人员费用清单等方式，骗取医疗保障基金的；

（五）将非医保药品或其他商品串换成医保药品，倒卖医保药品或套取医疗保障基金的；

（六）为非定点零售药店、中止医保协议期间的定点零售药店或其他机构进行医保费用结算的；

（七）将医保结算设备转借或赠与他人，改变使用场地的；

（八）拒绝、阻挠或不配合经办机构开展智能审核、绩效考核等，情节恶劣的；

（九）被发现重大信息发生变更但未办理变更的；

（十）医疗保障行政部门或有关执法机构在行政执法中，发现定点零售药店存在重大违法违规行为且可能造成医疗保障基金重大损失的；

（十一）被吊销、注销药品经营许可证或营业执照的；

（十二）未依法履行医疗保障行政部门作出的行政处罚决定的；

（十三）法定代表人、企业负责人或实际控制人不能履行医保协议约定，或有违法失信行为的；

（十四）因定点零售药店连锁经营企业总部法定代表人、企业负责人或实际控制人违法违规导致连锁零售药店其中一家分支零售药店被解除医保协议的，相同法定代表人、企业负责人或实际控制人的其他分支零售药店同时解除医保协议；

（十五）定点零售药店主动提出解除医保协议且经经办机构同意的；

（十六）根据医保协议约定应当解除协议的；

（十七）法律法规和规章规定的其他应当解除的情形。

第四十一条 定点零售药店主动提出中止医保协议、解除医保协议或不再续签的,应提前3个月向经办机构提出申请。地市级及以上的统筹地区经办机构与定点零售药店中止或解除医保协议,该零售药店在其他统筹区的医保协议也同时中止或解除。

第四十二条 定点零售药店与统筹地区经办机构就医保协议签订、履行、变更和解除发生争议的,可以自行协商解决或者请求同级医疗保障行政部门协调处理,也可提起行政复议或行政诉讼。

第六章 定点零售药店的监督

第四十三条 医疗保障行政部门对定点申请、申请受理、专业评估、协议订立、协议履行和解除等进行监督,对经办机构的内部控制制度建设、医保费用的审核和拨付等进行指导和监督。

医疗保障行政部门依法依规通过实地检查、抽查、智能监控、大数据分析等方式对定点零售药店的医保协议履行情况、医疗保障基金使用情况、药品服务等进行监督。

第四十四条 医疗保障行政部门和经办机构应拓宽监督途径、创新监督方式,通过满意度调查、第三方评价、聘请社会监督员等方式对定点零售药店进行社会监督,畅通举报投诉渠道,及时发现问题并进行处理。

第四十五条 医疗保障行政部门发现定点零售药店存在违约情形的,应当及时责令经办机构按照医保协议处理。定点零售药店违反法律法规规定的,依法依规处理。

第四十六条 经办机构发现违约行为,应当及时按照医保协议处理。

经办机构作出中止或解除医保协议处理时,要及时报告同级医疗保障行政部门。

医疗保障行政部门发现定点零售药店存在违约情形的,应当及时责令经办机构按照医保协议处理,经办机构应当及时按照协议处理。

医疗保障行政部门依法查处违法违规行为时，认为经办机构移交相关违法线索事实不清的，可组织补充调查或要求经办机构补充材料。

第七章 附 则

第四十七条 职工基本医疗保险、城乡居民基本医疗保险、生育保险、医疗救助、居民大病保险等医疗保障定点管理工作按照本办法执行。

第四十八条 本办法中的经办机构是具有法定授权，实施医疗保障管理服务的职能机构，是医疗保障经办的主体。

零售药店是符合《中华人民共和国药品管理法》规定，领取药品经营许可证的药品零售企业。

定点零售药店是指自愿与统筹地区经办机构签订医保协议，为参保人员提供药品服务的实体零售药店。

医保协议是指由经办机构与零售药店经协商谈判而签订的，用于规范双方权利、义务及责任等内容的协议。

第四十九条 国务院医疗保障行政部门制作并定期修订医保协议范本，国家医疗保障经办机构制定经办规程并指导各地加强和完善协议管理。地市级及以上的医疗保障行政部门及经办机构在此基础上，可根据实际情况分别细化制定本地区的协议范本及经办规程。协议内容应根据法律、法规、规章和医疗保障政策调整变化相一致，医疗保障行政部门予以调整医保协议内容时，应征求相关定点零售药店意见。

第五十条 本办法由国务院医疗保障行政部门负责解释，自2021年2月1日起施行。

医疗机构医疗保障定点管理暂行办法

（2020年12月30日国家医疗保障局令第2号公布 自2021年2月1日起施行）

第一章 总 则

第一条 为加强和规范医疗机构医疗保障定点管理，提高医疗保障基金使用效率，更好地保障广大参保人员权益，根据《中华人民共和国社会保险法》《中华人民共和国基本医疗卫生与健康促进法》及《医疗机构管理条例》等法律法规，制定本办法。

第二条 医疗机构医疗保障定点管理应坚持以人民健康为中心，遵循保障基本、公平公正、权责明晰、动态平衡的原则，加强医保精细化管理，促进医疗机构供给侧改革，为参保人员提供适宜的医疗服务。

第三条 医疗保障行政部门负责制定医疗机构定点管理政策，在定点申请、专业评估、协商谈判、协议订立、协议履行、协议解除等环节对医疗保障经办机构（以下简称"经办机构"）、定点医疗机构进行监督。经办机构负责确定定点医疗机构，并与定点医疗机构签订医疗保障服务协议（以下简称"医保协议"），提供经办服务，开展医保协议管理、考核等。定点医疗机构应当遵守医疗保障法律、法规、规章及有关政策，按照规定向参保人员提供医疗服务。

第二章 定点医疗机构的确定

第四条 统筹地区医疗保障行政部门根据公众健康需求、管理服务需要、医保基金收支、区域卫生规划、医疗机构设置规划等确定本统筹地区定点医疗服务的资源配置。

第五条 以下取得医疗机构执业许可证或中医诊所备案证的医疗机构，以及经军队主管部门批准有为民服务资质的军队医疗机构可申请医保定点：

（一）综合医院、中医医院、中西医结合医院、民族医医院、专科医院、康复医院；

（二）专科疾病防治院（所、站）、妇幼保健院；

（三）社区卫生服务中心（站）、中心卫生院、乡镇卫生院、街道卫生院、门诊部、诊所、卫生所（站）、村卫生室（所）；

（四）独立设置的急救中心；

（五）安宁疗护中心、血液透析中心、护理院；

（六）养老机构内设的医疗机构。

互联网医院可依托其实体医疗机构申请签订补充协议，其提供的医疗服务所产生的符合医保支付范围的相关费用，由统筹地区经办机构与其所依托的实体医疗机构按规定进行结算。

第六条 申请医保定点的医疗机构应当同时具备以下基本条件：

（一）正式运营至少3个月；

（二）至少有1名取得医师执业证书、乡村医生执业证书或中医（专长）医师资格证书且第一注册地在该医疗机构的医师；

（三）主要负责人负责医保工作，配备专（兼）职医保管理人员；100张床位以上的医疗机构应设内部医保管理部门，安排专职工作人员；

（四）具有符合医保协议管理要求的医保管理制度、财务制度、统计信息管理制度、医疗质量安全核心制度等；

（五）具有符合医保协议管理要求的医院信息系统技术和接口标准，实现与医保信息系统有效对接，按要求向医保信息系统传送全部就诊人员相关信息，为参保人员提供直接联网结算。设立医保药品、诊疗项目、医疗服务设施、医用耗材、疾病病种等基础数据库，按规定使用国家统一的医保编码；

（六）符合法律法规和省级及以上医疗保障行政部门规定的其他条件。

第七条 医疗机构向统筹地区经办机构提出医保定点申请，至少提供以下材料：

（一）定点医疗机构申请表；

（二）医疗机构执业许可证或中医诊所备案证或军队医疗机构为民服务许可证照复印件；

（三）与医保政策对应的内部管理制度和财务制度文本；

（四）与医保有关的医疗机构信息系统相关材料；

（五）纳入定点后使用医疗保障基金的预测性分析报告；

（六）省级医疗保障行政部门按相关规定要求提供的其他材料。

第八条 医疗机构提出定点申请，统筹地区经办机构应即时受理。对申请材料内容不全的，经办机构自收到材料之日起5个工作日内一次性告知医疗机构补充。

第九条 统筹地区经办机构应组织评估小组或委托第三方机构，以书面、现场等形式开展评估。评估小组成员由医疗保障、医药卫生、财务管理、信息技术等专业人员构成。自受理申请材料之日起，评估时间不超过3个月，医疗机构补充材料时间不计入评估期限。评估内容包括：

（一）核查医疗机构执业许可证或中医诊所备案证或军队医疗机构为民服务许可证；

（二）核查医师、护士、药学及医技等专业技术人员执业信息和医师第一注册地信息；

（三）核查与服务功能相适应的诊断、治疗、手术、住院、药品贮存及发放、检查检验放射等基础设施和仪器设备；

（四）核查与医保政策对应的内部管理制度和财务制度，卫生健康部门医疗机构评审的结果；

（五）核查与医保有关的医疗机构信息系统是否具备开展直接联

网结算的条件。

评估结果分为合格和不合格。统筹地区经办机构应将评估结果报同级医疗保障行政部门备案。对于评估合格的,应将其纳入拟签订协议医疗机构名单,并向社会公示。对于评估不合格的,应告知其理由,提出整改建议。自结果告知送达之日起,整改3个月后可再次组织评估,评估仍不合格的,1年内不得再次申请。

省级医疗保障行政部门可以在本办法基础上,根据实际情况,制定具体评估细则。

第十条　统筹地区经办机构与评估合格的医疗机构协商谈判,达成一致的,双方自愿签订医保协议。原则上,由地市级及以上的统筹地区经办机构与医疗机构签订医保协议并向同级医疗保障行政部门备案。医保协议应明确双方权利、义务和责任。签订医保协议的双方应当严格执行协议约定。协议期限一般为1年。

第十一条　统筹地区经办机构应向社会公布签订医保协议的定点医疗机构信息,包括名称、地址等,供参保人员选择。

第十二条　医疗机构有下列情形之一的,不予受理定点申请:

(一)以医疗美容、辅助生殖、生活照护、种植牙等非基本医疗服务为主要执业范围的;

(二)基本医疗服务未执行医疗保障行政部门制定的医药价格政策的;

(三)未依法履行行政处罚责任的;

(四)以弄虚作假等不正当手段申请定点,自发现之日起未满3年的;

(五)因违法违规被解除医保协议未满3年或已满3年但未完全履行行政处罚法律责任的;

(六)因严重违反医保协议约定而被解除协议未满1年或已满1年但未完全履行违约责任的;

(七)法定代表人、主要负责人或实际控制人曾因严重违法违规导致原定点医疗机构被解除医保协议,未满5年的;

（八）法定代表人、主要负责人或实际控制人被列入失信人名单的；

（九）法律法规规定的其他不予受理的情形。

第三章　定点医疗机构运行管理

第十三条　定点医疗机构具有依法依规为参保人员提供医疗服务后获得医保结算费用，对经办机构履约情况进行监督，对完善医保政策提出意见建议等权利。

第十四条　定点医疗机构应当严格执行医保协议，合理诊疗、合理收费，严格执行医保药品、医用耗材和医疗服务项目等目录，优先配备使用医保目录药品，控制患者自费比例，提高医疗保障基金使用效率。定点医疗机构不得为非定点医疗机构提供医保结算。

经办机构不予支付的费用、定点医疗机构按医保协议约定被扣除的质量保证金及其支付的违约金等，定点医疗机构不得作为医保欠费处理。

第十五条　定点医疗机构及其工作人员应当执行实名就医和购药管理规定，核验参保人员有效身份凭证，按照诊疗规范提供合理、必要的医药服务，向参保人员如实出具费用单据和相关资料，不得分解住院、挂床住院，不得违反诊疗规范过度诊疗、过度检查、分解处方、超量开药、重复开药，不得重复收费、超标准收费、分解项目收费，不得串换药品、医用耗材、诊疗项目和服务设施，不得诱导、协助他人冒名或者虚假就医、购药。

定点医疗机构应当确保医疗保障基金支付的费用符合规定的支付范围；除急诊、抢救等特殊情形外，提供医疗保障基金支付范围以外的医药服务的，应当经参保人员或者其近亲属、监护人同意。

第十六条　定点医疗机构应当制定相应的内部管理措施，严格掌握出入院指征。按照协议执行医保总额预算指标，执行按项目、按病种、按疾病诊断相关分组、按床日、按人头等支付方式。不得以医保支付政策为由拒收患者。

第十七条 定点医疗机构按有关规定执行集中采购政策，优先使用集中采购中选的药品和耗材。医保支付的药品、耗材应当按规定在医疗保障行政部门规定的平台上采购，并真实记录"进、销、存"等情况。

第十八条 定点医疗机构应当严格执行医疗保障行政部门制定的医药价格政策。

第十九条 定点医疗机构应当参加由医疗保障行政部门或经办机构组织的宣传和培训。

定点医疗机构应当组织开展医疗保障基金相关制度、政策的培训，定期检查本单位医疗保障基金使用情况，及时纠正医疗保障基金使用不规范的行为。

第二十条 定点医疗机构在显著位置悬挂统一样式的定点医疗机构标识。

第二十一条 定点医疗机构应按要求及时向统筹地区经办机构报送医疗保障基金结算清单等信息，包括疾病诊断及手术操作，药品、医用耗材、医疗服务项目费用结算明细，医师、护士等信息，并对其真实性负责。定点医疗机构应当按要求如实向统筹地区经办机构报送药品、耗材的采购价格和数量。

定点医疗机构应向医疗保障部门报告医疗保障基金使用监督管理及协议管理所需信息，向社会公开医药费用、费用结构等信息。

第二十二条 定点医疗机构应当配合经办机构开展医保费用审核、稽核检查、绩效考核等工作，接受医疗保障行政部门的监督检查，并按规定提供相关材料。

第二十三条 定点医疗机构应当优化医保结算流程，为参保人员提供便捷的医疗服务，按规定进行医保费用直接结算，提供费用结算单据和相关资料。为符合规定的参保人员提供转诊转院服务。参保人员根据有关规定可以在定点医疗机构购药或凭处方到定点零售药店购药。

第二十四条 定点医疗机构应当做好与医保有关的信息系统安全保障工作，遵守数据安全有关制度，保护参保人员隐私。定点医疗机构重新安装信息系统时，应当保持信息系统技术接口标准与医保信息系统有效对接，并按规定及时全面准确向医保信息系统传送医保结算和审核所需的有关数据。

第四章 经办管理服务

第二十五条 经办机构有权掌握定点医疗机构运行管理情况，从定点医疗机构获得医保费用稽查审核、绩效考核和财务记账等所需要的信息数据等资料。定点医疗机构实行属地管理，经办机构对属地定点医疗机构为本地和异地参保人员提供的医疗服务承担管理服务职责。

第二十六条 经办机构应当完善定点申请、组织评估和协议签订、协议履行、协议变更和解除等管理流程，制定经办规程，为定点医疗机构和参保人员提供优质高效的经办服务。

第二十七条 经办机构应做好对定点医疗机构医保政策、管理制度、支付政策、操作流程的宣传培训，提供医疗保障咨询、查询服务。

第二十八条 经办机构应当落实医保支付政策，加强医疗保障基金管理。

第二十九条 经办机构应当建立完善的内部控制制度，明确对定点医疗机构申报费用的审核、结算、拨付、稽核等岗位责任及风险防控机制。完善重大医保费用支出集体决策制度。

第三十条 经办机构应当加强医疗保障基金支出管理，通过智能审核、实时监控、现场检查等方式及时审核医疗费用。对定点医疗机构进行定期和不定期稽查审核。按协议约定及时足额向定点医疗机构拨付医保费用，原则上应当在定点医疗机构申报后30个工作日内拨付符合规定的医保费用。

第三十一条 有条件的统筹地区经办机构可以按国家规定向定点医疗机构预付一部分医保资金，缓解其资金运行压力。在突发疫情等紧急情况时，可以按国家规定预拨专项资金。

第三十二条 定点医疗机构违规申报费用，经审查核实的，经办机构不予支付。

第三十三条 经办机构应当依法依规支付参保人员在定点医疗机构发生的医疗费用，为参保人员提供医保政策咨询。除急诊和抢救外，参保人员在非定点医疗机构就医发生的费用医疗保障基金不予支付。

第三十四条 经办机构向社会公开医保信息系统数据集和接口标准。定点医疗机构自主选择与医保对接的有关信息系统的运行和维护供应商。经办机构不得以任何名义收取任何费用及指定供应商。

第三十五条 经办机构应遵守数据安全有关制度，保护参保人员隐私，确保医疗保障基金安全。

第三十六条 经办机构或其委托符合规定的第三方机构，对定点医疗机构开展绩效考核，建立动态管理机制。考核结果与年终清算、质量保证金退还、协议续签等挂钩。绩效考核办法由国家医疗保障部门制定，省级医疗保障部门可制定具体考核细则，经办机构负责组织实施。

第三十七条 对于定点医疗机构结算周期内未超过总额控制指标的医疗费用，经办机构应根据协议按时足额拨付。对定点医疗机构因参保人员就医数量大幅增加等形成的合理超支给予适当补偿。

第三十八条 经办机构发现定点医疗机构存在违反协议约定情形的，可按协议约定相应采取以下处理方式：

（一）约谈医疗机构法定代表人、主要负责人或实际控制人；

（二）暂停或不予拨付费用；

（三）不予支付或追回已支付的医保费用；

（四）要求定点医疗机构按照协议约定支付违约金；

（五）中止相关责任人员或者所在部门涉及医疗保障基金使用的医疗服务；

（六）中止或解除医保协议。

第三十九条 经办机构违反医保协议的，定点医疗机构有权要求纠正或者提请医疗保障行政部门协调处理、督促整改，也可以依法申请行政复议或者提起行政诉讼。

医疗保障行政部门发现经办机构存在违反医保协议的，可视情节相应采取以下处理方式：约谈主要负责人、限期整改、通报批评，对相关责任人员依法依规给予处分。

医疗保障行政部门发现经办机构违反相关法律法规和规章的，依法依规进行处理。

第五章 定点医疗机构的动态管理

第四十条 定点医疗机构的名称、法定代表人、主要负责人或实际控制人、注册地址、银行账户、诊疗科目、机构规模、机构性质、等级和类别等重大信息变更时，应自有关部门批准之日起30个工作日内向统筹地区经办机构提出变更申请。其他一般信息变更应及时书面告知。

第四十一条 续签应由定点医疗机构于医保协议期满前3个月向经办机构提出申请或由经办机构统一组织。统筹地区经办机构与定点医疗机构就医保协议续签事宜进行协商谈判，双方根据医保协议履行情况和绩效考核情况等决定是否续签。协商一致的，可续签医保协议；未达成一致的，医保协议到期后自动终止。

对于绩效考核结果好的定点医疗机构可以采取固定医保协议和年度医保协议相结合的方式，固定医保协议相对不变，年度医保协议每年根据具体情况调整，简化签约手续。

第四十二条 医保协议中止是指经办机构与定点医疗机构暂停履行医保协议约定，中止期间发生的医保费用不予结算。中止期结束，未超过医保协议有效期的，医保协议可继续履行；超过医保协议有效期的，医保协议终止。

定点医疗机构可提出中止医保协议申请，经经办机构同意，可以中止医保协议但中止时间原则上不得超过180日，定点医疗机构在医保协议中止超过180日仍未提出继续履行医保协议申请的，原则上医保协议自动终止。定点医疗机构有下列情形之一的，经办机构应中止医保协议：

（一）根据日常检查和绩效考核，发现对医疗保障基金安全和参保人员权益可能造成重大风险的；

（二）未按规定向经办机构及医疗保障行政部门提供有关数据或提供数据不真实的；

（三）根据医保协议约定应当中止医保协议的；

（四）法律法规和规章规定的应当中止的其他情形。

第四十三条 医保协议解除是指经办机构与定点医疗机构之间的医保协议解除，协议关系不再存续，协议解除后产生的医药费用，医疗保障基金不再结算。定点医疗机构有以下情形之一的，经办机构应解除医保协议，并向社会公布解除医保协议的医疗机构名单：

（一）医保协议有效期内累计2次及以上被中止医保协议或中止医保协议期间未按要求整改或整改不到位的；

（二）以弄虚作假等不正当手段申请取得定点的；

（三）经医疗保障部门和其他有关部门查实有欺诈骗保行为的；

（四）为非定点医疗机构或处于中止医保协议期间的医疗机构提供医保费用结算的；

（五）拒绝、阻挠或不配合医疗保障部门开展智能审核、绩效考核、监督检查等，情节恶劣的；

（六）被发现重大信息发生变更但未办理重大信息变更的；

（七）定点医疗机构停业或歇业后未按规定向经办机构报告的；

（八）医疗保障行政部门或其他有关部门在行政执法中，发现定点医疗机构存在重大违法违规行为且可能造成医疗保障基金重大损失的；

（九）被吊销、注销医疗机构执业许可证或中医诊所备案证的；

（十）法定代表人、主要负责人或实际控制人不能履行医保协议约定，或有违法失信行为的；

（十一）未依法履行医疗保障行政部门作出的行政处罚决定的；

（十二）定点医疗机构主动提出解除医保协议且经办机构同意的；

（十三）根据医保协议约定应当解除医保协议的；

（十四）法律法规和规章规定的应当解除的其他情形。

第四十四条 定点医疗机构请求中止、解除医保协议或不再续签医保协议的，应提前3个月向经办机构提出申请。公立医疗机构不得主动提出中止或解除医保协议。

医疗机构所在地的地市级及以上统筹地区经办机构与定点医疗机构中止或解除医保协议，该医疗机构在其他统筹区的医保协议也同时中止或解除。

第四十五条 定点医疗机构的部分人员或科室有违反协议管理要求的，可对该人员或科室中止或终止医保结算。

第四十六条 医疗机构与统筹地区经办机构就医保协议签订、履行、变更和解除发生争议的，可以自行协商解决或者请求同级医疗保障行政部门协调处理，也可以依法提起行政复议或行政诉讼。

第六章 定点医疗机构的监督

第四十七条 医疗保障行政部门对定点申请、申请受理、专业评估、协议订立、协议履行和解除等进行监督，对经办机构的内部控制制度建设、医保费用的审核和拨付等进行指导和监督。

医疗保障行政部门依法依规通过实地检查、抽查、智能监控、大数据分析等方式对定点医疗机构的协议履行情况、医疗保障基金使用情况、医疗服务行为、购买涉及医疗保障基金使用的第三方服务等进行监督。

第四十八条 医疗保障行政部门和经办机构应拓宽监督途径、创新监督方式，通过满意度调查、第三方评价、聘请社会监督员等方式对定点医疗机构进行社会监督，畅通举报投诉渠道，及时发现问题并进行处理。

第四十九条 经办机构发现违约行为，应当及时按照协议处理。

经办机构作出中止相关责任人员或者所在部门涉及医疗保障基金使用的医药服务、中止和解除医保协议等处理时，要及时报告同级医疗保障行政部门。

医疗保障行政部门发现定点医疗机构存在违约情形的，应当及时责令经办机构按照医保协议处理，经办机构应当及时按照医保协议处理。

医疗保障行政部门依法查处违法违规行为时，认为经办机构移交相关违法线索事实不清的，可组织补充调查或要求经办机构补充材料。

第七章 附 则

第五十条 职工基本医疗保险、城乡居民基本医疗保险、生育保险、医疗救助、居民大病保险等医疗保障定点管理工作按照本办法执行。

第五十一条 本办法中的经办机构是具有法定授权，实施医疗保障管理服务的职能机构，是医疗保障经办的主体。

定点医疗机构是指自愿与统筹地区经办机构签订医保协议，为参保人员提供医疗服务的医疗机构。

医保协议是指由经办机构与医疗机构经协商谈判而签订的，用于规范医疗服务行为以及明确双方权利、义务及责任等内容的协议。

第五十二条 国务院医疗保障行政部门制作并定期修订医保协议范本，国家医疗保障经办机构制定经办规程并指导各地加强和完善医保协议管理。地市级及以上的医疗保障行政部门及经办机构在此基础上，可根据实际情况分别细化制定本地区的医保协议范本及经办规程。医保协议内容应与法律、法规、规章和医疗保障政策调整变化相一致，医疗保障行政部门调整医保协议内容时，应征求相关定点医疗机构意见。

第五十三条 本办法由国务院医疗保障行政部门负责解释，自 2021 年 2 月 1 日起施行。

基本医疗保险用药管理暂行办法

（2020 年 7 月 30 日国家医疗保障局令第 1 号公布　自 2020 年 9 月 1 日起施行）

第一章 总　则

第一条 为推进健康中国建设，保障参保人员基本用药需求，提升基本医疗保险用药科学化、精细化管理水平，提高基本医疗保险基金使用效益，推进治理体系和治理能力现代化，依据《中华人民共和国社会保险法》等法律法规和《中共中央　国务院关于深化医疗保障制度改革的意见》，制定本暂行办法。

第二条 各级医疗保障部门对基本医疗保险用药范围的确定、调整，以及基本医疗保险用药的支付、管理和监督等，适用本办法。

第三条 基本医疗保险用药范围通过制定《基本医疗保险药品目录》（以下简称《药品目录》）进行管理，符合《药品目录》的药品费用，按照国家规定由基本医疗保险基金支付。《药品目录》实行通用名管理，《药品目录》内药品的同通用名药品自动属于基本医疗保险基金支付范围。

第四条 基本医疗保险用药管理坚持以人民为中心的发展思想，切实保障参保人员合理的用药需求；坚持"保基本"的功能定位，既尽力而为，又量力而行，用药保障水平与基本医疗保险基金和参保人承受能力相适应；坚持分级管理，明确各层级职责和权限；坚持专家评审，适应临床技术进步，实现科学、规范、精细、动态管理；坚持中西药并重，充分发挥中药和西药各自优势。

第五条 《药品目录》由凡例、西药、中成药、协议期内谈判药品和中药饮片五部分组成。省级医疗保障行政部门按国家规定增补的药品单列。为维护临床用药安全和提高基本医疗保险基金使用效益，《药品目录》对部分药品的医保支付条件进行限定。

第六条 国务院医疗保障行政部门负责建立基本医疗保险用药管理体系，制定和调整全国范围内基本医疗保险用药范围，使用和支付的原则、条件、标准及程序等，组织制定、调整和发布国家《药品目录》并编制统一的医保代码，对全国基本医疗保险用药工作进行管理和监督。国家医疗保障经办机构受国务院医疗保障行政部门委托承担国家《药品目录》调整的具体组织实施工作。

省级医疗保障行政部门负责本行政区域内的基本医疗保险用药管理，制定本地区基本医疗保险用药管理政策措施，负责《药品目录》的监督实施等工作。各省（自治区、直辖市）以国家《药品目录》为基础，按照国家规定的调整权限和程序将符合条件的民族药、医疗机构制剂、中药饮片纳入省级医保支付范围，按规定向国务院医疗保障行政部门备案后实施。

统筹地区医疗保障部门负责《药品目录》及相关政策的实施，按照医保协议对定点医药机构医保用药行为进行审核、监督和管理，按规定及时结算和支付医保费用，并承担相关的统计监测、信息报送等工作。

第二章 《药品目录》的制定和调整

第七条 纳入国家《药品目录》的药品应当是经国家药品监管部门批准，取得药品注册证书的化学药、生物制品、中成药（民族药），以及按国家标准炮制的中药饮片，并符合临床必需、安全有效、价格合理等基本条件。支持符合条件的基本药物按规定纳入《药品目录》。

第八条 以下药品不纳入《药品目录》：

（一）主要起滋补作用的药品；

（二）含国家珍贵、濒危野生动植物药材的药品；

（三）保健药品；

（四）预防性疫苗和避孕药品；

（五）主要起增强性功能、治疗脱发、减肥、美容、戒烟、戒酒等作用的药品；

（六）因被纳入诊疗项目等原因，无法单独收费的药品；

（七）酒制剂、茶制剂，各类果味制剂（特别情况下的儿童用药除外），口腔含服剂和口服泡腾剂（特别规定情形的除外）等；

（八）其他不符合基本医疗保险用药规定的药品。

第九条 《药品目录》内的药品，有下列情况之一的，经专家评审后，直接调出《药品目录》：

（一）被药品监管部门撤销、吊销或者注销药品批准证明文件的药品；

（二）被有关部门列入负面清单的药品；

（三）综合考虑临床价值、不良反应、药物经济性等因素，经评估认为风险大于收益的药品；

（四）通过弄虚作假等违规手段进入《药品目录》的药品；

（五）国家规定的应当直接调出的其他情形。

第十条　《药品目录》内的药品，符合以下情况之一的，经专家评审等规定程序后，可以调出《药品目录》：

（一）在同治疗领域中，价格或费用明显偏高且没有合理理由的药品；

（二）临床价值不确切，可以被更好替代的药品；

（三）其他不符合安全性、有效性、经济性等条件的药品。

第十一条　国务院医疗保障行政部门建立完善动态调整机制，原则上每年调整一次。

国务院医疗保障行政部门根据医保药品保障需求、基本医疗保险基金的收支情况、承受能力、目录管理重点等因素，确定当年《药品目录》调整的范围和具体条件，研究制定调整工作方案，依法征求相关部门和有关方面的意见并向社会公布。对企业申报且符合当年《药品目录》调整条件的药品纳入该年度调整范围。

第十二条　建立《药品目录》准入与医保药品支付标准（以下简称支付标准）衔接机制。除中药饮片外，原则上新纳入《药品目录》的药品同步确定支付标准。

独家药品通过准入谈判的方式确定支付标准。

非独家药品中，国家组织药品集中采购（以下简称集中采购）中选药品，按照集中采购有关规定确定支付标准；其他非独家药品根据准入竞价等方式确定支付标准。

执行政府定价的麻醉药品和第一类精神药品，支付标准按照政府定价确定。

第十三条　中药饮片采用专家评审方式进行调整，其他药品的调整程序主要包括企业申报、专家评审、谈判或准入竞价、公布结果。

第十四条　建立企业（药品上市许可持有人，以下统称企业）申报制度。根据当年调整的范围，符合条件的企业按规定向国家医疗保障经办机构提交必要的资料。提交资料的具体要求和办法另行制定。

第十五条　国家医疗保障经办机构按规定组织医学、药学、药物经济学、医保管理等方面专家，对符合当年《药品目录》调整条

件的全部药品进行评审,并提出如下药品名单:

(一)建议新增纳入《药品目录》的药品。经专家评审后,符合条件的国家组织集中采购中选药品或政府定价药品,可直接纳入《药品目录》;其他药品按规定提交药物经济学等资料。

(二)原《药品目录》内建议直接调出的药品。该类药品直接从《药品目录》中调出。

(三)原《药品目录》内建议可以调出的药品。该类药品按规定提交药物经济学等资料。

(四)原《药品目录》内药品建议调整限定支付范围的。其中缩小限定支付范围或者扩大限定支付范围但对基本医疗保险基金影响较小的,可以直接调整;扩大限定支付范围且对基本医疗保险基金影响较大的,按规定提交药物经济学等资料。

第十六条 国家医疗保障经办机构按规定组织药物经济学、医保管理等方面专家开展谈判或准入竞价。其中独家药品进入谈判环节,非独家药品进入企业准入竞价环节。谈判或者准入竞价成功的,纳入《药品目录》或调整限定支付范围;谈判或者准入竞价不成功的,不纳入或调出《药品目录》,或者不予调整限定支付范围。

第十七条 国务院医疗保障行政部门负责确定并印发《药品目录》,公布调整结果。

第十八条 原则上谈判药品协议有效期为两年。协议期内,如有谈判药品的同通用名药物(仿制药)上市,医保部门可根据仿制药价格水平调整该药品的支付标准,也可以将该通用名纳入集中采购范围。协议期满后,如谈判药品仍为独家,周边国家及地区的价格等市场环境未发生重大变化且未调整限定支付范围或虽然调整了限定支付范围但对基本医疗保险基金影响较小的,根据协议期内基本医疗保险基金实际支出(以医保部门统计为准)与谈判前企业提交的预算影响分析进行对比,按相关规则调整支付标准,并续签协议。具体规则另行制定。

第十九条 对于因更名、异名等原因需要对药品的目录归属进行认定的，由国务院医疗保障行政部门按程序进行认定后发布。

第二十条　国务院医疗保障行政部门负责编制国家医保药品代码，按照医保药品分类和代码规则建立药品编码数据库。原则上每季度更新一次。

第三章　《药品目录》的使用

第二十一条　协议期内谈判药品原则上按照支付标准直接挂网采购。协议期内，谈判药品的同通用名药品在价格不高于谈判支付标准的情况下，按规定挂网采购。其他药品按照药品招采有关政策执行。

第二十二条　在满足临床需要的前提下，医保定点医疗机构须优先配备和使用《药品目录》内药品。逐步建立《药品目录》与定点医疗机构药品配备联动机制，定点医疗机构根据《药品目录》调整结果及时对本医疗机构用药目录进行调整和优化。

第四章　医保用药的支付

第二十三条　参保人使用《药品目录》内药品发生的费用，符合以下条件的，可由基本医疗保险基金支付：

（一）以疾病诊断或治疗为目的；

（二）诊断、治疗与病情相符，符合药品法定适应症及医保限定支付范围；

（三）由符合规定的定点医药机构提供，急救、抢救的除外；

（四）由统筹基金支付的药品费用，应当凭医生处方或住院医嘱；

（五）按规定程序经过药师或执业药师的审查。

第二十四条　国家《药品目录》中的西药和中成药分为"甲类药品"和"乙类药品"。"甲类药品"是临床治疗必需、使用广泛、疗效确切、同类药品中价格或治疗费用较低的药品。"乙类药品"是可供临床治疗选择使用，疗效确切、同类药品中比"甲类药品"价格或治疗费用略高的药品。协议期内谈判药品纳入"乙类药品"管理。

各省级医疗保障部门按国家规定纳入《药品目录》的民族药、医疗机构制剂纳入"乙类药品"管理。

中药饮片的"甲乙分类"由省级医疗保障行政部门确定。

第二十五条 参保人使用"甲类药品"按基本医疗保险规定的支付标准及分担办法支付；使用"乙类药品"按基本医疗保险规定的支付标准，先由参保人自付一定比例后，再按基本医疗保险规定的分担办法支付。

"乙类药品"个人先行自付的比例由省级或统筹地区医疗保障行政部门确定。

第二十六条 支付标准是基本医疗保险参保人员使用《药品目录》内药品时，基本医疗保险基金支付药品费用的基准。基本医疗保险基金依据药品的支付标准以及医保支付规定向定点医疗机构和定点零售药店支付药品费用。支付标准的制定和调整规则另行制定。

第五章 医保用药的管理与监督

第二十七条 综合运用协议、行政、司法等手段，加强《药品目录》及用药政策落实情况的监管，提升医保用药安全性、有效性、经济性。

第二十八条 定点医疗机构应健全组织机构，完善内部制度规范，建立健全药品"进、销、存"全流程记录和管理制度，提高医保用药管理能力，确保医保用药安全合理。

第二十九条 将《药品目录》和相关政策落实责任纳入定点医药机构协议内容，强化用药合理性和费用审核，定期开展监督检查。将医保药品备药率、非医保药品使用率等与定点医疗机构的基金支付挂钩。加强定点医药机构落实医保用药管理政策，履行药品配备、使用、支付、管理等方面职责的监督检查。

第三十条　建立目录内药品企业监督机制，引导企业遵守相关规定。将企业在药品推广使用、协议遵守、信息报送等方面的行为与《药品目录》管理挂钩。

第三十一条　基本医疗保险用药管理工作主动接受纪检监察部门和社会各界监督。加强专家管理，完善专家产生、利益回避、责任追究等机制。加强内控制度建设，完善投诉举报处理、利益回避、保密等内部管理制度，落实合法性和公平竞争审查制度。

第三十二条　对于调入或调出《药品目录》的药品，专家应当提交评审结论和报告。逐步建立评审报告公开机制，接受社会监督。

第六章　附　　则

第三十三条　凡例是对《药品目录》的编排格式、名称剂型规范、备注等内容的解释和说明。

西药部分，收载化学药品和生物制品。

中成药部分，收载中成药和民族药。

协议期内谈判药品部分，收载谈判协议有效期内的药品。

中药饮片部分，收载基本医疗保险基金予以支付的饮片，并规定不得纳入基本医疗保险基金支付的饮片。

第三十四条　各省（自治区、直辖市）医疗保障部门要参照本暂行办法，在国家规定的权限内，制定本省（自治区、直辖市）调整《药品目录》的具体办法。

第三十五条　发生严重危害群众健康的公共卫生事件或紧急情况时，国务院医疗保障行政部门可临时调整或授权省级医疗保障行政部门临时调整医保药品支付范围。

第三十六条　原则上《药品目录》不再新增OTC药品。

第三十七条　本办法由国务院医疗保障行政部门负责解释，自2020年9月1日起施行。

四、工伤保险

工伤保险条例

（2003年4月27日中华人民共和国国务院令第375号公布 根据2010年12月20日《国务院关于修改〈工伤保险条例〉的决定》修订）

第一章 总 则

第一条 【立法目的】 为了保障因工作遭受事故伤害或者患职业病的职工获得医疗救治和经济补偿，促进工伤预防和职业康复，分散用人单位的工伤风险，制定本条例。

第二条 【适用范围】 中华人民共和国境内的企业、事业单位、社会团体、民办非企业单位、基金会、律师事务所、会计师事务所等组织和有雇工的个体工商户（以下称用人单位）应当依照本条例规定参加工伤保险，为本单位全部职工或者雇工（以下称职工）缴纳工伤保险费。

中华人民共和国境内的企业、事业单位、社会团体、民办非企业单位、基金会、律师事务所、会计师事务所等组织的职工和个体工商户的雇工，均有依照本条例的规定享受工伤保险待遇的权利。

第三条 【保费征缴】 工伤保险费的征缴按照《社会保险费征缴暂行条例》关于基本养老保险费、基本医疗保险费、失业保险费的征缴规定执行。

第四条 【用人单位责任】用人单位应当将参加工伤保险的有关情况在本单位内公示。

用人单位和职工应当遵守有关安全生产和职业病防治的法律法规，执行安全卫生规程和标准，预防工伤事故发生，避免和减少职业病危害。

职工发生工伤时，用人单位应当采取措施使工伤职工得到及时救治。

第五条 【主管部门与经办机构】国务院社会保险行政部门负责全国的工伤保险工作。

县级以上地方各级人民政府社会保险行政部门负责本行政区域内的工伤保险工作。

社会保险行政部门按照国务院有关规定设立的社会保险经办机构（以下称经办机构）具体承办工伤保险事务。

第六条 【工伤保险政策、标准的制定】社会保险行政部门等部门制定工伤保险的政策、标准，应当征求工会组织、用人单位代表的意见。

第二章 工伤保险基金

第七条 【工伤保险基金构成】工伤保险基金由用人单位缴纳的工伤保险费、工伤保险基金的利息和依法纳入工伤保险基金的其他资金构成。

第八条 【工伤保险费】工伤保险费根据以支定收、收支平衡的原则，确定费率。

国家根据不同行业的工伤风险程度确定行业的差别费率，并根据工伤保险费使用、工伤发生率等情况在每个行业内确定若干费率档次。行业差别费率及行业内费率档次由国务院社会保险行政部门制定，报国务院批准后公布施行。

统筹地区经办机构根据用人单位工伤保险费使用、工伤发生率等情况，适用所属行业内相应的费率档次确定单位缴费费率。

第九条　【行业差别费率及档次调整】国务院社会保险行政部门应当定期了解全国各统筹地区工伤保险基金收支情况，及时提出调整行业差别费率及行业内费率档次的方案，报国务院批准后公布施行。

第十条　【缴费主体、缴费基数与费率】用人单位应当按时缴纳工伤保险费。职工个人不缴纳工伤保险费。

用人单位缴纳工伤保险费的数额为本单位职工工资总额乘以单位缴费费率之积。

对难以按照工资总额缴纳工伤保险费的行业，其缴纳工伤保险费的具体方式，由国务院社会保险行政部门规定。

第十一条　【统筹层次、特殊行业异地统筹】工伤保险基金逐步实行省级统筹。

跨地区、生产流动性较大的行业，可以采取相对集中的方式异地参加统筹地区的工伤保险。具体办法由国务院社会保险行政部门会同有关行业的主管部门制定。

第十二条　【工伤保险基金和用途】工伤保险基金存入社会保障基金财政专户，用于本条例规定的工伤保险待遇，劳动能力鉴定，工伤预防的宣传、培训等费用，以及法律、法规规定的用于工伤保险的其他费用的支付。

工伤预防费用的提取比例、使用和管理的具体办法，由国务院社会保险行政部门会同国务院财政、卫生行政、安全生产监督管理等部门规定。

任何单位或者个人不得将工伤保险基金用于投资运营、兴建或者改建办公场所、发放奖金，或者挪作其他用途。

第十三条　【工伤保险储备金】工伤保险基金应当留有一定比例的储备金，用于统筹地区重大事故的工伤保险待遇支付；储备金不足支付的，由统筹地区的人民政府垫付。储备金占基金总额的具体比例和储备金的使用办法，由省、自治区、直辖市人民政府规定。

第三章 工 伤 认 定

第十四条 【应当认定工伤的情形】 职工有下列情形之一的，应当认定为工伤：

（一）在工作时间和工作场所内，因工作原因受到事故伤害的；

（二）工作时间前后在工作场所内，从事与工作有关的预备性或者收尾性工作受到事故伤害的；

（三）在工作时间和工作场所内，因履行工作职责受到暴力等意外伤害的；

（四）患职业病的；

（五）因工外出期间，由于工作原因受到伤害或者发生事故下落不明的；

（六）在上下班途中，受到非本人主要责任的交通事故或者城市轨道交通、客运轮渡、火车事故伤害的；

（七）法律、行政法规规定应当认定为工伤的其他情形。

第十五条 【视同工伤的情形及其保险待遇】 职工有下列情形之一的，视同工伤：

（一）在工作时间和工作岗位，突发疾病死亡或者在48小时之内经抢救无效死亡的；

（二）在抢险救灾等维护国家利益、公共利益活动中受到伤害的；

（三）职工原在军队服役，因战、因公负伤致残，已取得革命伤残军人证，到用人单位后旧伤复发的。

职工有前款第（一）项、第（二）项情形的，按照本条例的有关规定享受工伤保险待遇；职工有前款第（三）项情形的，按照本条例的有关规定享受除一次性伤残补助金以外的工伤保险待遇。

第十六条 【不属于工伤的情形】职工符合本条例第十四条、第十五条的规定，但是有下列情形之一的，不得认定为工伤或者视同工伤：

（一）故意犯罪的；

（二）醉酒或者吸毒的；

（三）自残或者自杀的。

第十七条 【申请工伤认定的主体、时限及受理部门】职工发生事故伤害或者按照职业病防治法规定被诊断、鉴定为职业病，所在单位应当自事故伤害发生之日或者被诊断、鉴定为职业病之日起30日内，向统筹地区社会保险行政部门提出工伤认定申请。遇有特殊情况，经报社会保险行政部门同意，申请时限可以适当延长。

用人单位未按前款规定提出工伤认定申请的，工伤职工或者其近亲属、工会组织在事故伤害发生之日或者被诊断、鉴定为职业病之日起1年内，可以直接向用人单位所在地统筹地区社会保险行政部门提出工伤认定申请。

按照本条第一款规定应当由省级社会保险行政部门进行工伤认定的事项，根据属地原则由用人单位所在地的设区的市级社会保险行政部门办理。

用人单位未在本条第一款规定的时限内提交工伤认定申请，在此期间发生符合本条例规定的工伤待遇等有关费用由该用人单位负担。

第十八条 【申请材料】提出工伤认定申请应当提交下列材料：

（一）工伤认定申请表；

（二）与用人单位存在劳动关系（包括事实劳动关系）的证明材料；

（三）医疗诊断证明或者职业病诊断证明书（或者职业病诊断鉴定书）。

工伤认定申请表应当包括事故发生的时间、地点、原因以及职工伤害程度等基本情况。

工伤认定申请人提供材料不完整的,社会保险行政部门应当一次性书面告知工伤认定申请人需要补正的全部材料。申请人按照书面告知要求补正材料后,社会保险行政部门应当受理。

第十九条 【事故调查及举证责任】社会保险行政部门受理工伤认定申请后,根据审核需要可以对事故伤害进行调查核实,用人单位、职工、工会组织、医疗机构以及有关部门应当予以协助。职业病诊断和诊断争议的鉴定,依照职业病防治法的有关规定执行。对依法取得职业病诊断证明书或者职业病诊断鉴定书的,社会保险行政部门不再进行调查核实。

职工或者其近亲属认为是工伤,用人单位不认为是工伤的,由用人单位承担举证责任。

第二十条 【工伤认定的时限、回避】社会保险行政部门应当自受理工伤认定申请之日起60日内作出工伤认定的决定,并书面通知申请工伤认定的职工或者其近亲属和该职工所在单位。

社会保险行政部门对受理的事实清楚、权利义务明确的工伤认定申请,应当在15日内作出工伤认定的决定。

作出工伤认定决定需要以司法机关或者有关行政主管部门的结论为依据的,在司法机关或者有关行政主管部门尚未作出结论期间,作出工伤认定决定的时限中止。

社会保险行政部门工作人员与工伤认定申请人有利害关系的,应当回避。

第四章 劳动能力鉴定

第二十一条 【鉴定的条件】职工发生工伤,经治疗伤情相对稳定后存在残疾、影响劳动能力的,应当进行劳动能力鉴定。

第二十二条 【劳动能力鉴定等级】劳动能力鉴定是指劳动功能障碍程度和生活自理障碍程度的等级鉴定。

劳动功能障碍分为十个伤残等级，最重的为一级，最轻的为十级。

生活自理障碍分为三个等级：生活完全不能自理、生活大部分不能自理和生活部分不能自理。

劳动能力鉴定标准由国务院社会保险行政部门会同国务院卫生行政部门等部门制定。

第二十三条　【申请鉴定的主体、受理机构、申请材料】 劳动能力鉴定由用人单位、工伤职工或者其近亲属向设区的市级劳动能力鉴定委员会提出申请，并提供工伤认定决定和职工工伤医疗的有关资料。

第二十四条　【鉴定委员会人员构成、专家库】 省、自治区、直辖市劳动能力鉴定委员会和设区的市级劳动能力鉴定委员会分别由省、自治区、直辖市和设区的市级社会保险行政部门、卫生行政部门、工会组织、经办机构代表以及用人单位代表组成。

劳动能力鉴定委员会建立医疗卫生专家库。列入专家库的医疗卫生专业技术人员应当具备下列条件：

（一）具有医疗卫生高级专业技术职务任职资格；

（二）掌握劳动能力鉴定的相关知识；

（三）具有良好的职业品德。

第二十五条　【鉴定步骤、时限】 设区的市级劳动能力鉴定委员会收到劳动能力鉴定申请后，应当从其建立的医疗卫生专家库中随机抽取3名或者5名相关专家组成专家组，由专家组提出鉴定意见。设区的市级劳动能力鉴定委员会根据专家组的鉴定意见作出工伤职工劳动能力鉴定结论；必要时，可以委托具备资格的医疗机构协助进行有关的诊断。

设区的市级劳动能力鉴定委员会应当自收到劳动能力鉴定申请之日起60日内作出劳动能力鉴定结论，必要时，作出劳动能力鉴定结论的期限可以延长30日。劳动能力鉴定结论应当及时送达申请鉴定的单位和个人。

第二十六条 【再次鉴定】申请鉴定的单位或者个人对设区的市级劳动能力鉴定委员会作出的鉴定结论不服的，可以在收到该鉴定结论之日起15日内向省、自治区、直辖市劳动能力鉴定委员会提出再次鉴定申请。省、自治区、直辖市劳动能力鉴定委员会作出的劳动能力鉴定结论为最终结论。

第二十七条 【鉴定工作原则、回避制度】劳动能力鉴定工作应当客观、公正。劳动能力鉴定委员会组成人员或者参加鉴定的专家与当事人有利害关系的，应当回避。

第二十八条 【复查鉴定】自劳动能力鉴定结论作出之日起1年后，工伤职工或者其近亲属、所在单位或者经办机构认为伤残情况发生变化的，可以申请劳动能力复查鉴定。

第二十九条 【再次鉴定和复查鉴定的时限】劳动能力鉴定委员会依照本条例第二十六条和第二十八条的规定进行再次鉴定和复查鉴定的期限，依照本条例第二十五条第二款的规定执行。

第五章 工伤保险待遇

第三十条 【工伤职工的治疗】职工因工作遭受事故伤害或者患职业病进行治疗，享受工伤医疗待遇。

职工治疗工伤应当在签订服务协议的医疗机构就医，情况紧急时可以先到就近的医疗机构急救。

治疗工伤所需费用符合工伤保险诊疗项目目录、工伤保险药品目录、工伤保险住院服务标准的，从工伤保险基金支付。工伤保险诊疗项目目录、工伤保险药品目录、工伤保险住院服务标准，由国务院社会保险行政部门会同国务院卫生行政部门、食品药品监督管理部门等部门规定。

职工住院治疗工伤的伙食补助费，以及经医疗机构出具证明，报经办机构同意，工伤职工到统筹地区以外就医所需的交通、食宿费用从工伤保险基金支付，基金支付的具体标准由统筹地区人民政府规定。

工伤职工治疗非工伤引发的疾病，不享受工伤医疗待遇，按照基本医疗保险办法处理。

工伤职工到签订服务协议的医疗机构进行工伤康复的费用，符合规定的，从工伤保险基金支付。

第三十一条 【复议和诉讼期间不停止支付医疗费用】社会保险行政部门作出认定为工伤的决定后发生行政复议、行政诉讼的，行政复议和行政诉讼期间不停止支付工伤职工治疗工伤的医疗费用。

第三十二条 【配置辅助器具】工伤职工因日常生活或者就业需要，经劳动能力鉴定委员会确认，可以安装假肢、矫形器、假眼、假牙和配置轮椅等辅助器具，所需费用按照国家规定的标准从工伤保险基金支付。

第三十三条 【工伤治疗期间待遇】职工因工作遭受事故伤害或者患职业病需要暂停工作接受工伤医疗的，在停工留薪期内，原工资福利待遇不变，由所在单位按月支付。

停工留薪期一般不超过12个月。伤情严重或者情况特殊，经设区的市级劳动能力鉴定委员会确认，可以适当延长，但延长不得超过12个月。工伤职工评定伤残等级后，停发原待遇，按照本章的有关规定享受伤残待遇。工伤职工在停工留薪期满后仍需治疗的，继续享受工伤医疗待遇。

生活不能自理的工伤职工在停工留薪期需要护理的，由所在单位负责。

第三十四条 【生活护理费】工伤职工已经评定伤残等级并经劳动能力鉴定委员会确认需要生活护理的，从工伤保险基金按月支付生活护理费。

生活护理费按照生活完全不能自理、生活大部分不能自理或者生活部分不能自理3个不同等级支付，其标准分别为统筹地区上年度职工月平均工资的50%、40%或者30%。

第三十五条　【一至四级工伤待遇】职工因工致残被鉴定为一级至四级伤残的，保留劳动关系，退出工作岗位，享受以下待遇：

（一）从工伤保险基金按伤残等级支付一次性伤残补助金，标准为：一级伤残为27个月的本人工资，二级伤残为25个月的本人工资，三级伤残为23个月的本人工资，四级伤残为21个月的本人工资；

（二）从工伤保险基金按月支付伤残津贴，标准为：一级伤残为本人工资的90%，二级伤残为本人工资的85%，三级伤残为本人工资的80%，四级伤残为本人工资的75%。伤残津贴实际金额低于当地最低工资标准的，由工伤保险基金补足差额；

（三）工伤职工达到退休年龄并办理退休手续后，停发伤残津贴，按照国家有关规定享受基本养老保险待遇。基本养老保险待遇低于伤残津贴的，由工伤保险基金补足差额。

职工因工致残被鉴定为一级至四级伤残的，由用人单位和职工个人以伤残津贴为基数，缴纳基本医疗保险费。

第三十六条　【五至六级工伤待遇】职工因工致残被鉴定为五级、六级伤残的，享受以下待遇：

（一）从工伤保险基金按伤残等级支付一次性伤残补助金，标准为：五级伤残为18个月的本人工资，六级伤残为16个月的本人工资；

（二）保留与用人单位的劳动关系，由用人单位安排适当工作。难以安排工作的，由用人单位按月发给伤残津贴，标准为：五级伤残为本人工资的70%，六级伤残为本人工资的60%，并由用人单位按照规定为其缴纳应缴纳的各项社会保险费。伤残津贴实际金额低于当地最低工资标准的，由用人单位补足差额。

经工伤职工本人提出，该职工可以与用人单位解除或者终止劳动关系，由工伤保险基金支付一次性工伤医疗补助金，由用人单位支付一次性伤残就业补助金。一次性工伤医疗补助金和一次性伤残就业补助金的具体标准由省、自治区、直辖市人民政府规定。

第三十七条 【七至十级工伤待遇】职工因工致残被鉴定为七级至十级伤残的,享受以下待遇:

(一)从工伤保险基金按伤残等级支付一次性伤残补助金,标准为:七级伤残为13个月的本人工资,八级伤残为11个月的本人工资,九级伤残为9个月的本人工资,十级伤残为7个月的本人工资;

(二)劳动、聘用合同期满终止,或者职工本人提出解除劳动、聘用合同的,由工伤保险基金支付一次性工伤医疗补助金,由用人单位支付一次性伤残就业补助金。一次性工伤医疗补助金和一次性伤残就业补助金的具体标准由省、自治区、直辖市人民政府规定。

第三十八条 【旧伤复发待遇】工伤职工工伤复发,确认需要治疗的,享受本条例第三十条、第三十二条和第三十三条规定的工伤待遇。

第三十九条 【工亡待遇】职工因工死亡,其近亲属按照下列规定从工伤保险基金领取丧葬补助金、供养亲属抚恤金和一次性工亡补助金:

(一)丧葬补助金为6个月的统筹地区上年度职工月平均工资;

(二)供养亲属抚恤金按照职工本人工资的一定比例发给由因工死亡职工生前提供主要生活来源、无劳动能力的亲属。标准为:配偶每月40%,其他亲属每人每月30%,孤寡老人或者孤儿每人每月在上述标准的基础上增加10%。核定的各供养亲属的抚恤金之和不应高于因工死亡职工生前的工资。供养亲属的具体范围由国务院社会保险行政部门规定;

(三)一次性工亡补助金标准为上一年度全国城镇居民人均可支配收入的20倍。

伤残职工在停工留薪期内因工伤导致死亡的,其近亲属享受本条第一款规定的待遇。

一级至四级伤残职工在停工留薪期满后死亡的,其近亲属可以享受本条第一款第(一)项、第(二)项规定的待遇。

第四十条 【工伤待遇调整】伤残津贴、供养亲属抚恤金、生活护理费由统筹地区社会保险行政部门根据职工平均工资和生活费用变化等情况适时调整。调整办法由省、自治区、直辖市人民政府规定。

第四十一条 【职工抢险救灾、因工外出下落不明时的处理】职工因工外出期间发生事故或者在抢险救灾中下落不明的，从事故发生当月起3个月内照发工资，从第4个月起停发工资，由工伤保险基金向其供养亲属按月支付供养亲属抚恤金。生活有困难的，可以预支一次性工亡补助金的50%。职工被人民法院宣告死亡的，按照本条例第三十九条职工因工死亡的规定处理。

第四十二条 【停止支付工伤保险待遇的情形】工伤职工有下列情形之一的，停止享受工伤保险待遇：

（一）丧失享受待遇条件的；

（二）拒不接受劳动能力鉴定的；

（三）拒绝治疗的。

第四十三条 【用人单位分立合并等情况下的责任】用人单位分立、合并、转让的，承继单位应当承担原用人单位的工伤保险责任；原用人单位已经参加工伤保险的，承继单位应当到当地经办机构办理工伤保险变更登记。

用人单位实行承包经营的，工伤保险责任由职工劳动关系所在单位承担。

职工被借调期间受到工伤事故伤害的，由原用人单位承担工伤保险责任，但原用人单位与借调单位可以约定补偿办法。

企业破产的，在破产清算时依法拨付应当由单位支付的工伤保险待遇费用。

第四十四条 【派遣出境期间的工伤保险关系】职工被派遣出境工作，依据前往国家或者地区的法律应当参加当地工伤保险的，参加当地工伤保险，其国内工伤保险关系中止；不能参加当地工伤保险的，其国内工伤保险关系不中止。

第四十五条 【再次发生工伤的待遇】职工再次发生工伤，根据规定应当享受伤残津贴的，按照新认定的伤残等级享受伤残津贴待遇。

第六章　监督管理

第四十六条　【经办机构职责范围】经办机构具体承办工伤保险事务，履行下列职责：

（一）根据省、自治区、直辖市人民政府规定，征收工伤保险费；

（二）核查用人单位的工资总额和职工人数，办理工伤保险登记，并负责保存用人单位缴费和职工享受工伤保险待遇情况的记录；

（三）进行工伤保险的调查、统计；

（四）按照规定管理工伤保险基金的支出；

（五）按照规定核定工伤保险待遇；

（六）为工伤职工或者其近亲属免费提供咨询服务。

第四十七条　【服务协议】经办机构与医疗机构、辅助器具配置机构在平等协商的基础上签订服务协议，并公布签订服务协议的医疗机构、辅助器具配置机构的名单。具体办法由国务院社会保险行政部门分别会同国务院卫生行政部门、民政部门等部门制定。

第四十八条　【工伤保险费用的核查、结算】经办机构按照协议和国家有关目录、标准对工伤职工医疗费用、康复费用、辅助器具费用的使用情况进行核查，并按时足额结算费用。

第四十九条　【公布基金收支情况、费率调整建议】经办机构应当定期公布工伤保险基金的收支情况，及时向社会保险行政部门提出调整费率的建议。

第五十条　【听取社会意见】社会保险行政部门、经办机构应当定期听取工伤职工、医疗机构、辅助器具配置机构以及社会各界对改进工伤保险工作的意见。

第五十一条 【对工伤保险基金的监督】社会保险行政部门依法对工伤保险费的征缴和工伤保险基金的支付情况进行监督检查。

财政部门和审计机关依法对工伤保险基金的收支、管理情况进行监督。

第五十二条 【群众监督】任何组织和个人对有关工伤保险的违法行为，有权举报。社会保险行政部门对举报应当及时调查，按照规定处理，并为举报人保密。

第五十三条 【工会监督】工会组织依法维护工伤职工的合法权益，对用人单位的工伤保险工作实行监督。

第五十四条 【工伤待遇争议处理】职工与用人单位发生工伤待遇方面的争议，按照处理劳动争议的有关规定处理。

第五十五条 【其他工伤保险争议处理】有下列情形之一的，有关单位或者个人可以依法申请行政复议，也可以依法向人民法院提起行政诉讼：

（一）申请工伤认定的职工或者其近亲属、该职工所在单位对工伤认定申请不予受理的决定不服的；

（二）申请工伤认定的职工或者其近亲属、该职工所在单位对工伤认定结论不服的；

（三）用人单位对经办机构确定的单位缴费费率不服的；

（四）签订服务协议的医疗机构、辅助器具配置机构认为经办机构未履行有关协议或者规定的；

（五）工伤职工或者其近亲属对经办机构核定的工伤保险待遇有异议的。

第七章　法律责任

第五十六条 【挪用工伤保险基金的责任】单位或者个人违反本条例第十二条规定挪用工伤保险基金，构成犯罪的，依法追究刑事责任；尚不构成犯罪的，依法给予处分或者纪律处分。被挪用的基金由社会保险行政部门追回，并入工伤保险基金；没收的违法所得依法上缴国库。

第五十七条 【社会保险行政部门工作人员违法违纪责任】社会保险行政部门工作人员有下列情形之一的，依法给予处分；情节严重，构成犯罪的，依法追究刑事责任：

（一）无正当理由不受理工伤认定申请，或者弄虚作假将不符合工伤条件的人员认定为工伤职工的；

（二）未妥善保管申请工伤认定的证据材料，致使有关证据灭失的；

（三）收受当事人财物的。

第五十八条 【经办机构违规的责任】经办机构有下列行为之一的，由社会保险行政部门责令改正，对直接负责的主管人员和其他责任人员依法给予纪律处分；情节严重，构成犯罪的，依法追究刑事责任；造成当事人经济损失的，由经办机构依法承担赔偿责任：

（一）未按规定保存用人单位缴费和职工享受工伤保险待遇情况记录的；

（二）不按规定核定工伤保险待遇的；

（三）收受当事人财物的。

第五十九条 【医疗机构、辅助器具配置机构、经办机构间的关系】医疗机构、辅助器具配置机构不按服务协议提供服务的，经办机构可以解除服务协议。

经办机构不按时足额结算费用的，由社会保险行政部门责令改正；医疗机构、辅助器具配置机构可以解除服务协议。

第六十条 【对骗取工伤保险待遇的处罚】用人单位、工伤职工或者其近亲属骗取工伤保险待遇，医疗机构、辅助器具配置机构骗取工伤保险基金支出的，由社会保险行政部门责令退还，处骗取金额 2 倍以上 5 倍以下的罚款；情节严重，构成犯罪的，依法追究刑事责任。

第六十一条 【鉴定组织与个人违规的责任】从事劳动能力鉴定的组织或者个人有下列情形之一的，由社会保险行政部门责令改正，处2000元以上1万元以下的罚款；情节严重，构成犯罪的，依法追究刑事责任：

（一）提供虚假鉴定意见的；

（二）提供虚假诊断证明的；

（三）收受当事人财物的。

第六十二条 【未按规定参保的情形】用人单位依照本条例规定应当参加工伤保险而未参加的，由社会保险行政部门责令限期参加，补缴应当缴纳的工伤保险费，并自欠缴之日起，按日加收万分之五的滞纳金；逾期仍不缴纳的，处欠缴数额1倍以上3倍以下的罚款。

依照本条例规定应当参加工伤保险而未参加工伤保险的用人单位职工发生工伤的，由该用人单位按照本条例规定的工伤保险待遇项目和标准支付费用。

用人单位参加工伤保险并补缴应当缴纳的工伤保险费、滞纳金后，由工伤保险基金和用人单位依照本条例的规定支付新发生的费用。

第六十三条 【用人单位不协助调查的责任】用人单位违反本条例第十九条的规定，拒不协助社会保险行政部门对事故进行调查核实的，由社会保险行政部门责令改正，处2000元以上2万元以下的罚款。

第八章 附 则

第六十四条 【相关名词解释】本条例所称工资总额，是指用人单位直接支付给本单位全部职工的劳动报酬总额。

本条例所称本人工资，是指工伤职工因工作遭受事故伤害或者患职业病前12个月平均月缴费工资。本人工资高于统筹地区职工平均工资300%的，按照统筹地区职工平均工资的300%计算；本人工资低于统筹地区职工平均工资60%的，按照统筹地区职工平均工资的60%计算。

第六十五条 【公务员等的工伤保险】公务员和参照公务员法管理的事业单位、社会团体的工作人员因工作遭受事故伤害或者患职业病的，由所在单位支付费用。具体办法由国务院社会保险行政部门会同国务院财政部门规定。

第六十六条 【非法经营单位工伤一次性赔偿及争议处理】无营业执照或者未经依法登记、备案的单位以及被依法吊销营业执照或者撤销登记、备案的单位的职工受到事故伤害或者患职业病的，由该单位向伤残职工或者死亡职工的近亲属给予一次性赔偿，赔偿标准不得低于本条例规定的工伤保险待遇；用人单位不得使用童工，用人单位使用童工造成童工伤残、死亡的，由该单位向童工或者童工的近亲属给予一次性赔偿，赔偿标准不得低于本条例规定的工伤保险待遇。具体办法由国务院社会保险行政部门规定。

前款规定的伤残职工或者死亡职工的近亲属就赔偿数额与单位发生争议的，以及前款规定的童工或者童工的近亲属就赔偿数额与单位发生争议的，按照处理劳动争议的有关规定处理。

第六十七条 【实施日期及过渡事项】本条例自2004年1月1日起施行。本条例施行前已受到事故伤害或者患职业病的职工尚未完成工伤认定的，按照本条例的规定执行。

工伤认定办法

(2010年12月31日人力资源和社会保障部令第8号公布 自2011年1月1日起施行)

第一条 为规范工伤认定程序，依法进行工伤认定，维护当事人的合法权益，根据《工伤保险条例》的有关规定，制定本办法。

第二条 社会保险行政部门进行工伤认定按照本办法执行。

第三条 工伤认定应当客观公正、简捷方便，认定程序应当向社会公开。

第四条 职工发生事故伤害或者按照职业病防治法规定被诊断、鉴定为职业病，所在单位应当自事故伤害发生之日或者被诊断、鉴定为职业病之日起30日内，向统筹地区社会保险行政部门提出工伤认定申请。遇有特殊情况，经报社会保险行政部门同意，申请时限可以适当延长。

按照前款规定应当向省级社会保险行政部门提出工伤认定申请的，根据属地原则应当向用人单位所在地设区的市级社会保险行政部门提出。

第五条 用人单位未在规定的时限内提出工伤认定申请的，受伤害职工或者其近亲属、工会组织在事故伤害发生之日或者被诊断、鉴定为职业病之日起1年内，可以直接按照本办法第四条规定提出工伤认定申请。

第六条 提出工伤认定申请应当填写《工伤认定申请表》，并提交下列材料：

（一）劳动、聘用合同文本复印件或者与用人单位存在劳动关系（包括事实劳动关系）、人事关系的其他证明材料；

（二）医疗机构出具的受伤后诊断证明书或者职业病诊断证明书

（或者职业病诊断鉴定书）。

第七条 工伤认定申请人提交的申请材料符合要求，属于社会保险行政部门管辖范围且在受理时限内的，社会保险行政部门应当受理。

第八条 社会保险行政部门收到工伤认定申请后，应当在15日内对申请人提交的材料进行审核，材料完整的，作出受理或者不予受理的决定；材料不完整的，应当以书面形式一次性告知申请人需要补正的全部材料。社会保险行政部门收到申请人提交的全部补正材料后，应当在15日内作出受理或者不予受理的决定。

社会保险行政部门决定受理的，应当出具《工伤认定申请受理决定书》；决定不予受理的，应当出具《工伤认定申请不予受理决定书》。

第九条 社会保险行政部门受理工伤认定申请后，可以根据需要对申请人提供的证据进行调查核实。

第十条 社会保险行政部门进行调查核实，应当由两名以上工作人员共同进行，并出示执行公务的证件。

第十一条 社会保险行政部门工作人员在工伤认定中，可以进行以下调查核实工作：

（一）根据工作需要，进入有关单位和事故现场；

（二）依法查阅与工伤认定有关的资料，询问有关人员并作出调查笔录；

（三）记录、录音、录像和复制与工伤认定有关的资料。调查核实工作的证据收集参照行政诉讼证据收集的有关规定执行。

第十二条 社会保险行政部门工作人员进行调查核实时，有关单位和个人应当予以协助。用人单位、工会组织、医疗机构以及有关部门应当负责安排相关人员配合工作，据实提供情况和证明材料。

第十三条 社会保险行政部门在进行工伤认定时，对申请人提供的符合国家有关规定的职业病诊断证明书或者职业病诊断鉴定书，不再进行调查核实。职业病诊断证明书或者职业病诊断鉴定书不符合国家规定的要求和格式的,社会保险行政部门可以要求出具证据部门重新提供。

第十四条 社会保险行政部门受理工伤认定申请后,可以根据工作需要,委托其他统筹地区的社会保险行政部门或者相关部门进行调查核实。

第十五条 社会保险行政部门工作人员进行调查核实时,应当履行下列义务:

(一)保守有关单位商业秘密以及个人隐私;

(二)为提供情况的有关人员保密。

第十六条 社会保险行政部门工作人员与工伤认定申请人有利害关系的,应当回避。

第十七条 职工或者其近亲属认为是工伤,用人单位不认为是工伤的,由该用人单位承担举证责任。用人单位拒不举证的,社会保险行政部门可以根据受伤害职工提供的证据或者调查取得的证据,依法作出工伤认定决定。

第十八条 社会保险行政部门应当自受理工伤认定申请之日起60日内作出工伤认定决定,出具《认定工伤决定书》或者《不予认定工伤决定书》。

第十九条 《认定工伤决定书》应当载明下列事项:

(一)用人单位全称;

(二)职工的姓名、性别、年龄、职业、身份证号码;

(三)受伤害部位、事故时间和诊断时间或职业病名称、受伤害经过和核实情况、医疗救治的基本情况和诊断结论;

(四)认定工伤或者视同工伤的依据;

(五)不服认定决定申请行政复议或者提起行政诉讼的部门和时限;

(六)作出认定工伤或者视同工伤决定的时间。

《不予认定工伤决定书》应当载明下列事项:

(一)用人单位全称;

（二）职工的姓名、性别、年龄、职业、身份证号码；

（三）不予认定工伤或者不视同工伤的依据；

（四）不服认定决定申请行政复议或者提起行政诉讼的部门和时限；

（五）作出不予认定工伤或者不视同工伤决定的时间。

《认定工伤决定书》和《不予认定工伤决定书》应当加盖社会保险行政部门工伤认定专用印章。

第二十条 社会保险行政部门受理工伤认定申请后，作出工伤认定决定需要以司法机关或者有关行政主管部门的结论为依据的，在司法机关或者有关行政主管部门尚未作出结论期间，作出工伤认定决定的时限中止，并书面通知申请人。

第二十一条 社会保险行政部门对于事实清楚、权利义务明确的工伤认定申请，应当自受理工伤认定申请之日起15日内作出工伤认定决定。

第二十二条 社会保险行政部门应当自工伤认定决定作出之日起20日内，将《认定工伤决定书》或者《不予认定工伤决定书》送达受伤害职工（或者其近亲属）和用人单位，并抄送社会保险经办机构。

《认定工伤决定书》和《不予认定工伤决定书》的送达参照民事法律有关送达的规定执行。

第二十三条 职工或者其近亲属、用人单位对不予受理决定不服或者对工伤认定决定不服的，可以依法申请行政复议或者提起行政诉讼。

第二十四条 工伤认定结束后，社会保险行政部门应当将工伤认定的有关资料保存50年。

第二十五条 用人单位拒不协助社会保险行政部门对事故伤害进行调查核实的，由社会保险行政部门责令改正，处2000元以上2万元以下的罚款。

第二十六条 本办法中的《工伤认定申请表》、《工伤认定申请受理决定书》、《工伤认定申请不予受理决定书》、《认定工伤决定书》、《不予认定工伤决定书》的样式由国务院社会保险行政部门统一制定。

第二十七条 本办法自 2011 年 1 月 1 日起施行。劳动和社会保障部 2003 年 9 月 23 日颁布的《工伤认定办法》同时废止。

工伤职工劳动能力鉴定管理办法

(2014 年 2 月 20 日人力资源社会保障部、国家卫生和计划生育委员会令第 21 号公布 根据 2018 年 12 月 14 日《人力资源社会保障部关于修改部分规章的决定》修订)

第一章 总 则

第一条 为了加强劳动能力鉴定管理，规范劳动能力鉴定程序，根据《中华人民共和国社会保险法》、《中华人民共和国职业病防治法》和《工伤保险条例》，制定本办法。

第二条 劳动能力鉴定委员会依据《劳动能力鉴定 职工工伤与职业病致残等级》国家标准，对工伤职工劳动功能障碍程度和生活自理障碍程度组织进行技术性等级鉴定，适用本办法。

第三条 省、自治区、直辖市劳动能力鉴定委员会和设区的市级（含直辖市的市辖区、县，下同）劳动能力鉴定委员会分别由省、自治区、直辖市和设区的市级人力资源社会保障行政部门、卫生计生行政部门、工会组织、用人单位代表以及社会保险经办机构代表组成。

承担劳动能力鉴定委员会日常工作的机构，其设置方式由各地根据实际情况决定。

第四条 劳动能力鉴定委员会履行下列职责：

（一）选聘医疗卫生专家，组建医疗卫生专家库，对专家进行培训和管理；

（二）组织劳动能力鉴定；

（三）根据专家组的鉴定意见作出劳动能力鉴定结论；

（四）建立完整的鉴定数据库，保管鉴定工作档案50年；

（五）法律、法规、规章规定的其他职责。

第五条 设区的市级劳动能力鉴定委员会负责本辖区内的劳动能力初次鉴定、复查鉴定。

省、自治区、直辖市劳动能力鉴定委员会负责对初次鉴定或者复查鉴定结论不服提出的再次鉴定。

第六条 劳动能力鉴定相关政策、工作制度和业务流程应当向社会公开。

第二章 鉴定程序

第七条 职工发生工伤，经治疗伤情相对稳定后存在残疾、影响劳动能力的，或者停工留薪期满（含劳动能力鉴定委员会确认的延长期限），工伤职工或者其用人单位应当及时向设区的市级劳动能力鉴定委员会提出劳动能力鉴定申请。

第八条 申请劳动能力鉴定应当填写劳动能力鉴定申请表，并提交下列材料：

（一）《工伤认定决定书》原件；

（二）有效的诊断证明、按照医疗机构病历管理有关规定复印或者复制的检查、检验报告等完整病历材料；

（三）工伤职工的居民身份证或者社会保障卡等其他有效身份证明原件。

第九条 劳动能力鉴定委员会收到劳动能力鉴定申请后，应当及时对申请人提交的材料进行审核；申请人提供材料不完整的，劳动能力鉴定委员会应当自收到劳动能力鉴定申请之日起5个工作日内一次性书面告知申请人需要补正的全部材料。

申请人提供材料完整的，劳动能力鉴定委员会应当及时组织鉴定，并在收到劳动能力鉴定申请之日起60日内作出劳动能力鉴定结论。伤情复杂、涉及医疗卫生专业较多的，作出劳动能力鉴定结论的期限可以延长30日。

第十条 劳动能力鉴定委员会应当视伤情程度等从医疗卫生专家库中随机抽取3名或者5名与工伤职工伤情相关科别的专家组成专家组进行鉴定。

第十一条 劳动能力鉴定委员会应当提前通知工伤职工进行鉴定的时间、地点以及应当携带的材料。工伤职工应当按照通知的时间、地点参加现场鉴定。对行动不便的工伤职工，劳动能力鉴定委员会可以组织专家上门进行劳动能力鉴定。组织劳动能力鉴定的工作人员应当对工伤职工的身份进行核实。

工伤职工因故不能按时参加鉴定的，经劳动能力鉴定委员会同意，可以调整现场鉴定的时间，作出劳动能力鉴定结论的期限相应顺延。

第十二条 因鉴定工作需要，专家组提出应当进行有关检查和诊断的，劳动能力鉴定委员会可以委托具备资格的医疗机构协助进行有关的检查和诊断。

第十三条 专家组根据工伤职工伤情，结合医疗诊断情况，依据《劳动能力鉴定 职工工伤与职业病致残等级》国家标准提出鉴定意见。参加鉴定的专家都应当签署意见并签名。

专家意见不一致时，按照少数服从多数的原则确定专家组的鉴定意见。

第十四条 劳动能力鉴定委员会根据专家组的鉴定意见作出劳动能力鉴定结论。劳动能力鉴定结论书应当载明下列事项：

（一）工伤职工及其用人单位的基本信息；

（二）伤情介绍，包括伤残部位、器官功能障碍程度、诊断情况等；

（三）作出鉴定的依据；

（四）鉴定结论。

第十五条 劳动能力鉴定委员会应当自作出鉴定结论之日起20日内将劳动能力鉴定结论及时送达工伤职工及其用人单位，并抄送社会保险经办机构。

第十六条 工伤职工或者其用人单位对初次鉴定结论不服的，可以在收到该鉴定结论之日起15日内向省、自治区、直辖市劳动能力鉴定委员会申请再次鉴定。

申请再次鉴定，应当提供劳动能力鉴定申请表，以及工伤职工的居民身份证或者社会保障卡等有效身份证明原件。

省、自治区、直辖市劳动能力鉴定委员会作出的劳动能力鉴定结论为最终结论。

第十七条 自劳动能力鉴定结论作出之日起1年后，工伤职工、用人单位或者社会保险经办机构认为伤残情况发生变化的，可以向设区的市级劳动能力鉴定委员会申请劳动能力复查鉴定。

对复查鉴定结论不服的，可以按照本办法第十六条规定申请再次鉴定。

第十八条 工伤职工本人因身体等原因无法提出劳动能力初次鉴定、复查鉴定、再次鉴定申请的，可由其近亲属代为提出。

第十九条 再次鉴定和复查鉴定的程序、期限等按照本办法第九条至第十五条的规定执行。

第三章 监督管理

第二十条 劳动能力鉴定委员会应当每3年对专家库进行一次调整和补充，实行动态管理。确有需要的，可以根据实际情况适时调整。

第二十一条 劳动能力鉴定委员会选聘医疗卫生专家，聘期一般为3年,可以连续聘任。

聘任的专家应当具备下列条件:

(一)具有医疗卫生高级专业技术职务任职资格;

(二)掌握劳动能力鉴定的相关知识;

(三)具有良好的职业品德。

第二十二条 参加劳动能力鉴定的专家应当按照规定的时间、地点进行现场鉴定,严格执行劳动能力鉴定政策和标准,客观、公正地提出鉴定意见。

第二十三条 用人单位、工伤职工或者其近亲属应当如实提供鉴定需要的材料,遵守劳动能力鉴定相关规定,按照要求配合劳动能力鉴定工作。

工伤职工有下列情形之一的,当次鉴定终止:

(一)无正当理由不参加现场鉴定的;

(二)拒不参加劳动能力鉴定委员会安排的检查和诊断的。

第二十四条 医疗机构及其医务人员应当如实出具与劳动能力鉴定有关的各项诊断证明和病历材料。

第二十五条 劳动能力鉴定委员会组成人员、劳动能力鉴定工作人员以及参加鉴定的专家与当事人有利害关系的,应当回避。

第二十六条 任何组织或者个人有权对劳动能力鉴定中的违法行为进行举报、投诉。

第四章 法 律 责 任

第二十七条 劳动能力鉴定委员会和承担劳动能力鉴定委员会日常工作的机构及其工作人员在从事或者组织劳动能力鉴定时,有下列行为之一的,由人力资源社会保障行政部门或者有关部门责令改正,对直接负责的主管人员和其他直接责任人员依法给予相应处分;构成犯罪的,依法追究刑事责任:

（一）未及时审核并书面告知申请人需要补正的全部材料的；

（二）未在规定期限内作出劳动能力鉴定结论的；

（三）未按照规定及时送达劳动能力鉴定结论的；

（四）未按照规定随机抽取相关科别专家进行鉴定的；

（五）擅自篡改劳动能力鉴定委员会作出的鉴定结论的；

（六）利用职务之便非法收受当事人财物的；

（七）有违反法律法规和本办法的其他行为的。

第二十八条 从事劳动能力鉴定的专家有下列行为之一的，劳动能力鉴定委员会应当予以解聘；情节严重的，由卫生计生行政部门依法处理：

（一）提供虚假鉴定意见的；

（二）利用职务之便非法收受当事人财物的；

（三）无正当理由不履行职责的；

（四）有违反法律法规和本办法的其他行为的。

第二十九条 参与工伤救治、检查、诊断等活动的医疗机构及其医务人员有下列情形之一的，由卫生计生行政部门依法处理：

（一）提供与病情不符的虚假诊断证明的；

（二）篡改、伪造、隐匿、销毁病历材料的；

（三）无正当理由不履行职责的。

第三十条 以欺诈、伪造证明材料或者其他手段骗取鉴定结论、领取工伤保险待遇的，按照《中华人民共和国社会保险法》第八十八条的规定，由人力资源社会保障行政部门责令退回骗取的社会保险金，处骗取金额2倍以上5倍以下的罚款。

第五章 附 则

第三十一条 未参加工伤保险的公务员和参照公务员法管理的事业单位、社会团体工作人员因工（公）致残的劳动能力鉴定，参照本办法执行。

第三十二条 本办法中的劳动能力鉴定申请表、初次（复查）鉴定结论书、再次鉴定结论书、劳动能力鉴定材料收讫补正告知书等文书基本样式由人力资源社会保障部制定。

第三十三条 本办法自2014年4月1日起施行。

附件： 1. 劳动能力鉴定申请表（略）

2. 初次（复查）鉴定结论书（略）

3. 再次鉴定结论书（略）

4. 劳动能力鉴定材料收讫补正告知书（略）

社会保险基金先行支付暂行办法

（2011年6月29日人力资源社会保障部令第15号公布 根据2018年12月14日《人力资源社会保障部关于修改部分规章的决定》修订）

第一条 为了维护公民的社会保险合法权益，规范社会保险基金先行支付管理，根据《中华人民共和国社会保险法》（以下简称社会保险法）和《工伤保险条例》，制定本办法。

第二条 参加基本医疗保险的职工或者居民（以下简称个人）由于第三人的侵权行为造成伤病的，其医疗费用应当由第三人按照确定的责任大小依法承担。超过第三人责任部分的医疗费用，由基本医疗保险基金按照国家规定支付。

前款规定中应当由第三人支付的医疗费用，第三人不支付或者无法确定第三人的，在医疗费用结算时，个人可以向参保地社会保险经办机构书面申请基本医疗保险基金先行支付，并告知造成其伤病的原因和第三人不支付医疗费用或者无法确定第三人的情况。

第三条 社会保险经办机构接到个人根据第二条规定提出的申

请后，经审核确定其参加基本医疗保险的，应当按照统筹地区基本医疗保险基金支付的规定先行支付相应部分的医疗费用。

第四条 个人由于第三人的侵权行为造成伤病被认定为工伤，第三人不支付工伤医疗费用或者无法确定第三人的，个人或者其近亲属可以向社会保险经办机构书面申请工伤保险基金先行支付，并告知第三人不支付或者无法确定第三人的情况。

第五条 社会保险经办机构接到个人根据第四条规定提出的申请后，应当审查个人获得基本医疗保险基金先行支付和其所在单位缴纳工伤保险费等情况，并按照下列情形分别处理：

（一）对于个人所在用人单位已经依法缴纳工伤保险费，且在认定工伤之前基本医疗保险基金有先行支付的，社会保险经办机构应当按照工伤保险有关规定，用工伤保险基金先行支付超出基本医疗保险基金先行支付部分的医疗费用，并向基本医疗保险基金退还先行支付的费用；

（二）对于个人所在用人单位已经依法缴纳工伤保险费，在认定工伤之前基本医疗保险基金无先行支付的，社会保险经办机构应当用工伤保险基金先行支付工伤医疗费用；

（三）对于个人所在用人单位未依法缴纳工伤保险费，且在认定工伤之前基本医疗保险基金有先行支付的，社会保险经办机构应当在3个工作日内向用人单位发出书面催告通知，要求用人单位在5个工作日内依法支付超出基本医疗保险基金先行支付部分的医疗费用，并向基本医疗保险基金偿还先行支付的医疗费用。用人单位在规定时间内不支付其余部分医疗费用的，社会保险经办机构应当用工伤保险基金先行支付；

（四）对于个人所在用人单位未依法缴纳工伤保险费，在认定工伤之前基本医疗保险基金无先行支付的，社会保险经办机构应当在3个工作日向用人单位发出书面催告通知，要求用人单位在5个工作日内依法支付全部工伤医疗费用；用人单位在规定时间内不支付的，社会保险经办机构应当用工伤保险基金先行支付。

第六条 职工所在用人单位未依法缴纳工伤保险费,发生工伤事故的,用人单位应当采取措施及时救治,并按照规定的工伤保险待遇项目和标准支付费用。

职工被认定为工伤后,有下列情形之一的,职工或者其近亲属可以持工伤认定决定书和有关材料向社会保险经办机构书面申请先行支付工伤保险待遇:

(一)用人单位被依法吊销营业执照或者撤销登记、备案的;

(二)用人单位拒绝支付全部或者部分费用的;

(三)依法经仲裁、诉讼后仍不能获得工伤保险待遇,法院出具中止执行文书的;

(四)职工认为用人单位不支付的其他情形。

第七条 社会保险经办机构收到职工或者其近亲属根据第六条规定提出的申请后,应当在3个工作日内向用人单位发出书面催告通知,要求其在5个工作日内予以核实并依法支付工伤保险待遇,告知其如在规定期限内不按时足额支付的,工伤保险基金在按照规定先行支付后,取得要求其偿还的权利。

第八条 用人单位未按照第七条规定按时足额支付的,社会保险经办机构应当按照社会保险法和《工伤保险条例》的规定,先行支付工伤保险待遇项目中应当由工伤保险基金支付的项目。

第九条 个人或者其近亲属提出先行支付医疗费用、工伤医疗费用或者工伤保险待遇申请,社会保险经办机构经审核不符合先行支付条件的,应当在收到申请后5个工作日内作出不予先行支付的决定,并书面通知申请人。

第十条 个人申请先行支付医疗费用、工伤医疗费用或者工伤保险待遇的,应当提交所有医疗诊断、鉴定等费用的原始票据等证据。社会保险经办机构应当保留所有原始票据等证据,要求申请人在先行支付凭证上签字确认,凭原始票据等证据先行支付医疗费用、工伤医疗费用或者工伤保险待遇。

个人因向第三人或者用人单位请求赔偿需要医疗费用、工伤医疗费用或者工伤保险待遇的原始票据等证据的，可以向社会保险经办机构索取复印件，并将第三人或者用人单位赔偿情况及时告知社会保险经办机构。

第十一条 个人已经从第三人或者用人单位处获得医疗费用、工伤医疗费用或者工伤保险待遇的，应当主动将先行支付金额中应当由第三人承担的部分或者工伤保险基金先行支付的工伤保险待遇退还给基本医疗保险基金或者工伤保险基金，社会保险经办机构不再向第三人或者用人单位追偿。

个人拒不退还的，社会保险经办机构可以从以后支付的相关待遇中扣减其应当退还的数额，或者向人民法院提起诉讼。

第十二条 社会保险经办机构按照本办法第三条规定先行支付医疗费用或者按照第五条第一项、第二项规定先行支付工伤医疗费用后，有关部门确定了第三人责任的，应当要求第三人按照确定的责任大小依法偿还先行支付数额中的相应部分。第三人逾期不偿还的，社会保险经办机构应当依法向人民法院提起诉讼。

第十三条 社会保险经办机构按照本办法第五条第三项、第四项和第六条、第七条、第八条的规定先行支付工伤保险待遇后，应当责令用人单位在10日内偿还。

用人单位逾期不偿还的，社会保险经办机构可以按照社会保险法第六十三条的规定，向银行和其他金融机构查询其存款账户，申请县级以上社会保险行政部门作出划拨应偿还款项的决定，并书面通知用人单位开户银行或者其他金融机构划拨其应当偿还的数额。

用人单位账户余额少于应当偿还数额的，社会保险经办机构可以要求其提供担保，签订延期还款协议。

用人单位未按时足额偿还且未提供担保的，社会保险经办机构可以申请人民法院扣押、查封、拍卖其价值相当于应当偿还数额的财产，以拍卖所得偿还所欠数额。

第十四条 社会保险经办机构向用人单位追偿工伤保险待遇发生的合理费用以及用人单位逾期偿还部分的利息损失等，应当由用人单位承担。

第十五条 用人单位不支付依法应当由其支付的工伤保险待遇项目的,职工可以依法申请仲裁、提起诉讼。

第十六条 个人隐瞒已经从第三人或者用人单位处获得医疗费用、工伤医疗费用或者工伤保险待遇,向社会保险经办机构申请并获得社会保险基金先行支付的,按照社会保险法第八十八条的规定处理。

第十七条 用人单位对社会保险经办机构作出先行支付的追偿决定不服或者对社会保险行政部门作出的划拨决定不服的,可以依法申请行政复议或者提起行政诉讼。

个人或者其近亲属对社会保险经办机构作出不予先行支付的决定不服或者对先行支付的数额不服的,可以依法申请行政复议或者提起行政诉讼。

第十八条 本办法自 2011 年 7 月 1 日起施行。

人力资源和社会保障部关于执行 《工伤保险条例》若干问题的意见

(2013 年 4 月 25 日 人社部发〔2013〕34 号)

各省、自治区、直辖市及新疆生产建设兵团人力资源社会保障厅(局):

《国务院关于修改〈工伤保险条例〉的决定》(国务院令第 586 号)已经于 2011 年 1 月 1 日实施。为贯彻执行新修订的《工伤保险条例》,妥善解决实际工作中的问题,更好地保障职工和用人单位的合法权益,现提出如下意见。

一、《工伤保险条例》(以下简称《条例》)第十四条第(五)项规定的"因工外出期间"的认定,应当考虑职工外出是否属于用人单位指派的因工作外出，遭受的事故伤害是否因工作原因所致。

二、《条例》第十四条第（六）项规定的"非本人主要责任"的认定，应当以有关机关出具的法律文书或者人民法院的生效裁决为依据。

三、《条例》第十六条第（一）项"故意犯罪"的认定，应当以司法机关的生效法律文书或者结论性意见为依据。

四、《条例》第十六条第（二）项"醉酒或者吸毒"的认定，应当以有关机关出具的法律文书或者人民法院的生效裁决为依据。无法获得上述证据的，可以结合相关证据认定。

五、社会保险行政部门受理工伤认定申请后，发现劳动关系存在争议且无法确认的，应告知当事人可以向劳动人事争议仲裁委员会申请仲裁。在此期间，作出工伤认定决定的时限中止，并书面通知申请工伤认定的当事人。劳动关系依法确认后，当事人应将有关法律文书送交受理工伤认定申请的社会保险行政部门，该部门自收到生效法律文书之日起恢复工伤认定程序。

六、符合《条例》第十五条第（一）项情形的，职工所在用人单位原则上应自职工死亡之日起5个工作日内向用人单位所在统筹地区社会保险行政部门报告。

七、具备用工主体资格的承包单位违反法律、法规规定，将承包业务转包、分包给不具备用工主体资格的组织或者自然人，该组织或者自然人招用的劳动者从事承包业务时因工伤亡的，由该具备用工主体资格的承包单位承担用人单位依法应承担的工伤保险责任。

八、曾经从事接触职业病危害作业、当时没有发现罹患职业病、离开工作岗位后被诊断或鉴定为职业病的符合下列条件的人员，可以自诊断、鉴定为职业病之日起一年内申请工伤认定，社会保险行政部门应当受理：

（一）办理退休手续后，未再从事接触职业病危害作业的退休人员；

（二）劳动或聘用合同期满后或者本人提出而解除劳动或聘用合

同后，未再从事接触职业病危害作业的人员。

经工伤认定和劳动能力鉴定，前款第（一）项人员符合领取一次性伤残补助金条件的，按就高原则以本人退休前12个月平均月缴费工资或者确诊职业病前12个月的月平均养老金为基数计发。前款第（二）项人员被鉴定为一级至十级伤残、按《条例》规定应以本人工资作为基数享受相关待遇的，按本人终止或者解除劳动、聘用合同前12个月平均月缴费工资计发。

九、按照本意见第八条规定被认定为工伤的职业病人员，职业病诊断证明书（或职业病诊断鉴定书）中明确的用人单位，在该职工从业期间依法为其缴纳工伤保险费的，按《条例》的规定，分别由工伤保险基金和用人单位支付工伤保险待遇；未依法为该职工缴纳工伤保险费的，由用人单位按照《条例》规定的相关项目和标准支付待遇。

十、职工在同一用人单位连续工作期间多次发生工伤的，符合《条例》第三十六、第三十七条规定领取相关待遇时，按照其在同一用人单位发生工伤的最高伤残级别，计发一次性伤残就业补助金和一次性工伤医疗补助金。

十一、依据《条例》第四十二条的规定停止支付工伤保险待遇的，在停止支付待遇的情形消失后，自下月起恢复工伤保险待遇，停止支付的工伤保险待遇不予补发。

十二、《条例》第六十二条第三款规定的"新发生的费用"，是指用人单位职工参加工伤保险前发生工伤的，在参加工伤保险后新发生的费用。

十三、由工伤保险基金支付的各项待遇应按《条例》相关规定支付，不得采取将长期待遇改为一次性支付的办法。

十四、核定工伤职工工伤保险待遇时，若上一年度相关数据尚未公布，可暂按前一年度的全国城镇居民人均可支配收入、统筹地区职工月平均工资核定和计发，待相关数据公布后再重新核定，社会保险经办机构或者用人单位予以补发差额部分。

本意见自发文之日起执行,此前有关规定与本意见不一致的,按本意见执行。执行中有重大问题,请及时报告我部。

人力资源社会保障部关于执行《工伤保险条例》若干问题的意见(二)

(2016年3月28日 人社部发〔2016〕29号)

各省、自治区、直辖市及新疆生产建设兵团人力资源社会保障厅(局):

为更好地贯彻执行新修订的《工伤保险条例》,提高依法行政能力和水平,妥善解决实际工作中的问题,保障职工和用人单位合法权益,现提出如下意见:

一、一级至四级工伤职工死亡,其近亲属同时符合领取工伤保险丧葬补助金、供养亲属抚恤金待遇和职工基本养老保险丧葬补助金、抚恤金待遇条件的,由其近亲属选择领取工伤保险或职工基本养老保险其中一种。

二、达到或超过法定退休年龄,但未办理退休手续或者未依法享受城镇职工基本养老保险待遇,继续在原用人单位工作期间受到事故伤害或患职业病的,用人单位依法承担工伤保险责任。

用人单位招用已经达到、超过法定退休年龄或已经领取城镇职工基本养老保险待遇的人员,在用工期间因工作原因受到事故伤害或患职业病的,如招用单位已按项目参保等方式为其缴纳工伤保险费的,应适用《工伤保险条例》。

三、《工伤保险条例》第六十二条规定的"新发生的费用",是指用人单位参加工伤保险前发生工伤的职工,在参加工伤保险后新发生的费用。其中由工伤保险基金支付的费用,按不同情况予以处理:

（一）因工受伤的，支付参保后新发生的工伤医疗费、工伤康复费、住院伙食补助费、统筹地区以外就医交通食宿费、辅助器具配置费、生活护理费、一级至四级伤残职工伤残津贴，以及参保后解除劳动合同时的一次性工伤医疗补助金；

（二）因工死亡的，支付参保后新发生的符合条件的供养亲属抚恤金。

四、职工在参加用人单位组织或者受用人单位指派参加其他单位组织的活动中受到事故伤害的，应当视为工作原因，但参加与工作无关的活动除外。

五、职工因工作原因驻外，有固定的住所、有明确的作息时间，工伤认定时按照在驻在地当地正常工作的情形处理。

六、职工以上下班为目的、在合理时间内往返于工作单位和居住地之间的合理路线，视为上下班途中。

七、用人单位注册地与生产经营地不在同一统筹地区的，原则上应在注册地为职工参加工伤保险；未在注册地参加工伤保险的职工，可由用人单位在生产经营地为其参加工伤保险。

劳务派遣单位跨地区派遣劳动者，应根据《劳务派遣暂行规定》参加工伤保险。建筑施工企业按项目参保的，应在施工项目所在地参加工伤保险。

职工受到事故伤害或者患职业病后，在参保地进行工伤认定、劳动能力鉴定，并按照参保地的规定依法享受工伤保险待遇；未参加工伤保险的职工，应当在生产经营地进行工伤认定、劳动能力鉴定，并按照生产经营地的规定依法由用人单位支付工伤保险待遇。

八、有下列情形之一的，被延误的时间不计算在工伤认定申请时限内。

（一）受不可抗力影响的；

（二）职工由于被国家机关依法采取强制措施等人身自由受到限制不能申请工伤认定的；

（三）申请人正式提交了工伤认定申请，但因社会保险机构未登记或者材料遗失等原因造成申请超时限的；

（四）当事人就确认劳动关系申请劳动仲裁或提起民事诉讼的；

（五）其他符合法律法规规定的情形。

九、《工伤保险条例》第六十七条规定的"尚未完成工伤认定的"，是指在《工伤保险条例》施行前遭受事故伤害或被诊断鉴定为职业病，且在工伤认定申请法定时限内（从《工伤保险条例》施行之日起算）提出工伤认定申请，尚未做出工伤认定的情形。

十、因工伤认定申请人或者用人单位隐瞒有关情况或者提供虚假材料，导致工伤认定决定错误的，社会保险行政部门发现后，应当及时予以更正。

本意见自发文之日起执行，此前有关规定与本意见不一致的，按本意见执行。执行中有重大问题，请及时报告我部。

最高人民法院关于审理工伤保险行政案件若干问题的规定

（2014年4月21日最高人民法院审判委员会第1613次会议通过 2014年6月18日最高人民法院公告公布 自2014年9月1日起施行 法释〔2014〕9号）

为正确审理工伤保险行政案件，根据《中华人民共和国社会保险法》《中华人民共和国劳动法》《中华人民共和国行政诉讼法》《工伤保险条例》及其他有关法律、行政法规规定，结合行政审判实际，制定本规定。

第一条 人民法院审理工伤认定行政案件，在认定是否存在《工伤保险条例》第十四条第（六）项"本人主要责任"、第十六条第（二）项"醉酒或者吸毒"和第十六条第（三）项"自残或者自杀"等情形时，应当以有权机构出具的事故责任认定书、结论性意见和人民法院生效裁判等法律文书为依据，但有相反证据足以推翻事故责任认定书和结论性意见的除外。

前述法律文书不存在或者内容不明确，社会保险行政部门就前款事实作出认定的，人民法院应当结合其提供的相关证据依法进行审查。

《工伤保险条例》第十六条第（一）项"故意犯罪"的认定，应当以刑事侦查机关、检察机关和审判机关的生效法律文书或者结论性意见为依据。

第二条 人民法院受理工伤认定行政案件后，发现原告或者第三人在提起行政诉讼前已经就是否存在劳动关系申请劳动仲裁或者提起民事诉讼的，应当中止行政案件的审理。

第三条 社会保险行政部门认定下列单位为承担工伤保险责任单位的，人民法院应予支持：

（一）职工与两个或两个以上单位建立劳动关系，工伤事故发生时，职工为之工作的单位为承担工伤保险责任的单位；

（二）劳务派遣单位派遣的职工在用工单位工作期间因工伤亡的，派遣单位为承担工伤保险责任的单位；

（三）单位指派到其他单位工作的职工因工伤亡的，指派单位为承担工伤保险责任的单位；

（四）用工单位违反法律、法规规定将承包业务转包给不具备用工主体资格的组织或者自然人，该组织或者自然人聘用的职工从事承包业务时因工伤亡的，用工单位为承担工伤保险责任的单位；

（五）个人挂靠其他单位对外经营，其聘用的人员因工伤亡的，被挂靠单位为承担工伤保险责任的单位。

前款第（四）、（五）项明确的承担工伤保险责任的单位承担赔偿责任或者社会保险经办机构从工伤保险基金支付工伤保险待遇后，有权向相关组织、单位和个人追偿。

第四条 社会保险行政部门认定下列情形为工伤的，人民法院应予支持：

（一）职工在工作时间和工作场所内受到伤害，用人单位或者社会保险行政部门没有证据证明是非工作原因导致的；

（二）职工参加用人单位组织或者受用人单位指派参加其他单位组织的活动受到伤害的；

（三）在工作时间内，职工来往于多个与其工作职责相关的工作场所之间的合理区域因工受到伤害的；

（四）其他与履行工作职责相关，在工作时间及合理区域内受到伤害的。

第五条 社会保险行政部门认定下列情形为"因工外出期间"的，人民法院应予支持：

（一）职工受用人单位指派或者因工作需要在工作场所以外从事与工作职责有关的活动期间；

（二）职工受用人单位指派外出学习或者开会期间；

（三）职工因工作需要的其他外出活动期间。

职工因工外出期间从事与工作或者受用人单位指派外出学习、开会无关的个人活动受到伤害，社会保险行政部门不认定为工伤的，人民法院应予支持。

第六条 对社会保险行政部门认定下列情形为"上下班途中"的，人民法院应予支持：

（一）在合理时间内往返于工作地与住所地、经常居住地、单位宿舍的合理路线的上下班途中；

（二）在合理时间内往返于工作地与配偶、父母、子女居住地的合理路线的上下班途中；

（三）从事属于日常工作生活所需要的活动，且在合理时间和合理路线的上下班途中；

（四）在合理时间内其他合理路线的上下班途中。

第七条 由于不属于职工或者其近亲属自身原因超过工伤认定申请期限的，被耽误的时间不计算在工伤认定申请期限内。

有下列情形之一耽误申请时间的，应当认定为不属于职工或者其近亲属自身原因：

（一）不可抗力；

（二）人身自由受到限制；

（三）属于用人单位原因；

（四）社会保险行政部门登记制度不完善；

（五）当事人对是否存在劳动关系申请仲裁、提起民事诉讼。

第八条 职工因第三人的原因受到伤害，社会保险行政部门以职工或者其近亲属已经对第三人提起民事诉讼或者获得民事赔偿为由，作出不予受理工伤认定申请或者不予认定工伤决定的，人民法院不予支持。

职工因第三人的原因受到伤害，社会保险行政部门已经作出工伤认定，职工或者其近亲属未对第三人提起民事诉讼或者尚未获得民事赔偿，起诉要求社会保险经办机构支付工伤保险待遇的，人民法院应予支持。

职工因第三人的原因导致工伤，社会保险经办机构以职工或者其近亲属已经对第三人提起民事诉讼为由，拒绝支付工伤保险待遇的，人民法院不予支持，但第三人已经支付的医疗费用除外。

第九条 因工伤认定申请人或者用人单位隐瞒有关情况或者提供虚假材料，导致工伤认定错误的，社会保险行政部门可以在诉讼中依法予以更正。

工伤认定依法更正后，原告不申请撤诉，社会保险行政部门在作出原工伤认定时有过错的，人民法院应当判决确认违法；社会保险行政部门无过错的，人民法院可以驳回原告诉讼请求。

第十条 最高人民法院以前颁布的司法解释与本规定不一致的，以本规定为准。

五、失业保险

失业保险条例

(1998年12月26日国务院第11次常务会议通过
1999年1月22日中华人民共和国国务院令第258号发布
自发布之日起施行)

第一章 总 则

第一条 【立法目的】为了保障失业人员失业期间的基本生活，促进其再就业，制定本条例。

第二条 【适用范围】城镇企业事业单位、城镇企业事业单位职工依照本条例的规定，缴纳失业保险费。

城镇企业事业单位失业人员依照本条例的规定，享受失业保险待遇。

本条所称城镇企业，是指国有企业、城镇集体企业、外商投资企业、城镇私营企业以及其他城镇企业。

第三条 【主管部门】国务院劳动保障行政部门主管全国的失业保险工作。县级以上地方各级人民政府劳动保障行政部门主管本行政区域内的失业保险工作。劳动保障行政部门按照国务院规定设立的经办失业保险业务的社会保险经办机构依照本条例的规定，具体承办失业保险工作。

第四条 【失业保险费征缴】失业保险费按照国家有关规定征缴。

第二章 失业保险基金

第五条 【失业保险基金构成】失业保险基金由下列各项构成：

（一）城镇企业事业单位、城镇企业事业单位职工缴纳的失业保险费；

（二）失业保险基金的利息；

（三）财政补贴；

（四）依法纳入失业保险基金的其他资金。

第六条 【缴费主体】城镇企业事业单位按照本单位工资总额的2%缴纳失业保险费。城镇企业事业单位职工按照本人工资的1%缴纳失业保险费。城镇企业事业单位招用的农民合同制工人本人不缴纳失业保险费。

第七条 【统筹层次】失业保险基金在直辖市和设区的市实行全市统筹；其他地区的统筹层次由省、自治区人民政府规定。

第八条 【失业保险调剂金】省、自治区可以建立失业保险调剂金。

失业保险调剂金以统筹地区依法应当征收的失业保险费为基数，按照省、自治区人民政府规定的比例筹集。

统筹地区的失业保险基金不敷使用时，由失业保险调剂金调剂、地方财政补贴。

失业保险调剂金的筹集、调剂使用以及地方财政补贴的具体办法，由省、自治区人民政府规定。

第九条 【费率调整】省、自治区、直辖市人民政府根据本行政区域失业人员数量和失业保险基金数额，报经国务院批准，可以适当调整本行政区域失业保险费的费率。

第十条 【支出项目】失业保险基金用于下列支出：

（一）失业保险金；

（二）领取失业保险金期间的医疗补助金；

（三）领取失业保险金期间死亡的失业人员的丧葬补助金和其供养的配偶、直系亲属的抚恤金；

（四）领取失业保险金期间接受职业培训、职业介绍的补贴，补贴的办法和标准由省、自治区、直辖市人民政府规定；

（五）国务院规定或者批准的与失业保险有关的其他费用。

第十一条　【收支管理】失业保险基金必须存入财政部门在国有商业银行开设的社会保障基金财政专户，实行收支两条线管理，由财政部门依法进行监督。

存入银行和按照国家规定购买国债的失业保险基金，分别按照城乡居民同期存款利率和国债利息计息。失业保险基金的利息并入失业保险基金。

失业保险基金专款专用，不得挪作他用，不得用于平衡财政收支。

第十二条　【预算、决算】失业保险基金收支的预算、决算，由统筹地区社会保险经办机构编制，经同级劳动保障行政部门复核、同级财政部门审核，报同级人民政府审批。

第十三条　【财会制度】失业保险基金的财务制度和会计制度按照国家有关规定执行。

第三章　失业保险待遇

第十四条　【失业保险金领取条件】具备下列条件的失业人员，可以领取失业保险金：

（一）按照规定参加失业保险，所在单位和本人已按照规定履行缴费义务满1年的；

（二）非因本人意愿中断就业的；

（三）已办理失业登记，并有求职要求的。

失业人员在领取失业保险金期间，按照规定同时享受其他失业保险待遇。

第十五条 【停止领取失业保险金】失业人员在领取失业保险金期间有下列情形之一的，停止领取失业保险金，并同时停止享受其他失业保险待遇：

（一）重新就业的；

（二）应征服兵役的；

（三）移居境外的；

（四）享受基本养老保险待遇的；

（五）被判刑收监执行或者被劳动教养的；

（六）无正当理由，拒不接受当地人民政府指定的部门或者机构介绍的工作的；

（七）有法律、行政法规规定的其他情形的。

第十六条 【失业证明】城镇企业事业单位应当及时为失业人员出具终止或者解除劳动关系的证明，告知其按照规定享受失业保险待遇的权利，并将失业人员的名单自终止或者解除劳动关系之日起7日内报社会保险经办机构备案。

城镇企业事业单位职工失业后，应当持本单位为其出具的终止或者解除劳动关系的证明，及时到指定的社会保险经办机构办理失业登记。失业保险金自办理失业登记之日起计算。

失业保险金由社会保险经办机构按月发放。社会保险经办机构为失业人员开具领取失业保险金的单证，失业人员凭单证到指定银行领取失业保险金。

第十七条 【领取期限】失业人员失业前所在单位和本人按照规定累计缴费时间满1年不足5年的，领取失业保险金的期限最长为12个月；累计缴费时间满5年不足10年的，领取失业保险金的期限最长为18个月；累计缴费时间10年以上的，领取失业保险金的期限最长为24个月。重新就业后，再次失业的，缴费时间重新计算，领取失业保险金的期限可以与前次失业应领取而尚未领取的失业保险金的期限合并计算，但是最长不得超过24个月。

第十八条 【失业保险金标准】失业保险金的标准，按照低于当地最低工资标准、高于城市居民最低生活保障标准的水平，由省、自治区、直辖市人民政府确定。

第十九条 【医疗补助金】失业人员在领取失业保险金期间患病就医的，可以按照规定向社会保险经办机构申请领取医疗补助金。医疗补助金的标准由省、自治区、直辖市人民政府规定。

第二十条 【丧葬补助金与抚恤金】失业人员在领取失业保险金期间死亡的，参照当地对在职职工的规定，对其家属一次性发给丧葬补助金和抚恤金。

第二十一条 【一次性生活补助】单位招用的农民合同制工人连续工作满1年，本单位并已缴纳失业保险费，劳动合同期满未续订或者提前解除劳动合同的，由社会保险经办机构根据其工作时间长短，对其支付一次性生活补助。补助的办法和标准由省、自治区、直辖市人民政府规定。

第二十二条 【失业保险关系转迁】城镇企业事业单位成建制跨统筹地区转移，失业人员跨统筹地区流动的，失业保险关系随之转迁。

第二十三条 【城市居民最低生活保障待遇】失业人员符合城市居民最低生活保障条件的，按照规定享受城市居民最低生活保障待遇。

第四章 管理和监督

第二十四条 【劳动保障部门职责】劳动保障行政部门管理失业保险工作，履行下列职责：

（一）贯彻实施失业保险法律、法规；

（二）指导社会保险经办机构的工作；

（三）对失业保险费的征收和失业保险待遇的支付进行监督检查。

第二十五条　【社保经办机构职责】社会保险经办机构具体承办失业保险工作，履行下列职责：

（一）负责失业人员的登记、调查、统计；

（二）按照规定负责失业保险基金的管理；

（三）按照规定核定失业保险待遇，开具失业人员在指定银行领取失业保险金和其他补助金的单证；

（四）拨付失业人员职业培训、职业介绍补贴费用；

（五）为失业人员提供免费咨询服务；

（六）国家规定由其履行的其他职责。

第二十六条　【收支监督】财政部门和审计部门依法对失业保险基金的收支、管理情况进行监督。

第二十七条　【经费拨付】社会保险经办机构所需经费列入预算，由财政拨付。

第五章　罚　　则

第二十八条　【骗取失业待遇的处理】不符合享受失业保险待遇条件，骗取失业保险金和其他失业保险待遇的，由社会保险经办机构责令退还；情节严重的，由劳动保障行政部门处骗取金额1倍以上3倍以下的罚款。

第二十九条　【开具单证违规责任】社会保险经办机构工作人员违反规定向失业人员开具领取失业保险金或者享受其他失业保险待遇单证，致使失业保险基金损失的，由劳动保障行政部门责令追回；情节严重的，依法给予行政处分。

第三十条　【失职责任】劳动保障行政部门和社会保险经办机构的工作人员滥用职权、徇私舞弊、玩忽职守，造成失业保险基金损失的，由劳动保障行政部门追回损失的失业保险基金；构成犯罪的，依法追究刑事责任；尚不构成犯罪的，依法给予行政处分。

第三十一条 【挪用责任】任何单位、个人挪用失业保险基金的，追回挪用的失业保险基金；有违法所得的，没收违法所得，并入失业保险基金；构成犯罪的，依法追究刑事责任；尚不构成犯罪的，对直接负责的主管人员和其他直接责任人员依法给予行政处分。

第六章 附 则

第三十二条 【社会团体等组织的适用】省、自治区、直辖市人民政府根据当地实际情况，可以决定本条例适用于本行政区域内的社会团体及其专职人员、民办非企业单位及其职工、有雇工的城镇个体工商户及其雇工。

第三十三条 【施行日期】本条例自发布之日起施行。1993年4月12日国务院发布的《国有企业职工待业保险规定》同时废止。

失业保险金申领发放办法

（2000年10月26日劳动保障部令第8号公布 根据2018年12月14日《人力资源社会保障部关于修改部分规章的决定》第一次修订 根据2019年12月9日《人力资源社会保障部关于修改部分规章的决定》第二次修订）

第一章 总 则

第一条 为保证失业人员及时获得失业保险金及其他失业保险待遇，根据《失业保险条例》（以下简称《条例》），制定本办法。

第二条 参加失业保险的城镇企业事业单位职工以及按照省级人民政府规定参加失业保险的其他单位人员失业后（以下统称失业人员），申请领取失业保险金、享受其他失业保险待遇适用本办法；

按照规定应参加而尚未参加失业保险的不适用本办法。

第三条 劳动保障行政部门设立的经办失业保险业务的社会保险经办机构（以下简称经办机构）按照本办法规定受理失业人员领取失业保险金的申请，审核确认领取资格，核定领取失业保险金、享受其他失业保险待遇的期限及标准，负责发放失业保险金并提供其他失业保险待遇。

第二章　失业保险金申领

第四条 失业人员符合《条例》第十四条规定条件的，可以申请领取失业保险金，享受其他失业保险待遇。其中，非因本人意愿中断就业的是指下列人员：

（一）终止劳动合同的；

（二）被用人单位解除劳动合同的；

（三）被用人单位开除、除名和辞退的；

（四）根据《中华人民共和国劳动法》第三十二条第二、三项与用人单位解除劳动合同的；

（五）法律、行政法规另有规定的。

第五条 失业人员失业前所在单位，应将失业人员的名单自终止或者解除劳动合同之日起7日内报受理其失业保险业务的经办机构备案，并按要求提供终止或解除劳动合同证明等有关材料。

第六条 失业人员应在终止或者解除劳动合同之日起60日内到受理其单位失业保险业务的经办机构申领失业保险金。

第七条 失业人员申领失业保险金应填写《失业保险金申领表》，并出示下列证明材料：

（一）本人身份证明；

（二）所在单位出具的终止或者解除劳动合同的证明；

（三）失业登记；

（四）省级劳动保障行政部门规定的其他材料。

第八条 失业人员领取失业保险金，应由本人按月到经办机构领取，同时应向经办机构如实说明求职和接受职业指导、职业培训情况。

第九条 失业人员在领取失业保险金期间患病就医的，可以按照规定向经办机构申请领取医疗补助金。

第十条 失业人员在领取失业保险金期间死亡的，其家属可持失业人员死亡证明、领取人身份证明、与失业人员的关系证明，按规定向经办机构领取一次性丧葬补助金和其供养配偶、直系亲属的抚恤金。失业人员当月尚未领取的失业保险金可由其家属一并领取。

第十一条 失业人员在领取失业保险金期间，应积极求职，接受职业指导和职业培训。失业人员在领取失业保险金期间求职时，可以按规定享受就业服务减免费用等优惠政策。

第十二条 失业人员在领取失业保险金期间或期满后，符合享受当地城市居民最低生活保障条件的，可以按照规定申请享受城市居民最低生活保障待遇。

第十三条 失业人员在领取失业保险金期间，发生《条例》第十五条规定情形之一的，不得继续领取失业保险金和享受其他失业保险待遇。

第三章 失业保险金发放

第十四条 经办机构自受理失业人员领取失业保险金申请之日起10日内，对申领者的资格进行审核认定，并将结果及有关事项告知本人。经审核合格者，从其办理失业登记之日起计发失业保险金。

第十五条 经办机构根据失业人员累计缴费时间核定其领取失业保险金的期限。失业人员累计缴费时间按照下列原则确定：

（一）实行个人缴纳失业保险费前，按国家规定计算的工龄视同缴费时间，与《条例》发布后缴纳失业保险费的时间合并计算。

（二）失业人员在领取失业保险金期间重新就业后再次失业的，缴费时间重新计算，其领取失业保险金的期限可以与前次失业应领取而尚未领取的失业保险金的期限合并计算，但是最长不得超过24个月。失业人员在领取失业保险金期间重新就业后不满一年再次失业的，可以继续申领其前次失业应领取而尚未领取的失业保险金。

第十六条　失业保险金以及医疗补助金、丧葬补助金、抚恤金、职业培训和职业介绍补贴等失业保险待遇的标准按照各省、自治区、直辖市人民政府的有关规定执行。

第十七条　失业保险金应按月发放，由经办机构开具单证，失业人员凭单证到指定银行领取。

第十八条　对领取失业保险金期限即将届满的失业人员，经办机构应提前一个月告知本人。

失业人员在领取失业保险金期间，发生《条例》第十五条规定情形之一的，经办机构有权即行停止其失业保险金发放，并同时停止其享受其他失业保险待遇。

第十九条　经办机构应当通过准备书面资料、开设服务窗口、设立咨询电话等方式，为失业人员、用人单位和社会公众提供咨询服务。

第二十条　经办机构应按规定负责失业保险金申领、发放的统计工作。

第四章　失业保险关系转迁

第二十一条　对失业人员失业前所在单位与本人户籍不在同一统筹地区的，其失业保险金的发放和其他失业保险待遇的提供由两地劳动保障行政部门进行协商，明确具体办法。协商未能取得一致的，由上一级劳动保障行政部门确定。

第二十二条　失业人员失业保险关系跨省、自治区、直辖市转迁的，失业保险费用应随失业保险关系相应划转。需划转的失业保险费用包括失业保险金、医疗补助金和职业培训、职业介绍补贴。其中，医疗补助金和职业培训、职业介绍补贴按失业人员应享受的失业保险金总额的一半计算。

第二十三条　失业人员失业保险关系在省、自治区范围内跨统筹地区转迁，失业保险费用的处理由省级劳动保障行政部门规定。

第二十四条　失业人员跨统筹地区转移的，凭失业保险关系迁出地经办机构出具的证明材料到迁入地经办机构领取失业保险金。

第五章　附　　则

第二十五条　经办机构发现不符合条件，或以涂改、伪造有关材料等非法手段骗取失业保险金和其他失业保险待遇的，应责令其退还；对情节严重的，经办机构可以提请劳动保障行政部门对其进行处罚。

第二十六条　经办机构工作人员违反本办法规定的，由经办机构或主管该经办机构的劳动保障行政部门责令其改正；情节严重的，依法给予行政处分；给失业人员造成损失的，依法赔偿。

第二十七条　失业人员因享受失业保险待遇与经办机构发生争议的，可以向主管该经办机构的劳动保障行政部门申请行政复议。

第二十八条　符合《条例》规定的劳动合同期满未续订或者提前解除劳动合同的农民合同制工人申领一次性生活补助，按各省、自治区、直辖市办法执行。

第二十九条　《失业保险金申领表》的样式，由劳动和社会保障部统一制定。

第三十条　本办法自二〇〇一年一月一日起施行。

附件1　失业保险金申领登记表（略）
附件2　（略）

人力资源社会保障部办公厅、财政部办公厅关于畅通失业保险关系跨省转移接续的通知

(2021年11月9日 人社厅发〔2021〕85号)

各省、自治区、直辖市及新疆生产建设兵团人力资源社会保障厅（局）、财政厅（局）：

为进一步规范个人申请失业保险关系跨省（自治区、直辖市）（以下简称"跨省"）转移接续，畅通失业保险待遇申领渠道，保障劳动者的失业保险权益，现就有关事项通知如下：

一、关于参保职工和参保失业人员跨省转移接续

（一）参保职工跨省就业的，失业保险关系应随之转迁，缴费年限累计计算。

（二）参保失业人员符合领取失业保险金条件的，在最后参保地申领失业保险金及其他相关待遇，也可以选择回户籍地申领，待遇发放期间不得中途变更发放地。选择户籍地申领的，须办理失业保险关系转移。

（三）对不符合领取失业保险金条件、符合领金条件但未申领，以及正在领金期间的参保失业人员，跨省重新就业并参保的，失业保险关系应随之转移至新参保地，缴费年限累计计算。

（四）失业保险关系跨省转迁的，失业保险费用应随失业保险关系相应划转。但在转出地参保缴费不满1年的，只转移失业保险关系，不转移失业保险费用。

二、关于需划转的失业保险费用计算方法及待遇发放标准

（一）需划转的失业保险费用包括失业保险金，领金期间基本医疗保险费，领金期间接受职业培训、职业介绍的补贴。其中，基本医疗保险费和职业培训、职业介绍补贴按参保失业人员应享受失业

保险金总额的一半计算。

（二）转入地经办机构按照本统筹地区规定和标准，为参保失业人员核定失业保险金发放期限和各项失业保险待遇。

（三）转出地划转的失业保险费用，不足待遇支付部分由转入地失业保险基金支付，超出待遇支付部分并入转入地失业保险基金。

三、关于转移接续办理流程

失业保险关系跨省转移接续既可线下通过经办窗口进行，也可依托金保工程在线上进行。

（一）转移失业保险关系包括以下内容：姓名、社保卡号、就业失业状态、参保缴费记录（已核定失业保险金缴费记录和未核定失业保险金缴费记录）、应当领取而尚未领取的失业保险金记录、失业原因、失业保险待遇标准、基金转移金额、转入地和转出地经办机构信息及其他必要信息。

（二）参保职工或参保失业人员可先到转出地经办机构开具转移凭证，之后到转入地经办机构办理关系转入。对符合条件的，转出地经办机构收到申请后应在5个工作日内办理转出，转入地经办机构收到转出地开具的失业保险关系转移接续联系函后，应在5个工作日内办理转入。对不符合条件的，要说明理由。

（三）参保职工或参保失业人员也可直接到转入地经办机构申请转移失业保险关系，转入地经办机构不得要求申请人再到转出地开具相关证明。对符合条件的，转入地经办机构在收到申请后，应在5个工作日受理并向转出地经办机构发出失业保险关系转移接续联系函，转出地收到联系函后，应在5个工作日内办理转出。对不符合条件的，要说明理由。

（四）转出地经办机构应在失业保险关系转出后的1个月内向转入地划转失业保险费用。失业保险费用划转期间，不影响转入地经办机构按规定为参保失业人员发放失业保险待遇。转入地经办机构不得以费用未划转到位为由，拒发失业保险待遇。

四、其他事项

（一）本通知中涉及的人员身份以申请人失业保险关系转移前的状态确定。

（二）转出地经办机构将参保单位、参保职工和参保失业人员有关信息转出后，仍需保留信息备份，注明失业保险关系转入地信息和失业保险费用划转金额及明细。

（三）本通知适用于参保职工和参保失业人员跨省转移失业保险关系。省内跨统筹区失业保险关系转移及费用划转的办法由各省、自治区自行制定。

（四）经办机构依法主动办理和参保单位成建制跨省转移失业保险关系的，仍按现行规定执行。

（五）各地人力资源社会保障部门应加强失业保险关系转移接续信息化建设。

（六）现行规范性文件与本通知规定不一致的，以本通知规定为准。

各地要高度重视，加强组织协调，精简手续，压缩环节，加快办理，方便参保职工和参保失业人员办理关系转移接续，同时，加强信息化管理，防范基金骗领、冒领，确保基金安全。

六、社会保险费征缴

社会保险费征缴暂行条例

(1999年1月22日中华人民共和国国务院令第259号发布 根据2019年3月24日《国务院关于修改部分行政法规的决定》修订)

第一章 总 则

第一条 为了加强和规范社会保险费征缴工作,保障社会保险金的发放,制定本条例。

第二条 基本养老保险费、基本医疗保险费、失业保险费(以下统称社会保险费)的征收、缴纳,适用本条例。

本条例所称缴费单位、缴费个人,是指依照有关法律、行政法规和国务院的规定,应当缴纳社会保险费的单位和个人。

第三条 基本养老保险费的征缴范围:国有企业、城镇集体企业、外商投资企业、城镇私营企业和其他城镇企业及其职工,实行企业化管理的事业单位及其职工。

基本医疗保险费的征缴范围:国有企业、城镇集体企业、外商投资企业、城镇私营企业和其他城镇企业及其职工,国家机关及其工作人员,事业单位及其职工,民办非企业单位及其职工,社会团体及其专职人员。

失业保险费的征缴范围:国有企业、城镇集体企业、外商投资企业、城镇私营企业和其他城镇企业及其职工,事业单位及其职工。

省、自治区、直辖市人民政府根据当地实际情况,可以规定将城镇个体工商户纳入基本养老保险、基本医疗保险的范围,并可以规定将社会团体及其专职人员、民办非企业单位及其职工以及有雇工的城镇个体工商户及其雇工纳入失业保险的范围。

社会保险费的费基、费率依照有关法律、行政法规和国务院的规定执行。

第四条 缴费单位、缴费个人应当按时足额缴纳社会保险费。

征缴的社会保险费纳入社会保险基金,专款专用,任何单位和个人不得挪用。

第五条 国务院劳动保障行政部门负责全国的社会保险费征缴管理和监督检查工作。县级以上地方各级人民政府劳动保障行政部门负责本行政区域内的社会保险费征缴管理和监督检查工作。

第六条 社会保险费实行三项社会保险费集中、统一征收。社会保险费的征收机构由省、自治区、直辖市人民政府规定,可以由税务机关征收,也可以由劳动保障行政部门按照国务院规定设立的社会保险经办机构(以下简称社会保险经办机构)征收。

第二章 征缴管理

第七条 缴费单位必须向当地社会保险经办机构办理社会保险登记,参加社会保险。

登记事项包括:单位名称、住所、经营地点、单位类型、法定代表人或者负责人、开户银行账号以及国务院劳动保障行政部门规定的其他事项。

第八条 企业在办理登记注册时,同步办理社会保险登记。

前款规定以外的缴费单位应当自成立之日起30日内,向当地社会保险经办机构申请办理社会保险登记。

第九条　缴费单位的社会保险登记事项发生变更或者缴费单位依法终止的,应当自变更或者终止之日起 30 日内,到社会保险经办机构办理变更或者注销社会保险登记手续。

第十条　缴费单位必须按月向社会保险经办机构申报应缴纳的社会保险费数额,经社会保险经办机构核定后,在规定的期限内缴纳社会保险费。

缴费单位不按规定申报应缴纳的社会保险费数额的,由社会保险经办机构暂按该单位上月缴费数额的 110%确定应缴数额;没有上月缴费数额的,由社会保险经办机构暂按该单位的经营状况、职工人数等有关情况确定应缴数额。缴费单位补办申报手续并按核定数额缴纳社会保险费后,由社会保险经办机构按照规定结算。

第十一条　省、自治区、直辖市人民政府规定由税务机关征收社会保险费的,社会保险经办机构应当及时向税务机关提供缴费单位社会保险登记、变更登记、注销登记以及缴费申报的情况。

第十二条　缴费单位和缴费个人应当以货币形式全额缴纳社会保险费。

缴费个人应当缴纳的社会保险费,由所在单位从其本人工资中代扣代缴。

社会保险费不得减免。

第十三条　缴费单位未按规定缴纳和代扣代缴社会保险费的,由劳动保障行政部门或者税务机关责令限期缴纳;逾期仍不缴纳的,除补缴欠缴数额外,从欠缴之日起,按日加收 2‰的滞纳金。滞纳金并入社会保险基金。

第十四条　征收的社会保险费存入财政部门在国有商业银行开设的社会保障基金财政专户。

社会保险基金按照不同险种的统筹范围,分别建立基本养老保险基金、基本医疗保险基金、失业保险基金。各项社会保险基金分别单独核算。

社会保险基金不计征税、费。

第十五条 省、自治区、直辖市人民政府规定由税务机关征收社会保险费的，税务机关应当及时向社会保险经办机构提供缴费单位和缴费个人的缴费情况；社会保险经办机构应当将有关情况汇总，报劳动保障行政部门。

第十六条 社会保险经办机构应当建立缴费记录，其中基本养老保险、基本医疗保险并应当按照规定记录个人账户。社会保险经办机构负责保存缴费记录，并保证其完整、安全。社会保险经办机构应当至少每年向缴费个人发送一次基本养老保险、基本医疗保险个人账户通知单。

缴费单位、缴费个人有权按照规定查询缴费记录。

第三章 监督检查

第十七条 缴费单位应当每年向本单位职工公布本单位全年社会保险费缴纳情况，接受职工监督。

社会保险经办机构应当定期向社会公告社会保险费征收情况，接受社会监督。

第十八条 按照省、自治区、直辖市人民政府关于社会保险费征缴机构的规定，劳动保障行政部门或者税务机关依法对单位缴费情况进行检查时，被检查的单位应当提供与缴纳社会保险费有关的用人情况、工资表、财务报表等资料，如实反映情况，不得拒绝检查，不得谎报、瞒报。劳动保障行政部门或者税务机关可以记录、录音、录像、照相和复制有关资料；但是，应当为缴费单位保密。

劳动保障行政部门、税务机关的工作人员在行使前款所列职权时，应当出示执行公务证件。

第十九条 劳动保障行政部门或者税务机关调查社会保险费征缴违法案件时，有关部门、单位应当给予支持、协助。

第二十条 社会保险经办机构受劳动保障行政部门的委托，可以进行与社会保险费征缴有关的检查、调查工作。

第二十一条 任何组织和个人对有关社会保险费征缴的违法行为，有权举报。劳动保障行政部门或者税务机关对举报应当及时调查，按照规定处理，并为举报人保密。

第二十二条 社会保险基金实行收支两条线管理，由财政部门依法进行监督。

审计部门依法对社会保险基金的收支情况进行监督。

第四章 罚 则

第二十三条 缴费单位未按照规定办理社会保险登记、变更登记或者注销登记，或者未按照规定申报应缴纳的社会保险费数额的，由劳动保障行政部门责令限期改正；情节严重的，对直接负责的主管人员和其他直接责任人员可以处1000元以上5000元以下的罚款；情节特别严重的，对直接负责的主管人员和其他直接责任人员可以处5000元以上10000元以下的罚款。

第二十四条 缴费单位违反有关财务、会计、统计的法律、行政法规和国家有关规定，伪造、变造、故意毁灭有关账册、材料，或者不设账册，致使社会保险费缴费基数无法确定的，除依照有关法律、行政法规的规定给予行政处罚、纪律处分、刑事处罚外，依照本条例第十条的规定征缴；迟延缴纳的，由劳动保障行政部门或者税务机关依照本条例第十三条的规定决定加收滞纳金，并对直接负责的主管人员和其他直接责任人员处5000元以上20000元以下的罚款。

第二十五条 缴费单位和缴费个人对劳动保障行政部门或者税务机关的处罚决定不服的，可以依法申请复议；对复议决定不服的，可以依法提起诉讼。

第二十六条 缴费单位逾期拒不缴纳社会保险费、滞纳金的，由劳动保障行政部门或者税务机关申请人民法院依法强制征缴。

第二十七条 劳动保障行政部门、社会保险经办机构或者税务机关的工作人员滥用职权、徇私舞弊、玩忽职守，致使社会保险费流失的，由劳动保障行政部门或者税务机关追回流失的社会保险费；构成犯罪的，依法追究刑事责任；尚不构成犯罪的，依法给予行政处分。

第二十八条 任何单位、个人挪用社会保险基金的，追回被挪用的社会保险基金；有违法所得的，没收违法所得，并入社会保险基金；构成犯罪的，依法追究刑事责任；尚不构成犯罪的，对直接负责的主管人员和其他直接责任人员依法给予行政处分。

第五章 附　　则

第二十九条 省、自治区、直辖市人民政府根据本地实际情况，可以决定本条例适用于本行政区域内工伤保险费和生育保险费的征收、缴纳。

第三十条 税务机关、社会保险经办机构征收社会保险费，不得从社会保险基金中提取任何费用，所需经费列入预算，由财政拨付。

第三十一条 本条例自发布之日起施行。

七、社会保险基金

全国社会保障基金条例

(2016年2月3日国务院第122次常务会议通过 2016年3月10日中华人民共和国国务院令第667号公布 自2016年5月1日起施行)

第一章 总 则

第一条 为了规范全国社会保障基金的管理运营,加强对全国社会保障基金的监督,在保证安全的前提下实现保值增值,根据《中华人民共和国社会保险法》,制定本条例。

第二条 国家设立全国社会保障基金。

全国社会保障基金由中央财政预算拨款、国有资本划转、基金投资收益和以国务院批准的其他方式筹集的资金构成。

第三条 全国社会保障基金是国家社会保障储备基金,用于人口老龄化高峰时期的养老保险等社会保障支出的补充、调剂。

第四条 国家根据人口老龄化趋势和经济社会发展状况,确定和调整全国社会保障基金规模。

全国社会保障基金的筹集和使用方案,由国务院确定。

第五条 国务院财政部门、国务院社会保险行政部门负责拟订全国社会保障基金的管理运营办法,报国务院批准后施行。

全国社会保障基金理事会负责全国社会保障基金的管理运营。

第二章　全国社会保障基金的管理运营

第六条　全国社会保障基金理事会应当审慎、稳健管理运营全国社会保障基金，按照国务院批准的比例在境内外市场投资运营全国社会保障基金。

全国社会保障基金理事会投资运营全国社会保障基金，应当坚持安全性、收益性和长期性原则，在国务院批准的固定收益类、股票类和未上市股权类等资产种类及其比例幅度内合理配置资产。

第七条　全国社会保障基金理事会制定全国社会保障基金的资产配置计划、确定重大投资项目，应当进行风险评估，并集体讨论决定。

全国社会保障基金理事会应当制定风险管理和内部控制办法，在管理运营的各个环节对风险进行识别、衡量、评估、监测和应对，有效防范和控制风险。风险管理和内部控制办法应当报国务院财政部门、国务院社会保险行政部门备案。

全国社会保障基金理事会应当依法制定会计核算办法，并报国务院财政部门审核批准。

第八条　全国社会保障基金理事会应当定期向国务院财政部门、国务院社会保险行政部门报告全国社会保障基金管理运营情况，提交财务会计报告。

第九条　全国社会保障基金理事会可以将全国社会保障基金委托投资或者以国务院批准的其他方式投资。

第十条　全国社会保障基金理事会将全国社会保障基金委托投资的，应当选择符合法定条件的专业投资管理机构、专业托管机构分别担任全国社会保障基金投资管理人、托管人。

全国社会保障基金理事会应当按照公开、公平、公正的原则选聘投资管理人、托管人，发布选聘信息、组织专家评审、集体讨论决定并公布选聘结果。

全国社会保障基金理事会应当制定投资管理人、托管人选聘办法，并报国务院财政部门、国务院社会保险行政部门备案。

第十一条 全国社会保障基金理事会应当与聘任的投资管理人、托管人分别签订委托投资合同、托管合同，并报国务院财政部门、国务院社会保险行政部门、国务院外汇管理部门、国务院证券监督管理机构、国务院银行业监督管理机构备案。

第十二条 全国社会保障基金理事会应当制定投资管理人、托管人考评办法，根据考评办法对投资管理人投资、托管人保管全国社会保障基金的情况进行考评。考评结果作为是否继续聘任的依据。

第十三条 全国社会保障基金投资管理人履行下列职责：

（一）运用全国社会保障基金进行投资；

（二）按照规定提取全国社会保障基金投资管理风险准备金；

（三）向全国社会保障基金理事会报告投资情况；

（四）法律、行政法规和国务院有关部门规章规定的其他职责。

第十四条 全国社会保障基金托管人履行下列职责：

（一）安全保管全国社会保障基金财产；

（二）按照托管合同的约定，根据全国社会保障基金投资管理人的投资指令，及时办理清算、交割事宜；

（三）按照规定和托管合同的约定，监督全国社会保障基金投资管理人的投资；

（四）执行全国社会保障基金理事会的指令，并报告托管情况；

（五）法律、行政法规和国务院有关部门规章规定的其他职责。

第十五条 全国社会保障基金财产应当独立于全国社会保障基金理事会、投资管理人、托管人的固有财产，独立于投资管理人投资和托管人保管的其他财产。

第十六条 全国社会保障基金投资管理人、托管人不得有下列行为：

（一）将全国社会保障基金财产混同于其他财产投资、保管；

（二）泄露因职务便利获取的全国社会保障基金未公开的信息，利用该信息从事或者明示、暗示他人从事相关交易活动；

（三）法律、行政法规和国务院有关部门规章禁止的其他行为。

第十七条 全国社会保障基金按照国家规定享受税收优惠。

第三章 全国社会保障基金的监督

第十八条 国家建立健全全国社会保障基金监督制度。

任何单位和个人不得侵占、挪用或者违规投资运营全国社会保障基金。

第十九条 国务院财政部门、国务院社会保险行政部门按照各自职责对全国社会保障基金的收支、管理和投资运营情况实施监督；发现存在问题的，应当依法处理；不属于本部门职责范围的，应当依法移送国务院外汇管理部门、国务院证券监督管理机构、国务院银行业监督管理机构等有关部门处理。

第二十条 国务院外汇管理部门、国务院证券监督管理机构、国务院银行业监督管理机构按照各自职责对投资管理人投资、托管人保管全国社会保障基金情况实施监督；发现违法违规行为的，应当依法处理，并及时通知国务院财政部门、国务院社会保险行政部门。

第二十一条 对全国社会保障基金境外投资管理人、托管人的监督，由国务院证券监督管理机构、国务院银行业监督管理机构按照与投资管理人、托管人所在国家或者地区有关监督管理机构签署的合作文件的规定执行。

第二十二条 审计署应当对全国社会保障基金每年至少进行一次审计。审计结果应当向社会公布。

第二十三条 全国社会保障基金理事会应当通过公开招标的方式选聘会计师事务所，对全国社会保障基金进行审计。

第二十四条 全国社会保障基金理事会应当通过其官方网站、全国范围内发行的报纸每年向社会公布全国社会保障基金的收支、管理和投资运营情况，接受社会监督。

第四章 法律责任

第二十五条 全国社会保障基金境内投资管理人、托管人违反本条例第十六条、第十八条第二款规定的，由国务院证券监督管理机构、国务院银行业监督管理机构责令改正，没收违法所得，并处违法所得 1 倍以上 5 倍以下罚款；没有违法所得或者违法所得不足 100 万元的，并处 10 万元以上 100 万元以下罚款；对直接负责的主管人员和其他直接责任人员给予警告，暂停或者撤销有关从业资格，并处 3 万元以上 30 万元以下罚款；构成犯罪的，依法追究刑事责任。

第二十六条 全国社会保障基金理事会违反本条例规定的，由国务院财政部门、国务院社会保险行政部门责令改正；对直接负责的主管人员和其他直接责任人员依法给予处分；构成犯罪的，依法追究刑事责任。

第二十七条 国家工作人员在全国社会保障基金管理运营、监督工作中滥用职权、玩忽职守、徇私舞弊的，依法给予处分；构成犯罪的，依法追究刑事责任。

第二十八条 违反本条例规定，给全国社会保障基金造成损失的，依法承担赔偿责任。

第五章 附 则

第二十九条 经国务院批准，全国社会保障基金理事会可以接受省级人民政府的委托管理运营社会保险基金；受托管理运营社会保险基金，按照国务院有关社会保险基金投资管理的规定执行。

第三十条 本条例自 2016 年 5 月 1 日起施行。

社会保险基金行政监督办法

（2022 年 2 月 9 日人力资源社会保障部令第 48 号公布 自 2022 年 3 月 18 日起施行）

第一章 总 则

第一条 为了保障社会保险基金安全，规范和加强社会保险基金行政监督，根据《中华人民共和国社会保险法》和有关法律法规，制定本办法。

第二条 本办法所称社会保险基金行政监督，是指人力资源社会保障行政部门对基本养老保险基金、工伤保险基金、失业保险基金等人力资源社会保障部门管理的社会保险基金收支、管理情况进行的监督。

第三条 社会保险基金行政监督应当遵循合法、客观、公正、效率的原则。

第四条 人力资源社会保障部主管全国社会保险基金行政监督工作。县级以上地方各级人力资源社会保障行政部门负责本行政区域内的社会保险基金行政监督工作。

人力资源社会保障行政部门对下级人力资源社会保障行政部门管辖范围内的重大监督事项，可以直接进行监督。

第五条 人力资源社会保障行政部门应当加强社会保险基金行政监督队伍建设，保证工作所需经费，保障监督工作独立性。

第六条 社会保险基金行政监督工作人员应当忠于职守、清正廉洁、秉公执法、保守秘密。

社会保险基金行政监督工作人员依法履行监督职责受法律保护，失职追责、尽职免责。

社会保险基金行政监督工作人员应当具备与履行职责相适应的专业能力，依规取得行政执法证件，并定期参加培训。

第七条 人力资源社会保障行政部门负责社会保险基金监督的机构具体实施社会保险基金行政监督工作。人力资源社会保障部门负责社会保险政策、经办、信息化综合管理等机构，依据职责协同做好社会保险基金行政监督工作。

第八条 人力资源社会保障行政部门应当加强与公安、民政、司法行政、财政、卫生健康、人民银行、审计、税务、医疗保障等部门的协同配合，加强信息共享、分析，加大协同查处力度，共同维护社会保险基金安全。

第九条 人力资源社会保障行政部门应当畅通社会监督渠道，鼓励和支持社会各方参与社会保险基金监督。

任何组织或者个人有权对涉及社会保险基金的违法违规行为进行举报。

第二章 监督职责

第十条 人力资源社会保障行政部门依法履行下列社会保险基金行政监督职责：

（一）检查社会保险基金收支、管理情况；

（二）受理有关社会保险基金违法违规行为的举报；

（三）依法查处社会保险基金违法违规问题；

（四）宣传社会保险基金监督法律、法规、规章和政策；

（五）法律、法规规定的其他事项。

第十一条 人力资源社会保障行政部门对社会保险经办机构的下列事项实施监督：

（一）执行社会保险基金收支、管理的有关法律、法规、规章和政策的情况；

（二）社会保险基金预算执行及决算情况；

（三）社会保险基金收入户、支出户等银行账户开立、使用和管理情况；

（四）社会保险待遇审核和基金支付情况；

（五）社会保险服务协议订立、变更、履行、解除或者终止情况；

（六）社会保险基金收支、管理内部控制情况；

（七）法律、法规规定的其他事项。

第十二条 人力资源社会保障行政部门对社会保险服务机构的下列事项实施监督：

（一）遵守社会保险相关法律、法规、规章和政策的情况；

（二）社会保险基金管理使用情况；

（三）社会保险基金管理使用内部控制情况；

（四）社会保险服务协议履行情况；

（五）法律、法规规定的其他事项。

第十三条 人力资源社会保障行政部门对与社会保险基金收支、管理直接相关单位的下列事项实施监督：

（一）提前退休审批情况；

（二）工伤认定（职业伤害确认）情况；

（三）劳动能力鉴定情况；

（四）法律、法规规定的其他事项。

第三章 监督权限

第十四条 人力资源社会保障行政部门有权要求被监督单位提供与监督事项有关的资料，包括但不限于与社会保险基金收支、管理相关的文件、财务资料、业务资料、审计报告、会议纪要等。

被监督单位应当全面、完整提供实施监督所需资料，说明情况，并对所提供资料真实性、完整性作出书面承诺。

第十五条 人力资源社会保障行政部门有权查阅、记录、复制被监督单位与社会保险基金有关的会计凭证、会计账簿、财务会计报告、业务档案，以及其他与社会保险基金收支、管理有关的数据、资料，有权查询被监督单位社会保险信息系统的用户管理、权限控制、数据管理等情况。

第十六条 人力资源社会保障行政部门有权询问与监督事项有关的单位和个人，要求其对与监督事项有关的问题作出说明、提供有关佐证。

第十七条 人力资源社会保障行政部门应当充分利用信息化技术手段查找问题，加强社会保险基金监管信息系统应用。

第十八条 信息化综合管理机构应当根据监督工作需要，向社会保险基金行政监督工作人员开放社会保险经办系统等信息系统的查询权限，提供有关信息数据。

第十九条 人力资源社会保障行政部门有权对隐匿、伪造、变造或者故意销毁会计凭证、会计账簿、财务会计报告以及其他与社会保险基金收支、管理有关资料的行为予以制止并责令改正；有权对可能被转移、隐匿或者灭失的资料予以封存。

第二十条 人力资源社会保障行政部门有权对隐匿、转移、侵占、挪用社会保险基金的行为予以制止并责令改正。

第四章 监督实施

第二十一条 社会保险基金行政监督的检查方式包括现场检查和非现场检查。人力资源社会保障行政部门应当制定年度检查计划，明确检查范围和重点。

被监督单位应当配合人力资源社会保障行政部门的工作，并提供必要的工作条件。

第二十二条　人力资源社会保障行政部门实施现场检查，依照下列程序进行：

（一）根据年度检查计划和工作需要确定检查项目及检查内容，制定检查方案，并在实施检查3个工作日前通知被监督单位；提前通知可能影响检查结果的，可以现场下达检查通知；

（二）检查被监督单位社会保险基金相关凭证账簿，查阅与监督事项有关的文件、资料、档案、数据，向被监督单位和有关个人调查取证，听取被监督单位有关社会保险基金收支、管理使用情况的汇报；

（三）根据检查结果，形成检查报告，并送被监督单位征求意见。被监督单位如有异议，应当在接到检查报告10个工作日内提出书面意见。逾期未提出书面意见的，视同无异议。

第二十三条　人力资源社会保障行政部门实施非现场检查，依照下列程序进行：

（一）根据检查计划及工作需要，确定非现场检查目的及检查内容，通知被监督单位按照规定的范围、格式及时限报送数据、资料；或者从信息系统提取社会保险基金管理使用相关数据；

（二）审核被监督单位报送和提取的数据、资料，数据、资料不符合要求的，被监督单位应当补报或者重新报送；

（三）比对分析数据、资料，对发现的疑点问题要求被监督单位核查说明；对存在的重大问题，实施现场核实；评估社会保险基金收支、管理状况及存在的问题，形成检查报告。

对报送和提取的数据、资料，人力资源社会保障行政部门应当做好存储和使用管理，保证数据安全。

第二十四条　人力资源社会保障行政部门对监督发现的问题，采取以下处理措施：

（一）对社会保险基金收支、管理存在问题的，依法提出整改意见，采取约谈、函询、通报等手段督促整改；

（二）对依法应当由有关主管机关处理的，向有关主管机关提出处理建议。

人力资源社会保障行政部门有权对被监督单位的整改情况进行检查。

第二十五条　人力资源社会保障行政部门对通过社会保险基金行政监督检查发现、上级部门交办、举报、媒体曝光、社会保险经办机构移送等渠道获取的违法违规线索，应当查处，进行调查并依法作出行政处理、处罚决定。

人力资源社会保障行政部门作出行政处理、处罚决定前，应当听取当事人陈述、申辩；作出行政处理、处罚决定，应当告知当事人依法享有申请行政复议或者提起行政诉讼的权利。

第二十六条　社会保险基金行政监督的检查和查处应当由两名及以上工作人员共同进行，出示行政执法证件。

社会保险基金行政监督工作人员不得利用职务便利牟取不正当利益，不得从事影响客观履行基金监督职责的工作。

社会保险基金行政监督工作人员与被监督单位、个人或者事项存在利害关系的，应当回避。

第二十七条　人力资源社会保障行政部门可以聘请会计师事务所等第三方机构对社会保险基金的收支、管理情况进行审计，聘请专业人员协助开展检查。

被聘请机构和人员不得复制涉及参保个人的明细数据，不得未经授权复制统计数据和财务数据，不得将工作中获取、知悉的被监督单位资料或者相关信息用于社会保险基金监督管理以外的其他用途，不得泄露相关个人信息和商业秘密。

第二十八条　人力资源社会保障行政部门应当建立社会保险基金要情报告制度。

地方人力资源社会保障行政部门应当依规、按时、完整、准确向上级人力资源社会保障行政部门报告社会保险基金要情。

社会保险经办机构应当及时向本级人力资源社会保障行政部门报告社会保险基金要情。

本办法所称社会保险基金要情是指贪污挪用、欺诈骗取等侵害社会保险基金的情况。

第五章 法律责任

第二十九条 社会保险经办机构及其工作人员有下列行为之一的，由人力资源社会保障行政部门责令改正；对直接负责的主管人员和其他直接责任人员依法给予处分；法律法规另有规定的，从其规定：

（一）未履行社会保险法定职责的；

（二）未将社会保险基金存入财政专户的；

（三）克扣或者拒不按时支付社会保险待遇的；

（四）丢失或者篡改缴费记录、享受社会保险待遇记录等社会保险数据、个人权益记录的；

（五）违反社会保险经办内部控制制度的；

（六）其他违反社会保险法律、法规的行为。

第三十条 社会保险经办机构及其工作人员隐匿、转移、侵占、挪用社会保险基金的，按照《中华人民共和国社会保险法》第九十一条的规定处理。

第三十一条 社会保险服务机构有下列行为之一，以欺诈、伪造证明材料或者其他手段骗取社会保险基金支出的，按照《中华人民共和国社会保险法》第八十七条的规定处理：

（一）工伤保险协议医疗机构、工伤康复协议机构、工伤保险辅助器具配置协议机构、工伤预防项目实施单位等通过提供虚假证明材料及相关报销票据等手段，骗取工伤保险基金支出的；

（二）培训机构通过提供虚假培训材料等手段，骗取失业保险培

训补贴的;

(三)其他以欺诈、伪造证明材料等手段骗取社会保险基金支出的行为。

第三十二条 用人单位、个人有下列行为之一,以欺诈、伪造证明材料或者其他手段骗取社会保险待遇的,按照《中华人民共和国社会保险法》第八十八条的规定处理:

(一)通过虚构个人信息、劳动关系,使用伪造、变造或者盗用他人可用于证明身份的证件,提供虚假证明材料等手段虚构社会保险参保条件、违规补缴,骗取社会保险待遇的;

(二)通过虚假待遇资格认证等方式,骗取社会保险待遇的;

(三)通过伪造或者变造个人档案、劳动能力鉴定结论等手段违规办理退休,违规增加视同缴费年限,骗取基本养老保险待遇的;

(四)通过谎报工伤事故、伪造或者变造证明材料等进行工伤认定或者劳动能力鉴定,或者提供虚假工伤认定结论、劳动能力鉴定结论,骗取工伤保险待遇的;

(五)通过伪造或者变造就医资料、票据等,或者冒用工伤人员身份就医、配置辅助器具,骗取工伤保险待遇的;

(六)其他以欺诈、伪造证明材料等手段骗取社会保险待遇的。

第三十三条 人力资源社会保障行政部门工作人员弄虚作假将不符合条件的人员认定为工伤职工或者批准提前退休,给社会保险基金造成损失的,依法给予处分。

从事劳动能力鉴定的组织或者个人提供虚假鉴定意见、诊断证明,给社会保险基金造成损失的,按照《工伤保险条例》第六十一条的规定处理。

第三十四条 被监督单位有下列行为之一的,由人力资源社会保障行政部门责令改正;拒不改正的,可以通报批评,给予警告;依法对直接负责的主管人员和其他责任人员给予处分:

(一)拒绝、阻挠社会保险基金行政监督工作人员进行监督的;

(二)拒绝、拖延提供与监督事项有关资料的;

（三）隐匿、伪造、变造或者故意销毁会计凭证、会计账簿、财务会计报告以及其他与社会保险基金收支、管理有关资料的。

第三十五条 报复陷害社会保险基金行政监督工作人员的，依法给予处分。

第三十六条 人力资源社会保障行政部门、社会保险经办机构违反本办法第二十八条的规定，对发现的社会保险基金要情隐瞒不报、谎报或者拖延不报的，按照有关规定追究相关人员责任。

第三十七条 人力资源社会保障行政部门负责人、社会保险基金行政监督工作人员违反本办法规定或者有其他滥用职权、徇私舞弊、玩忽职守行为的，依法给予处分。

第三十八条 人力资源社会保障行政部门、社会保险经办机构、会计师事务所等被聘请的第三方机构及其工作人员泄露、篡改、毁损、非法向他人提供个人信息、商业秘密的，对直接负责的主管人员和其他直接责任人员依法给予处分；违反其他法律、行政法规的，由有关主管部门依法处理。

第三十九条 违反本办法规定，构成违反治安管理行为的，依法给予治安管理处罚；构成犯罪的，依法追究刑事责任。

第六章 附 则

第四十条 本办法所称的社会保险服务机构，包括工伤保险协议医疗机构、工伤康复协议机构、工伤保险辅助器具配置协议机构、工伤预防项目实施单位、享受失业保险培训补贴的培训机构、承办社会保险经办业务的商业保险机构等。

对乡镇（街道）事务所（中心、站）等承担社会保险经办服务工作的机构的监督，参照对社会保险经办机构监督相关规定执行。

第四十一条 基本养老保险基金委托投资运营监管另行规定。

第四十二条 本办法自2022年3月18日起施行。原劳动和社保障部《社会保险基金行政监督办法》（劳动和社会保障部令第 12 号）同时废止。

社会保险基金监督举报奖励暂行办法

（2022 年 7 月 11 日　人社部发〔2022〕45 号）

第一条　为加强社会保险基金社会监督，鼓励社会公众举报社会保险领域违法违规问题，维护社会保险基金安全，根据《中华人民共和国社会保险法》等法律法规，制定本办法。

第二条　公民、法人和其他社会组织（以下简称举报人）对欺诈骗取、套取或挪用贪占基本养老保险、失业保险、工伤保险基金（以下简称社会保险基金）的违法违规问题进行举报并提供相关线索，经查证属实、符合本办法规定的给予奖励。

举报人对举报事项负有社会保险基金监督职责的，不适用本办法。

第三条　举报奖励由查处举报事项的县级以上人力资源社会保障行政部门负责实施。举报事项涉及两个或两个以上地区的，由负责查处的相关人力资源社会保障行政部门分别就涉及本区域社会保险基金违法违规问题的举报查实部分进行奖励。

人力资源社会保障行政部门负责社会保险基金监督工作的机构具体承办举报奖励工作。

第四条　举报奖励资金按照预算管理有关规定列入同级人力资源社会保障行政部门的部门预算。举报奖励资金的发放管理接受同级财政、审计部门的监督。

第五条　举报人力资源社会保障行政部门、社会保险经办机构、信息化综合管理机构、劳动能力鉴定委员会及其工作人员存在以下行为并经查证属实的，纳入奖励范围：

（一）隐匿、转移、侵占、挪用社会保险基金的；

（二）违规审核、审批社会保险申报材料，违规办理参保缴费、关系转移、待遇核定、待遇资格认证、提前退休，违规工伤认定、劳动能力鉴定，违规发放社会保险待遇的；

（三）伪造或篡改缴费记录、享受社会保险待遇记录、个人权益记录等社会保险数据的；

（四）其他欺诈骗取、套取或挪用贪占社会保险基金的行为。

第六条 举报参保单位、个人或中介机构存在以下行为并经查证属实的，纳入奖励范围：

（一）提供虚假证明材料等手段虚构社会保险参保条件、违规补缴的；

（二）伪造、变造有关证件、档案、材料，骗取社会保险基金的；

（三）组织或协助他人以伪造、变造档案、材料等手段骗取参保补缴、提前退休资格或违规申领社会保险待遇的；

（四）丧失基本养老、失业、工伤保险待遇享受资格后，本人或其亲属不按规定履行告知义务、隐瞒事实违规享受社会保险待遇的；

（五）其他欺诈骗取、套取或挪用贪占社会保险基金的行为。

第七条 举报工伤医疗、工伤康复、工伤保险辅助器具配置、失业人员职业培训等社会保险服务机构及其工作人员存在以下行为并经查证属实的，纳入奖励范围：

（一）伪造、变造或提供虚假病历、处方、诊断证明、医疗费票据、培训记录等资料骗取社会保险基金的；

（二）协助、配合他人以伪造材料、冒名顶替等手段骗取社会保险参保补缴资格，违规申领、享受社会保险待遇，骗取社会保险基金的；

（三）其他欺诈骗取、套取或挪用贪占社会保险基金的行为。

第八条 举报事项存在以下情形的，不纳入奖励范围：

（一）无明确举报对象或经查证无违法违规行为的；

（二）举报已受理或已办结，原处理程序及结论均符合相关法律、法规规定和客观事实的；

（三）依法通过诉讼、仲裁等法定途径判决裁定或已进入上述程序的；

（四）举报事项的主要事实、证据事先已由人力资源社会保障部门、纪检监察、审计、公安部门掌握的；

（五）不属于本办法规定举报奖励事项的；

（六）其他依法不予受理的举报行为。

第九条 奖励对象原则上应为实名举报者。匿名举报并希望获得奖励的，应主动提供能够辨认其身份的信息及有效联系方式，未提供的视为主动放弃奖励。

第十条 县级以上人力资源社会保障行政部门受理举报线索后，应当根据职责范围确定举报查处主体：

（一）属于本级人力资源社会保障行政部门职责范围的，由本级负责查处；

（二）属于下级人力资源社会保障行政部门职责范围的，原则上转交下级查处；涉及重大违法违规问题线索的，本级人力资源社会保障行政部门可直接查处；

（三）属于本级人力资源社会保障行政部门职责范围且涉及其他地区的，应会同相关地区人力资源社会保障行政部门共同查处。

第十一条 人力资源社会保障行政部门受理的举报线索涉及财政部门职责的，应会同财政部门共同查处。

第十二条 人力资源社会保障行政部门应当根据举报事项查证情况，对违法违规事实与举报事项的一致性进行认定，作为奖励依据。

第十三条 举报人和举报事项同时符合下列条件的，给予奖励：

（一）举报人具有完全民事行为能力；

（二）举报事项符合本办法规定的奖励范围；

（三）举报情况经查证属实并结案。

第十四条 同一事项由两个或两个以上举报人分别举报的,奖励第一举报人(按人力资源社会保障行政部门受理举报的时间先后顺序确定);由两个或两个以上举报人联名举报的,按一个举报人奖励额度进行奖励,奖金由举报人自行协商分配。

第十五条 举报奖励标准根据查证属实违法违规行为所造成的社会保险基金损失金额,按照一定比例进行计算,最高额度不超过10万元。对同一举报事项分别查处奖励的,奖金合计数额不得超过10万元。对举报事项查证为违法违规行为但尚未造成基金损失的,人力资源社会保障行政部门应当根据违法违规行为性质、可能造成的基金损失等因素,给予一定的奖励。具体奖励办法由各省(自治区、直辖市)人力资源社会保障行政部门、财政部门制定。

第十六条 查处举报事项的人力资源社会保障行政部门应当在举报事项办结后10个工作日内与举报人联系,并以适当方式向举报人送出《社会保险基金监督举报奖励通知书》。举报人应当自接到《社会保险基金监督举报奖励通知书》之日起30个工作日内,持本人有效身份证件及《社会保险基金监督举报奖励通知书》到人力资源社会保障行政部门领取奖金,不能现场领取的应当提供合法、可靠的奖金发放途径。举报奖励资金通过举报人的社会保障卡或者其选择的本人其他银行卡发放。举报人无正当理由逾期未办理领取奖金手续的,视为自动放弃奖金。

第十七条 各级人力资源社会保障行政部门应当建立健全举报奖励审核制度,明确发放流程,建立奖励台账,加强奖励资金发放管理。

第十八条 人力资源社会保障行政部门及其工作人员应当按规定为举报人保密,不得泄露举报人相关信息。

第十九条 举报人故意捏造事实诬告他人,或者弄虚作假骗取奖励,依法承担相应责任;涉嫌犯罪的,依法追究刑事责任。

第二十条 人力资源社会保障部门工作人员在举报奖励工作中存在下列情形的,视情节轻重依法给予政务处分;涉嫌犯罪的,依法追究刑事责任：

（一）伪造或者教唆、伙同他人伪造举报材料，冒领举报奖励的；

（二）利用职务之便故意泄露线索套取奖励的；

（三）泄露举报人相关信息导致举报人利益受到损害，或帮助被举报对象转移、隐匿、毁灭证据的；

（四）贪污、挪用、截留奖励资金的；

（五）其他应当依法承担法律责任的行为。

第二十一条 各省（自治区、直辖市）人力资源社会保障行政部门、财政部门应当依据本办法制定实施细则，对奖励的范围、标准、审批、发放程序等作出规定。

第二十二条 本办法由人力资源社会保障部、财政部负责解释，自2023年1月1日起施行。

社会保险基金监督举报工作管理办法

（2023年1月17日人力资源和社会保障部令第49号公布 自2023年5月1日起施行）

第一章 总 则

第一条 为了规范社会保险基金监督举报管理工作，切实保障社会保险基金安全，根据《中华人民共和国社会保险法》和有关法律、行政法规，制定本办法。

第二条 人力资源社会保障行政部门开展社会保险基金监督举报的受理、办理等管理工作，适用本办法。

本办法所称社会保险基金是指基本养老保险基金、工伤保险基金、失业保险基金等人力资源社会保障部门管理的社会保险基金。

第三条 人力资源社会保障部主管全国社会保险基金监督举报管理工作。县级以上地方人力资源社会保障行政部门负责本行政区域内的社会保险基金监督举报管理工作。

人力资源社会保障行政部门负责社会保险基金监督的机构具体承担社会保险基金监督举报综合管理工作。人力资源社会保障部门负责社会保险政策、经办、信息化综合管理等的机构，依据职责协同做好社会保险基金监督举报管理工作。

第四条 人力资源社会保障行政部门要加强与公安、民政、司法行政、财政、卫生健康、人民银行、审计、税务等部门和人民法院、纪检监察等机关的协同配合，做好社会保险基金监督举报管理工作，共同保障社会保险基金安全。

第五条 社会保险基金监督举报管理工作应当坚持依法、公正、高效、便民的原则。

第二章 举报范围

第六条 本办法所称社会保险基金监督举报（以下简称举报），是指任何组织或者个人向人力资源社会保障行政部门反映机构、单位、个人涉嫌欺诈骗取、套取或者挪用贪占社会保险基金情形的行为。

依照本办法，举报涉嫌欺诈骗取、套取或者挪用贪占社会保险基金情形的任何组织或者个人是举报人；被举报的机构、单位、个人是被举报人。

第七条 参保单位、个人、中介机构涉嫌有下列情形之一的，任何组织或者个人可以依照本办法举报：

（一）以提供虚假证明材料等手段虚构社会保险参保条件、违规补缴的；

（二）伪造、变造有关证件、档案、材料，骗取社会保险基

金的;

(三)组织或者协助他人以伪造、变造档案、材料等手段骗取参保补缴、提前退休资格或者违规申领社会保险待遇的;

(四)个人丧失社会保险待遇享受资格后,本人或者相关受益人不按规定履行告知义务、隐瞒事实违规享受社会保险待遇的;

(五)其他欺诈骗取、套取或者挪用贪占社会保险基金的情形。

第八条 社会保险服务机构及其工作人员涉嫌有下列情形之一的,任何组织或者个人可以依照本办法举报:

(一)工伤保险协议医疗机构、工伤康复协议机构、工伤保险辅助器具配置协议机构、工伤预防项目实施单位、职业伤害保障委托承办机构及其工作人员以伪造、变造或者提供虚假证明材料及相关报销票据、冒名顶替等手段骗取或者协助、配合他人骗取社会保险基金的;

(二)享受失业保险培训补贴的培训机构及其工作人员以伪造、变造、提供虚假培训记录等手段骗取或者协助、配合他人骗取社会保险基金的;

(三)其他欺诈骗取、套取或者挪用贪占社会保险基金的情形。

第九条 社会保险经办机构及其工作人员涉嫌有下列情形之一的,任何组织或者个人可以依照本办法举报:

(一)隐匿、转移、侵占、挪用、截留社会保险基金的;

(二)违规审核、审批社会保险申报材料,违规办理参保、补缴、关系转移、待遇核定、待遇资格认证等,违规发放社会保险待遇的;

(三)伪造或者篡改缴费记录、享受社会保险待遇记录等社会保险数据、个人权益记录的;

(四)其他欺诈骗取、套取或者挪用贪占社会保险基金的情形。

第十条 与社会保险基金收支、管理直接相关单位及其工作人员涉嫌有下列情形之一的,任何组织或者个人可以依照本办法举报:

(一)人力资源社会保障行政部门及其工作人员违规出具行政执

法文书、违规进行工伤认定、违规办理提前退休，侵害社会保险基金的；

（二）劳动能力鉴定委员会及其工作人员违规进行劳动能力鉴定，侵害社会保险基金的；

（三）劳动人事争议仲裁机构及其工作人员违规出具仲裁文书，侵害社会保险基金的；

（四）信息化综合管理机构及其工作人员伪造或者篡改缴费记录、享受社会保险待遇记录等社会保险数据、个人权益记录的；

（五）其他欺诈骗取、套取或者挪用贪占社会保险基金的情形。

第十一条 依法应当通过劳动人事争议处理、劳动保障监察投诉、行政争议处理、劳动能力再次鉴定、信访等途径解决或者以举报形式进行咨询、政府信息公开申请等活动的，不适用本办法。人力资源社会保障行政部门应当告知举报人依法依规通过相关途径解决。

人力资源社会保障行政部门收到属于财政部门、社会保险费征收机构等部门、机构职责的举报事项，应当依法书面通知并移交有权处理的部门、机构处理。

第三章 接收和受理

第十二条 人力资源社会保障行政部门通过 12333 或者其他服务电话、传真、信函、网络、现场等渠道接收举报事项。

人力资源社会保障行政部门应当向社会公布接收举报事项的电话号码、传真号码、通信地址、邮政编码、网络举报途径、接待场所和时间等渠道信息，并在其举报接待场所或者网站公布与举报有关的法律、法规、规章，举报范围和受理、办理程序等有关事项。

第十三条 举报人举报应当提供被举报人的名称（姓名）和涉嫌欺诈骗取、套取或者挪用贪占社会保险基金的有效线索；尽可能提供被举报人地址（住所）、统一社会信用代码（公民身份号码）、法定代表人信息和其他相关佐证材料。

提倡举报人提供书面举报材料。

第十四条 举报人进行举报，应当遵守法律、法规、规章等规定，不得捏造、歪曲事实，不得诬告陷害他人。

第十五条 举报人可以实名举报或者匿名举报。提倡实名举报。

现场实名举报的，举报人应当提供居民身份证或者营业执照等有效证件的原件和真实有效的联系方式。

以电话、传真、来信、网络等形式实名举报的，举报人应当提供居民身份证或者营业执照等有效证件的复印件和真实有效的联系方式。

举报人未采取本条第二款、第三款的形式举报的，视为匿名举报。

第十六条 现场举报应当到人力资源社会保障行政部门设立的接待场所；多人现场提出相同举报事项的，应当推选代表，代表人数不超过5人。

第十七条 接收现场口头举报，应当准确记录举报事项，交举报人确认。经征得举报人同意后可以录音、录像。实名举报的，由举报人签名或者盖章；匿名举报的，应当记录在案。

接收电话举报，应当细心接听、询问清楚、准确记录，经告知举报人后可以录音。

接收传真、来信、网络等形式举报，应当保持举报材料的完整。

对内容不详的实名举报，应当及时联系举报人补充相关材料。

第十八条 人力资源社会保障行政部门应当加强举报事项接收转交管理工作。

第十九条 举报涉及重大问题或者紧急事项的，具体承担社会保险基金监督举报综合管理工作的机构应当立即向本部门负责人报告，并依法采取必要措施。

第二十条 举报按照"属地管理、分级负责，谁主管、谁负责"

的原则确定管辖。

必要时，上级人力资源社会保障行政部门可以受理下级人力资源社会保障行政部门管辖的举报事项，也可以向下级人力资源社会保障行政部门交办、督办举报事项。

两个及两个以上同级人力资源社会保障行政部门都有管辖权限的，由最先受理的人力资源社会保障行政部门管辖。对管辖发生争议的，应当自发生争议之日起5个工作日内协商解决；协商不成的，报请共同的上一级人力资源社会保障行政部门，共同的上一级人力资源社会保障行政部门应当自收到之日起5个工作日内指定管辖。

第二十一条　人力资源社会保障行政部门接收到举报事项后，应当在5个工作日内进行审查，有下列情形之一的，不予受理：

（一）不符合本办法第七条、第八条、第九条或者第十条规定的；

（二）无法确定被举报人，或者不能提供欺诈骗取、套取或者挪用贪占社会保险基金行为有效线索的；

（三）对已经办结的同一举报事项再次举报，没有提供新的有效线索的。

对符合本办法第七条、第八条、第九条或者第十条的规定但本部门不具备管辖权限的举报事项，应当移送到有管辖权限的人力资源社会保障行政部门，并告知实名举报人移送去向。

除前两款规定外，举报事项自人力资源社会保障行政部门接收之日起即为受理。

第二十二条　人力资源社会保障行政部门应当自接收举报事项之日起10个工作日内，将受理（不予受理）决定通过纸质通知或者电子邮件、短信等形式告知有告知要求的实名举报人。

第四章　办　　理

第二十三条　受理举报事项后，人力资源社会保障行政部门办理举报事项以及作出行政处理、行政处罚决定的,应当按照《社会保险基金行政监督办法》等有关规定和本章的规定执行。

已经受理尚未办结的举报事项,再次举报的,可以合并办理;再次举报并提供新的有效线索的,办理期限自确定合并办理之日起重新计算。

第二十四条　人力资源社会保障行政部门在办理举报事项中涉及异地调查的,可以向当地人力资源社会保障行政部门提出协助请求。协助事项属于被请求部门职责范围内的,应当依法予以协助。

第二十五条　办理举报事项涉及其他部门职责的,人力资源社会保障行政部门可以会同相关部门共同办理。

第二十六条　下级人力资源社会保障行政部门对上级人力资源社会保障行政部门交办、移送的举报事项,应当按照规定时限或者上级人力资源社会保障行政部门督办要求办理,并书面报告调查处理意见、办理结果。

第二十七条　符合下列情形之一的,经人力资源社会保障行政部门批准,举报事项予以办结:

(一)经办理发现问题,依法作出行政处理、行政处罚决定的;依法应当由其他部门、机构处理,向有关部门、机构提出处理建议,或者移交有关部门、机构处理的;

(二)经办理未发现欺诈骗取、套取或者挪用贪占社会保险基金情形的;

(三)其他依法应当予以办结的情形。

人力资源社会保障行政部门应当自受理举报事项之日起60个工作日内办结举报事项;情况复杂的,经人力资源社会保障行政部门负责人批准,可以适当延长,但延长期限不得超过30个工作日。

第二十八条　符合下列情形之一的,经人力资源社会保障行政部门批准,可以中止对举报事项的办理:

(一)举报涉及法律、法规、规章或者政策适用问题,需要有权机关作出解释或者确认的;

（二）因被举报人或者有关人员下落不明等，无法继续办理的；

（三）因被举报的机构、单位终止，尚未确定权利义务承受人，无法继续办理的；

（四）因自然灾害等不可抗力原因，无法继续办理的；

（五）因案情重大、疑难复杂或者危害后果特别严重，确需提请上级主管部门研究决定的；

（六）其他依法应当中止办理的情形。

中止情形消除后，应当恢复对举报事项的办理。办理期限自中止情形消除之日起继续计算。

第二十九条　上级人力资源社会保障行政部门发现下级人力资源社会保障行政部门对举报事项的办理确有错误的，应当责成下级人力资源社会保障行政部门重新办理，必要时可以直接办理。

第三十条　实名举报人可以要求答复举报事项的办理结果，人力资源社会保障行政部门可以视具体情况采取口头或者书面形式答复实名举报人，答复不得泄露国家秘密、商业秘密和个人隐私。口头答复应当做好书面记录。

第五章　归档和报告

第三十一条　人力资源社会保障行政部门应当严格管理举报材料，逐件登记接收举报事项的举报人、被举报人、主要内容、受理和办理等基本情况。

第三十二条　举报材料的保管和整理，应当按照档案管理的有关规定执行。

省级人力资源社会保障行政部门应当完善举报信息系统，实行信息化管理。

第三十三条　县级以上地方人力资源社会保障行政部门应当建立社会保险基金监督举报管理年度报告制度。

省级人力资源社会保障行政部门应当于每年1月31日前，向人力资源社会保障部报告上一年度社会保险基金监督举报管理情况。

第六章 保障措施

第三十四条 举报人的合法权益依法受到保护。任何单位和个人不得以任何借口阻拦、压制或者打击报复举报人。

第三十五条 人力资源社会保障行政部门工作人员与举报事项、举报人、被举报人有直接利害关系或者其他关系，可能影响公正办理的，应当回避。

举报人有正当理由并且有证据证明人力资源社会保障行政部门工作人员应当回避的，可以提出回避申请，由人力资源社会保障行政部门决定。申请人力资源社会保障行政部门负责人回避的，由上级人力资源社会保障行政部门决定。

第三十六条 人力资源社会保障行政部门应当建立健全工作责任制，严格遵守以下保密规定：

（一）举报事项的接收、受理、登记及办理，应当依照国家有关法律、行政法规等规定严格保密，不得私自摘抄、复制、扣压、销毁举报材料；

（二）严禁泄露举报人的姓名、身份、单位、地址、联系方式等信息，严禁将举报情况透漏给被举报人或者与举报工作无关的人员；

（三）办理举报时不得出示举报信原件或者复印件，不得暴露举报人的有关信息，对匿名的举报书信及材料，除特殊情况外，不得鉴定笔迹；

（四）开展宣传报道，未经举报人书面同意，不得公开举报人的姓名、身份、单位、地址、联系方式等信息。

第三十七条 举报事项经查证属实，为社会保险基金挽回或者减少重大损失的，应当按照规定对实名举报人予以奖励。

第三十八条 人力资源社会保障行政部门应当配备专门人员，提供必要的办公条件等，保障举报管理工作顺利进行。

第七章 法律责任

第三十九条 受理、办理举报事项的工作人员及其负责人有下列情形之一的，由人力资源社会保障行政部门责令改正；造成严重后果的，依法依规予以处理：

（一）对于应当受理、办理的举报事项未及时受理、办理或者未在规定期限内办结举报事项的；

（二）将举报人的举报材料或者有关情况透漏给被举报人或者与举报工作无关的人员的；

（三）对涉及重大问题或者紧急事项的举报隐瞒、谎报、缓报，或者未依法及时采取必要措施的；

（四）未妥善保管举报材料，造成举报材料损毁或者丢失的；

（五）其他违法违规的情形。

第四十条 举报人捏造、歪曲事实，诬告陷害他人的，依法承担法律责任。

第八章 附 则

第四十一条 本办法自 2023 年 5 月 1 日起施行。原劳动和社会保障部《社会保险基金监督举报工作管理办法》（劳动和社会保障部令第 11 号）同时废止。

实用附录

1. 工伤纠纷处理流程图[①]

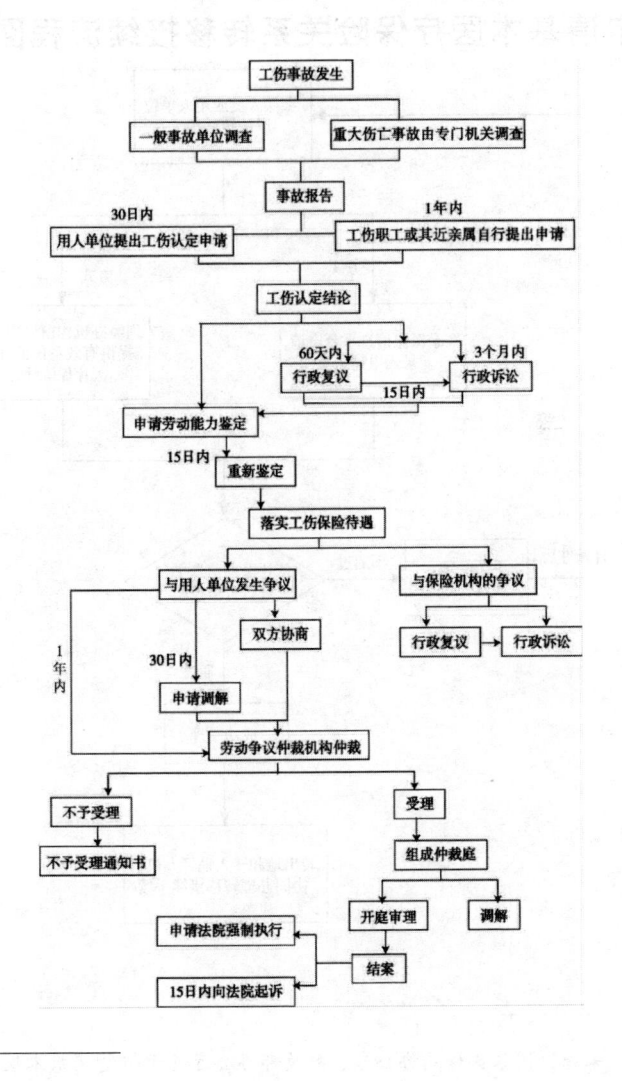

```
                    ┌─────────────┐
                    │ 工伤事故发生 │
                    └──────┬──────┘
              ┌────────────┴────────────┐
    ┌─────────────────┐        ┌──────────────────────┐
    │ 一般事故单位调查 │        │ 重大伤亡事故由专门机关调查 │
    └─────────┬───────┘        └──────────┬───────────┘
              └────────────┬────────────┘
                    ┌──────┴──────┐
                    │  事故报告   │
                    └──────┬──────┘
         30日内            │            1年内
    ┌──────────────────┐   │   ┌──────────────────────────┐
    │用人单位提出工伤认定申请│   │   │工伤职工或其近亲属自行提出申请│
    └──────────┬───────┘   │   └──────────┬───────────────┘
               └───────────┼──────────────┘
                    ┌──────┴──────┐
                    │ 工伤认定结论 │
                    └──────┬──────┘
                    60天内 │ 3个月内
                  ┌────────┴────────┐
              ┌────────┐       ┌────────┐
              │行政复议 │──────>│行政诉讼 │
              └────┬───┘ 15日内 └────────┘
                   │
           ┌───────┴────────┐
           │ 申请劳动能力鉴定 │
           └───────┬────────┘
              15日内│
           ┌───────┴───────┐
           │   重新鉴定    │
           └───────┬───────┘
           ┌───────┴────────┐
           │ 落实工伤保险待遇 │
           └───────┬────────┘
        ┌─────────┴──────────┐
  ┌──────────────┐      ┌──────────────┐
  │与用人单位发生争议│    │与保险机构的争议 │
  └──────┬───────┘      └───────┬──────┘
         │                 ┌────┴─────┐
         │ ┌────────┐  ┌────────┐ ┌────────┐
         │ │ 双方协商│  │行政复议 │ │行政诉讼 │
         │ └────────┘  └────────┘ └────────┘
    30日内│
    ┌──────────┐
    │ 申请调解  │
    └────┬─────┘
         │
  ┌────────────────────┐
  │ 劳动争议仲裁机构仲裁 │
  └─────────┬──────────┘
    ┌───────┴───────┐
┌────────┐      ┌────────┐
│不予受理 │      │  受理   │
└───┬────┘      └────┬───┘
┌────────────┐   ┌──────────┐
│不予受理通知书│   │ 组成仲裁庭 │
└────────────┘   └────┬─────┘
                ┌──────┴──────┐
         ┌──────────┐    ┌────────┐
         │ 开庭审理 │     │ 调解   │
         └────┬─────┘    └────────┘
  ┌──────────────┐   ┌────────┐
  │申请法院强制执行│<──│  结案   │
  └──────────────┘   └────────┘
  ┌──────────────────┐
  │ 15日内向法院起诉  │
  └──────────────────┘
```
(1年内)

---

① 仅供参考。

263

2. 参保人员或用人单位申请基本医疗保险关系转移接续流程图[①]

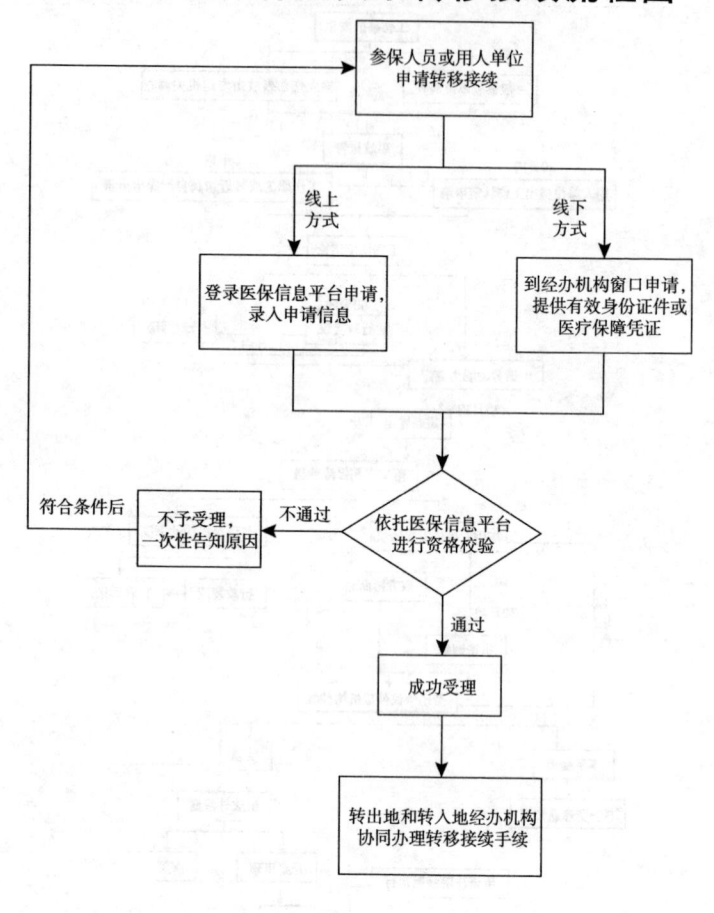

```
                    ┌─────────────────┐
          ┌────────▶│ 参保人员或用人单位 │
          │         │   申请转移接续    │
          │         └─────────────────┘
          │                  │
          │         ┌────────┴────────┐
          │      线上方式            线下方式
          │         │                 │
          │  ┌──────────────┐  ┌──────────────┐
          │  │登录医保信息平台│  │到经办机构窗口申│
          │  │申请,录入申请 │  │请,提供有效身份│
          │  │   信息       │  │证件或医疗保障凭│
          │  │              │  │证            │
          │  └──────────────┘  └──────────────┘
          │         │                 │
          │         └────────┬────────┘
          │                  │
          │         ┌────────▼────────┐
          │  不通过 │  依托医保信息平台 │
  ┌───────┴──┐◀────│  进行资格校验    │
  │不予受理, │     └─────────────────┘
符合│一次性告知│            │通过
条件│原因      │     ┌──────▼──────┐
后  └──────────┘     │  成功受理    │
                    └─────────────┘
                           │
                    ┌──────▼──────────┐
                    │转出地和转入地经办 │
                    │机构协同办理转移接│
                    │续手续            │
                    └─────────────────┘
```

---

① 来源：国家医保局办公室、财政部办公厅关于印发《基本医疗保险关系转移接续暂行办法》的通知。

3. 工伤保险待遇一览表

项目		待遇			备注
		计算基数	月份比例	支付渠道	
医疗期间	停工留薪	原工资福利待遇	12个月	用人单位	按月支付，最长24个月。评定伤残等级后，停发原待遇，享受伤残待遇。停工留薪期满仍需治疗，继续享受工伤医疗待遇
	医疗费用	实际发生	100%	基金	单位和职工个人垫付，工伤认定后按范围报销
	伙食补助	统筹地区人民政府规定		基金	经批准转院所需的交通、食宿费用也可报销
	工伤康复费用	符合规定的实际费用		基金	需在签订服务协议的医疗机构进行
医疗终结	辅助器具	按国家规定标准（鉴定委员会确认）		基金	假肢、假眼、假牙、矫形器、配置轮椅等
	生活护理费 完全护理	统筹地区上年度职工月平均工资	50%	基金	按月计发
	生活护理费 大部分护理	统筹地区上年度职工月平均工资	40%	基金	按月计发
	生活护理费 部分护理	统筹地区上年度职工月平均工资	30%	基金	按月计发
一至四级	一次性伤残补助金 一级	本人工资	27个月	基金	本人工资：工伤职工因工受伤或患职业病前12个月平均月缴费工资。本人工资高于统筹地区职工平均工资300%的，按300%计算；本人工资低于统筹地区职工平均工资60%的，按60%计算
	一次性伤残补助金 二级	本人工资	25个月	基金	
	一次性伤残补助金 三级	本人工资	23个月	基金	
	一次性伤残补助金 四级	本人工资	21个月	基金	

续 表

医疗终结	一至四级	每月伤残津贴	一级	本人工资	90%	基金	伤残津贴低于当地最低工资标准的,或者退休后基本养老保险待遇低于伤残津贴的,均由工伤保险基金补足差额。职工因工伤残一至四级的,由用人单位和职工个人以伤残津贴为基数,缴纳基本医疗保险费
			二级	本人工资	85%	基金
			三级	本人工资	80%	基金
			四级	本人工资	75%	基金
	五至六级	一次性伤残补助金	五级	本人工资	18个月	基金	
			六级	本人工资	16个月	基金	
		每月伤残津贴	五级	本人工资	70%	用人单位	用人单位安排适当工作,难以安排工作的,伤残津贴按月享受。伤残津贴实际金额低于当地最低工资标准的,由用人单位补足差额
			六级	本人工资	60%	用人单位
		一次性工伤医疗补助金	五级	由省、自治区、直辖市人民政府规定		基金	职工本人提出终止或解除劳动关系时支付。具体标准由各省、自治区、直辖市人民政府规定,通常为本地上年度职工月平均工资的若干个月工资
			六级	由省、自治区、直辖市人民政府规定		基金
		一次性伤残就业补助金	五级	由省、自治区、直辖市人民政府规定		用人单位
			六级	由省、自治区、直辖市人民政府规定		用人单位

续 表

			七级	本人工资	13个月	基金	
医疗终结	七至十级	一次性伤残补助金	八级	本人工资	11个月	基金	
			九级	本人工资	9个月	基金	
			十级	本人工资	7个月	基金	
		一次性工伤医疗补助金	七级	由省、自治区、直辖市人民政府规定		基金	合同期满终止或职工本人提出解除劳动合同时支付。具体标准由各省、自治区、直辖市人民政府规定，通常为本地上年度职工月平均工资的若干个月工资
			八级	由省、自治区、直辖市人民政府规定		基金	
			九级	由省、自治区、直辖市人民政府规定		基金	
			十级	由省、自治区、直辖市人民政府规定		基金	
		一次性伤残就业补助金	七级	由省、自治区、直辖市人民政府规定		用人单位	
			八级	由省、自治区、直辖市人民政府规定		用人单位	
			九级	由省、自治区、直辖市人民政府规定		用人单位	
			十级	由省、自治区、直辖市人民政府规定		用人单位	

续 表

因工死亡	丧葬补助金		统筹地区上年度职工月平均工资	6个月	基金	伤残职工在停工留薪期内因工伤导致死亡或一至四级伤残职工在停工留薪期满后死亡的,其近亲属可享受
	一次性工亡补助金		上一年度全国城镇居民人均可支配收入	20倍	基金	
	供养亲属抚恤金	配偶	职工生前工资	每月40%	基金	1. 一级至四级伤残职工在停工留薪期满后死亡的,其近亲属可享受 2. 抚恤金总额不超过死者本人生前工资 3. 按月支付
		其他亲属	职工生前工资	每月30%	基金	
		孤寡老人、孤儿	上述标准基础上加发	每月10%	基金	